HARRY ROHWER-KAHLMANN

Rechtstatsachen zur Dauer des Sozialprozesses

Schriften zum Sozial- und Arbeitsrecht

Band 47

Rechtstatsachen zur Dauer des Sozialprozesses

Von

Dr. Harry Rohwer-Kahlmann

Präsident des Landessozialgerichts Bremen a. D.
Honorarprofessor an der Universität Kiel

DUNCKER & HUMBLOT / BERLIN

Gedruckt 1979 bei Buchdruckerei A. Sayffaerth - E. L. Krohn, Berlin 61
Printed in Germany

ISBN 3 428 04525 4

Vorwort

Den Arbeiten von *Baumgärtel / Mes / Hohmann* für den Bereich des Zivilprozesses (1971/72) und von *Carl Hermann Ule* über „Rechtstatsachen zur Dauer des Verwaltungs-(Finanz-)prozesses" (1977) folgt jetzt diese Untersuchung für den Sozialprozeß.

Als mir das *Bundesministerium für Arbeit und Sozialordnung* vor rd. fünf Jahren den Forschungsauftrag für diese Arbeit erteilte, nahm ich an, daß ich die Ergebnisse schneller würde vorlegen können. Wie *Ule* mußte aber auch ich erfahren, daß eine so weit gespannte Enquete, bei der nicht nur zahlreiche freiwillige Helfer, sondern auch andere Institutionen eingeschaltet werden mußten, von Umständen abhängt, die sich meiner Verantwortung entziehen, aber Verlauf und Ergebnis der Untersuchung beeinflussen können.

Soweit die Arbeiten in meiner Hand lagen, konnte ich sie zügig erledigen, auch nachdem mein früherer Doktorand, Herr Rechtsanwalt *Dr. Uwe Mehrtens*, Bremen, seine Mitarbeit infolge seines beruflichen Einsatzes einstellen mußte. Herr Mehrtens hat mir insbesondere bei den vorbereitenden Arbeiten für die Untersuchung der Umstände, die für die Dauer des Sozialprozesses von Bedeutung sind (Ausarbeitung der Fragebogen, Aufstellung von Auswertungsanweisungen), wertvolle Hilfe geleistet. Dafür danke ich ihm herzlich.

Nach Eingang der Auswertungsergebnisse des angefallenen, sehr umfangreichen Datenmaterials, das die *Gesellschaft für Mathematik und Datenverarbeitung* mittels elektronischer Datenverarbeitungsanlagen erschlossen hat, hatte ich die Auswertungsergebnisse darzustellen und zu bewerten. Dabei kam mir die sachkundige Hilfe des Herrn Diplom-Sozialwissenschaftlers *Hans-Günther Heiland*, Bremen, sehr zustatten; auch ihm gilt mein herzlicher Dank für Rat und Tat.

Darüber hinaus möchte ich allen denen, die an dem Zustandekommen der Arbeit beteiligt waren, nicht zuletzt den Mitarbeitern des *Rechenzentrums der Bundeswehr* und der Gesellschaft für *Mathematik und Datenverarbeitung* sowie den Herren Ministerialräten *Geisen* und *Becher* vom *Bundesministerium für Arbeit und Sozialordnung* für die Unterstützung herzlich danken, die sie mir bei der Erfüllung meines Auftrages gewährt haben.

In diesen Dank möchte ich auch meine Frau *Inge, geb. Wiegels,* und meinen Sohn, Rechtsanwalt *Stephan Rohwer-Kahlmann,* ausdrücklich mit einschließen, meine Frau, weil sie den größten Teil der umfangreichen und sehr schwierigen Schreibarbeiten erledigt hat, und meinen Sohn, weil das Stichwortverzeichnis von ihm stammt und er Korrektur gelesen hat.

Das Buch erscheint zu einem Zeitpunkt, in dem der Entwurf einer Verwaltungsprozeßordnung, den der Koordinierungsausschuß zur Vereinheitlichung der Verwaltungsprozeßordnung, der Finanzgerichtsordnung und der Sozialgerichtsordnung 1978 vorgelegt hat, erörtert wird. Meine Untersuchung war zwar nicht auf diese Aufgabe zugeschnitten, aber sie kann zur Entscheidung einer Reihe einschlägiger Fragen beitragen, und sei es auch nur dadurch, daß sie eine Anzahl von Fakten, die den Richtern und den Prozeßbevollmächtigten der Sozialgerichtsbarkeit bekannt waren, jetzt empirisch belegt. Das gilt insbesondere auch für die starke Abhängigkeit der Durchschnittsdauer der sozialgerichtlichen Verfahren von der hohen Zahl der Gutachten, welche die Sozialgerichtsbarkeit benötigt; dieses Faktum ist zwar seit langem bekannt, wird aber keineswegs schon immer ausreichend berücksichtigt, obwohl es m. E. das zentrale Problem für die Dauer der sozialgerichtlichen Verfahren ist und noch eingehenderer Überlegungen bedarf. Darüber hinaus sind bei der Enquete zahlreiche Tatsachen zutage getreten, die auch dem Fachmann neu sein dürften.

Meine Arbeit ist die erste umfassende empirische Untersuchung des sozialgerichtlichen Verfahrens; daher habe ich mich darum bemüht, das angefallene Material soweit wie möglich auszuwerten, auch wenn es auf manche Fragen keine repräsentative, sondern nur eine informative Antwort ergibt; die Qualität des Materials war mir vorgegeben.

Angesichts der Mühe, die ich auf die Untersuchung verwandt habe, hoffe ich, damit der Sozialgerichtsbarkeit, die mich seit drei Jahrzehnten wissenschaftlich beschäftigt, einen nützlichen Dienst zu erweisen.

Bremen/Kiel, den 1. März 1979

Harry Rohwer-Kahlmann

Inhaltsverzeichnis

Darstellung und Bewertung der Ergebnisse

A. 1. Instanz

Darstellung und Bewertung der Ergebnisse

B. 2. Instanz

Wissenschaftlicher Mitarbeiter bei der Erstellung der Fragebogen: RA Dr. Uwe Mehrtens, Bremen.

Wissenschaftlicher Mitarbeiter bei der Auswertung der Computerergebnisse: Diplom-Sozialwissenschaftler Hans-Günther Heiland, Bremen.

Sachwortverzeichnis und Korrektur: RA Stephan Rohwer-Kahlmann, Bremen.

Darstellung und Bewertung der Ergebnisse

A. 1. Instanz

Einführung

Allgemeine Orientierungshinweise

I.

1. Zur Einführung in die Enquete über „Rechtstatsachen zur Dauer des Sozialprozesses" sei für die *beiden Tatsacheninstanzen* der Sozialgerichtsbarkeit vorausgeschickt, daß der Überprüfung insgesamt 2 000 Akten zugrundelagen, davon betrafen 1 400 Akten Verfahren vor Sozialgerichten (SGen), der Rest entfiel auf Landessozialgerichte (LSGe).

Die Untersuchung lehnt sich an die entsprechende Enquete für die Verwaltungs- und die Finanzgerichtsbarkeit an, um die sich *Ule*[1] große Verdienste erworben hat; diese Untersuchung ist von 1 996 Akten (1. Instanz) bzw. 1 000 Akten (2. Instanz) der Verwaltungsgerichtsbarkeit und von 998 Akten der Finanzgerichtsbarkeit ausgegangen.

Das bedeutet, daß die Ausgangsbasis, d. h. das Untersuchungsgut der drei Verwaltungsgerichtsbarkeiten, in ihrem zahlenmäßigen Umfang differiert, und das kann Unterschiede in den Ergebnissen zur Folge haben. Derartige Unterschiede können aber auch durch Ausfälle bei der Datenerhebung in den einzelnen Gerichtsbarkeiten entstehen.

Daher meine ich, daß die Ergebnisse dieser Rechtstatsachenforschung der einzelnen Gerichtsbarkeiten nur unter dem Vorbehalt sorgfältiger Abwägung miteinander verglichen werden dürfen. Hinzukommt, daß jede der Verwaltungsgerichtsbarkeiten eine Reihe von speziellen, oft nur ihr mehr oder weniger eigentümlichen Verfahrensgegebenheiten aufweist, die auch die Dauer ihrer Prozesse unterschiedlich, zumindest

---

[1] Vgl. *Ule*, Rechtstatsachen zur Dauer des Verwaltungs-(Finanz-)Prozesses (1972), S. 101, 170, im folgenden abgekürzt: *Ule*. Dieser hat die Arbeiten von *Baumgärtel / Mes*, Modell einer Gesetzesvorbereitung mittels elektronischer Datenverarbeitungsanlagen, 2., unveränderte Auflage 1972, im folgenden abgekürzt: *Baumgärtel / Mes*, berücksichtigt.

unterschiedlich stark, beeinflussen können[2]; auch das darf bei Vergleichen zwischen den Gerichtsbarkeiten nicht außer acht gelassen werden, will man der objektiven Sachlage möglichst nahekommen.

2. Die der Untersuchung zugrundegelegten Prozeßakten sind nach der Methode des *Zufallzahlensystems*[3] ausgewählt worden. Einbezogen wurden nur durch Urteil oder Vorbescheid abgeschlossene Verfahren, bei denen die Klage bzw. Berufung im Jahre 1968 anhängig gemacht und das Klage- bzw. Berufungsverfahren bis zum 31. Okt. 1973 abgeschlossen worden ist. Verfahren, die auf andere Weise beendet worden sind (Vergleich, Rücknahme usw.), sind außer Betracht gelassen worden.

Daher kann die Überprüfung auch nur für *diese* Gruppe von Sozialprozessen Durchschnittswerte mit *repräsentativer* Aussagekraft ermitteln, und das ist auch dann noch der Fall, wenn sich zuweilen festzustellende, bei derartigen Erhebungen kaum vermeidbare Ermittlungsausfälle in Grenzen halten[4]. Aber auch dann, wenn den Prüfungsergebnissen kein repräsentativer Rahmen mehr zugrundeliegt, können sie ggf. einen informativ wertvollen Aufschluß darüber geben, in wieviel Fällen bestimmte Tatsachen festzustellen waren, und können dadurch dazu beitragen, die soziologische Struktur der Sozialgerichtsbarkeit aufzuhellen, insbesondere Trends aufzuzeigen, auch Vorurteile abzubauen.

3. Bei der Gestaltung der *Fragebogen*, nach denen die einzelnen Akten überprüft worden sind, ist Bedacht darauf genommen worden, die Fragen, die der Überprüfung der beiden Verwaltungsgerichtsbarkeiten zugrundegelegt worden sind, möglichst weitgehend auch für die Sozialgerichtsbarkeit zu übernehmen; von dieser Richtschnur ist nur abgewichen worden, wenn verfahrensrechtliche Sonderheiten der Sozialgerichtsbarkeit dies notwendig oder auch zweckmäßig erscheinen ließen.

Insbesondere werden die Prozesse — dem Beispiel von *Baumgärtel / Mes*[5] und *Ule*[6] folgend — zu „Verfahrensgruppen nach Zeitdauer" zusammengefaßt, z. B. wie folgt:

---

[2] Dahinter steht die Frage, ob das Wesen der verschiedenen Gerichtsbarkeiten stärker durch die Verfahrensweise unabhängigen richterlichen Waltens oder — wie ich mit *Werner Weber*, ZSR 1957 S. 113, meine — durch die Sachbezogenheit der richterlichen Aufgabe bestimmt wird, vgl. *Rohwer-Kahlmann*, 25 Jahre neugeordnete Sozialgerichtsbarkeit, ZSR 1979 S. 201 f. Die Verwaltungsgerichtsbarkeiten haben neben der Streitentscheidung übereinstimmend auch eine Kontrolle der Verwaltung zu bewirken (Maunz - Dürig - Herzog, Grundgesetzkommentar, Art. 19 IV Rz 7 a). Das schließt aber nicht aus, daß sie *materiell* einer unterschiedlichen Zielsetzung zu dienen haben, so die Sozialgerichtsbarkeit der sozialen Gerechtigkeit und der sozialen Sicherheit zur Wahrung des inneren Friedens, und diese unterschiedliche Zielsetzung schlägt sich auch in der durchschnittlichen Verfahrensdauer dieser Gerichtsbarkeiten nieder. Vgl. auch S. 212 FN 30.

[3] Vgl. *Ule*, S. 101.

[4] Beispielsweise wenn die Durchschnittsdauer der Verfahren von 1 338 als Basiszahl statt von 1 400 Verfahren ausgeht, vgl. S. 13.

bis 3 Monate (M.)	12 - 24 M.
3 - 6 M.	24 - 36 M.
6 - 12 M.	über 36 M.

Manchmal sind Verfahrensgruppen kumulativ, d. h. wie folgt, abgegrenzt worden:

1 bis 3 M.
bis 6 M.
bis 9 M.
bis 12 M.
bis 24 M.
bis 36 M.
über 36 M.

II.

4. Beim Übergang zu den Ausführungen über die Rechtstatsachen der 1. Instanz sei als zentraler Orientierungspunkt die ermittelte *Durchschnittsdauer* der Verfahren herausgestellt.

Die Überprüfung von 1 338 Verfahren der Sozialgerichtsbarkeit (1. Instanz), und zwar unterteilt nach

a) mündlichen Verfahren (1 232 Fälle) und
b) schriftlichen Verfahren (106 Fälle)[7] und unter
c) zusammengefaßt (1 338 Fälle),

hat folgende Durchschnittsdauer der Verfahren ergeben[8]:

a) 481,7 Tage = 16 Monate 2 Tage
b) 568,1 Tage = 18 Monate 28 Tage
c) 488,5 Tage = 16 Monate 9 Tage

Die entsprechenden Daten der *übrigen* Verwaltungsgerichtsbarkeiten betragen nach *Ule*[9]:

Allg. Verwaltungsgerichtsbarkeit

a) 342 Tage = 11 Monate 12 Tage
b) 396 Tage = 13 Monate 6 Tage

Finanzgerichtsbarkeit

a) 750 Tage = 25 Monate
b) 706 Tage = 23 Monate 16 Tage

---

[5] *Baumgärtel / Mes*, S. 129.
[6] *Ule*, S. 102.
[7] Als *mündliche* Verfahren werden die Verfahren bezeichnet, in denen das Urteil nach mündlicher Verhandlung verkündet worden ist. Unter *schriftlichen* Verfahren werden die Verfahren verstanden, in denen das Urteil — in der Regel ohne mündliche Verhandlung — durch Zustellung wirksam geworden ist.
[8] Der Monat wird zu 30 Tagen gerechnet. Wegen der Basiszahlen vgl. S. 12 FN 4.
[9] Vgl. *Ule*, S. 101, vgl. aber meine Betrachtung S. 16 FN 12.

Daraus folgt — wenn man die Angaben von *Ule* zugrundelegt[9] —, daß die Durchschnittsdauer der *mündlichen* Verfahren der Sozialgerichtsbarkeit 139,7 Tage = 4 Monate 20 Tage länger ist als die Durchschnittsdauer der entsprechenden Verfahren der allg. Verwaltungsgerichtsbarkeit, andererseits daß die Durchschnittsdauer der Sozialgerichtsbarkeit 268,3 Tage = 8 Monate 28 Tage kürzer ist als die entsprechende Dauer der Finanzgerichtsbarkeit.

Für die *schriftlichen* Verfahren ergeben sich folgende Werte: Die Durchschnittsdauer der Sozialgerichtsbarkeit (1. Instanz) ist 172,1 Tage = 5 Monate 22 Tage länger als die der allg. Verwaltungsgerichtsbarkeit und 137,9 Tage = 4 Monate 18 Tage kürzer als die der Finanzgerichtsbarkeit.

III.

5. Zu den Daten der *allgemeinen Durchschnittsdauer* der Verfahren bei der *Sozialgerichtsbarkeit* (1. Instanz) — zu a) 481,7 Tage = 16 Monate 2 Tage, zu b) 568,1 Tage = 18 Monate 28 Tage — seien noch in entsprechender Gliederung die Durchschnittswerte *spezieller* Gruppen von Prozesen erwähnt:

Klagen, eingereicht
bei einer anderen Stelle als dem SG (§ 91 Abs. 1 SGG):

a) 483,0 Tage = 16 Monate 3 Tage (229 Fälle)
b) 485,3 Tage = 16 Monate 5 Tage (23 Fälle)

Klagen von SGen
mit überdurchschnittlicher industrieller Bevölkerung:

a) 488,8 Tage = 16 Monate 9 Tage (831 Fälle)
b) 558,9 Tage = 18 Monate 19 Tage (90 Fälle)

Klagen von SGen
mit unterdurchschnittlicher industrieller Bevölkerung:

a) 467,3 Tage = 15 Monate 17 Tage (397 Fälle)
b) 592,0 Tage = 19 Monate 22 Tage (15 Fälle)

Klagen von SGen von Stadtstaaten:

a) 421,6 Tage = 14 Monate 2 Tage (125 Fälle)
b) 446,1 Tage = 14 Monate 26 Tage (21 Fälle)

Klagen von SGen von Flächenstaaten:

a) 488,4 Tage = 16 Monate 8 Tage (1 107 Fälle)
b) 598,2 Tage = 19 Monate 28 Tage (85 Fälle)

Klagen über Auslandssachen:

Sozialversicherung

a) 706,4 Tage = 23 Monate 16 Tage (25 Fälle)

Kriegsopferversorgung

a) 698,1 Tage = 23 Monate 8 Tage (17 Fälle)

Andere Materien

a) 408,0 Tage = 13 Monate 18 Tage (1 Fall)

Verfahren der Kläger mit Prozeßbevollmächtigten[10]:

a) 528,1 Tage = 17 Monate 18 Tage (645 Fälle)
b) 625,2 Tage = 20 Monate 25 Tage (53 Fälle)

Verfahren der Kläger ohne Prozeßbevollmächtigte:

a) 430,6 Tage =14 Monate 11 Tage (587 Fälle)
b) 511,0 Tage = 17 Monate 1 Tag (53 Fälle)

Schlüsselt man die Daten von 627 mündlichen Verfahren (der Kläger mit Prozeßbevollmächtigten) auf, so ergeben sich folgende Werte:

Verbandsvertreter	519,2 Tage = 17 Monate 9 Tage (424 Fälle)
Rechtsanwälte	538,8 Tage = 17 Monate 29 Tage (136 Fälle)
Prozeßagenten und Rechtsberater	621,0 Tage = 20 Monate 21 Tage (28 Fälle)
andere Bevollmächtigte	442,8 Tage = 14 Monate 23 Tage (39 Fälle)

Diese vorausgeschickten Feststellungen, mögen sie *repräsentative* oder nur *informative* Bedeutung haben, weisen u. a. darauf hin, daß die durchschnittliche Dauer bei mündlichen Verfahren von SGen mit *unterdurchschnittlicher* industrieller Bevölkerung und von SGen in *Stadtstaaten* kürzer ist als die Verfahrensdauer der gegenübergestellten Gerichte, ferner daß mündliche Verfahren über *Auslandssachen* und mündliche Verfahren *mit Prozeßbevollmächtigten* (beschränkt auf Verbandsvertreter, Rechtsanwälte und Prozeßagenten sowie Rechtsberater) im Durchschnitt erheblich länger dauern als die sozialgerichtlichen Verfahren im allgemeinen Durchschnitt. Die durchschnittliche Laufdauer von mündlichen Verfahren, in denen *„andere" Bevollmächtigte* auftreten, liegt um 38,9 Tage = 1 Monat 9 Tage unter der *allgemeinen* Durchschnittsziffer, das dürfte u. a. darauf zurückzuführen sein, daß diese Bevollmächtigten in der Regel wahrscheinlich aus anderen Gründen mit der Prozeßvertretung betraut worden sind als die Verbandsvertreter, Rechtsanwälte, Prozeßagenten und Rechtsberater[11].

IV.

6. Zieht man noch zur ersten Orientierung die *Erledigungsziffern* der SGe vor, indem man diese zu „Verfahrensgruppen nach Zeitdauer" zusammenfaßt, so ergeben sich folgende Daten (wobei unter 1. die SGe

[10] Vgl. S. 24 f., 26 f.
[11] Vgl. S. 24 f.

ungegliedert und unter 2. und 3. *gegliedert* nach *mündlichen* bzw. *schriftlichen* Verfahren wiedergegeben werden):

	1.	2.	3.
bis 3 M.	**55 Fälle (4,1 %)**	**54 Fälle (4,4 %)**	**1 Fall (0,9 %)**
3 - 6 M.	134 Fälle (10,0 %)	123 Fälle (10,0 %)	11 Fälle (10,4 %)
6 - 12 M.	379 Fälle (28,3 %)	355 Fälle (28,8 %)	24 Fälle (22,6 %)
12 - 24 M.	506 Fälle (37,8 %)	463 Fälle (37,6 %)	43 Fälle (40,6 %)
24 - 36 M.	173 Fälle (12,9 %)	158 Fälle (12,8 %)	15 Fälle (14,2 %)
über 36 M.	91 Fälle (6,8 %)	79 Fälle (6,4 %)	12 Fälle (11,3 %)
	Basiszahl: 1 338	Basiszahl: 1 232	Basiszahl: 106

Daraus folgt, daß die *1. Instanz* der Sozialgerichtsbarkeit in *einem* Jahr insgesamt rd. 42,4 % der zu beurteilenden Prozesse abgewickelt hat. Unterscheidet man die *mündlich* und die *schriftlich* durchgeführten Verfahren, so wurden in *einem* Jahr 43,2 % bzw. 33,9 % der Verfahren dieser Instanz entschieden.

In der Verwaltungsgerichtsbarkeit und in der Finanzgerichtsbarkeit sollen die Prozesse mit einer Laufdauer bis zu *einem* Jahr 61,1 % bzw. 28,6 % betragen. Geht man von diesen Zahlen aus[12], dann haben in dieser Zeitspanne erledigt: Die Verwaltungsgerichtsbarkeit ungefähr 19,2 % mehr Verfahren als die Sozialgerichtsbarkeit und 33,0 % mehr Verfahren als die Finanzgerichtsbarkeit, andererseits die Sozialgerichtsbarkeit 13,8 % mehr Verfahren als die Finanzgerichtsbarkeit.

Mit der Erledigungsziffer der Finanzgerichtsbarkeit erklärt *Ule* auch, daß die Durchschnittsdauer der Finanzprozesse in der 1. Instanz 2 Jahre beträgt. Beim landgerichtlichen Prozeß in der 1. Instanz beläuft sich der Anteil der Prozesse mit einer Dauer von 1 Jahr auf etwa 2/3 aller Verfahren, die Durchschnittsdauer beträgt etwa 14 Monate[13].

---

[12] *Ule* erklärt (S. 102), daß Prozesse mit einer Dauer von mehr als *einem* Jahr in der Verwaltungsgerichtsbarkeit etwa 2/5, in der Finanzgerichtsbarkeit mehr als 2/3 aller Prozesse ausmachten. Dem entsprechen auch die Erledigungsziffern einer dazu abgedruckten Aufgliederung, sie ergibt, daß im 1. Jahr die Verwaltungsgerichtsbarkeit insgesamt 61,6 % und die Finanzgerichtsbarkeit 28,6 % der Prozesse abgeschlossen haben. Diese Aufstellung geht bei der Verwaltungsgerichtsbarkeit von insgesamt 2 472 Verfahren und bei der Finanzgerichtsbarkeit von insgesamt 1 047 Verfahren aus, obwohl der Untersuchung nur 1 996 Akten der Verwaltungsgerichtsbarkeit (1. Instanz) und 998 Akten der Finanzgerichtsbarkeit (1. Instanz) zugrundegelegt worden sein sollen, vgl. *Ule*, S. 101.

[13] *Ule*, S. 102, unter Hinweis auf *Baumgärtel / Mes*, S. 129.

SOZIALGERICHTSBARKEIT

1. INSTANZ

1. Abschnitt

Gericht

1. Verfahrensdauer von SGen — allgemein bzw. aufgegliedert

Die vorangestellten Werte von Verfahrensdauern[1] seien durch folgende Daten ergänzt:

a) SGe mit über- bzw. unterdurchschnittlicher industrieller Bevölkerung[2]

Von 1 333 der überprüften Akten der SGe entfielen reichlich zwei Drittel (69,1 %) auf SGe mit *überdurchschnittlicher* (a) und knapp ein Drittel (30,9 %) auf SGe mit *unterdurchschnittlicher* industrieller Bevölkerung (b).

Die *Erledigungsziffern* der beiden Gruppen verhalten sich wie folgt:

	(a)	(b)
bis 3 M.	40 Fälle (4,3 %)	15 Fälle (3,6 %)
3 - 6 M.	93 Fälle (10,1 %)	41 Fälle (10,0 %)
6 - 12 M.	243 Fälle (26,4 %)	133 Fälle (32,3 %)
12 - 24 M.	357 Fälle (38,8 %)	149 Fälle (36,2 %)
24 - 36 M.	124 Fälle (13,5 %)	47 Fälle (11,4 %)
über 36 M.	64 Fälle (6,9 %)	27 Fälle (6,6 %)
	Basiszahl: 921	Basiszahl: 412

Demgegenüber dauerten von 1 338 Verfahren (ungegliedert):

bis 3 M.	55 Fälle (4,1 %)	12 - 24 M.	506 Fälle (37,8 %)
3 - 6 M.	134 Fälle (10,0 %)	24 - 36 M.	173 Fälle (12,9 %)
6 - 12 M.	379 Fälle (28,3 %)	über 36 M.	91 Fälle (6,8 %)

Basiszahl: 1 338

---

[1] Vgl. S. 13 ff.

[2] Zu den SGen mit überdurchschnittlicher industrieller Bevölkerung zählen: Aachen, Augsburg, Bayreuth, Berlin, Braunschweig, Bremen, Darmstadt, Detmold, Dortmund, Duisburg, Düsseldorf, Frankfurt/M., Freiburg, Gelsenkirchen, Gießen, Hamburg, Heilbronn, Karlsruhe, Konstanz, Lüneburg, Mannheim, Nürnberg, Reutlingen, Saarbrücken, Speyer, Stuttgart, Ulm, Wiesbaden, Würzburg. Die übrigen SGe bilden die Komplementärgruppe.

Nach diesen Werten erledigten die SGe im 1. Jahr der Verfahren

40,8 % (SGe mit überdurchschnittl. industrieller Bevölkerung),
45,3 % (SGe mit unterdurchschnittl. industrieller Bevölkerung),
42,4 % (SGe ungegliedert),

d. h., daß die durchschnittlichen Laufdauern der verglichenen Verfahren geringfügig differieren.

b) *Stadtstaaten*

Von 1 338 Fällen entfielen rd. 89,1 % auf SGe von *Flächenstaaten*, der Rest auf SGe von *Stadtstaaten*. Wie in der Finanzgerichtsbarkeit[3] ist die Erledigungsziffer der SGe in den Stadtstaaten günstiger als die der SGe in den Flächenstaaten: Das Verhältnis der im *1. Jahr* entschiedenen Verfahren beträgt 55,5 % zu 40,8 %, wie die Gegenüberstellung der folgenden Erledigungsziffern ergibt:

	Stadtstaaten	*Flächenstaaten*
bis 3 M.	8 Fälle (5,5 %)	47 Fälle (3,9 %)
3 - 6 M.	16 Fälle (11,0 %)	118 Fälle (9,9 %)
6 - 12 M.	57 Fälle (39,0 %)	322 Fälle (27,0 %)
12 - 24 M.	44 Fälle (30,1 %)	462 Fälle (38,8 %)
24 - 36 M.	14 Fälle (9,6 %)	159 Fälle (13,3 %)
über 36 M.	7 Fälle (4,8 %)	84 Fälle (7,0 %)
	Basiszahl: 146	Basiszahl: 1 192

c) *Zweigstellen von SGen*

Aussagen über die Effizienz von Zweigstellen von SGen entfallen, da nur 15 (1,1 %) der 1 338 überprüften Akten einschlägig waren.

d) *SGe mit Gerichtstagen bzw. regelmäßigen auswärtigen Sitzungen*

In den überprüften 1 232 Verfahren[4] haben SGe in 345 Fällen (28 %) *Gerichtstage* bzw. regelmäßig *auswärtige Sitzungen* abgehalten. Die Erledigungsziffern der SGe mit Gerichtstagen sind etwas günstiger als die *allgemeinen* Erledigungsziffern[4]: Das Verhältnis der Erledigungsziffern im 1. Jahr der Verfahren beträgt 46,4 % zu 43,2 %.

Damit erweist sich, daß die Abhaltung von Gerichtstagen sowohl wegen der Nähe zum Rechtsuchenden als auch wegen der günstigeren Verfahrensdauer zweckmäßig ist.

e) *SGe mit Auslandssachen*

In 1 153 Fällen (82,4 %) ergab sich, daß es sich um SGe handelte, die *auch* mit Auslandssachen befaßt waren.

[3] *Ule*, S. 102; anders die allgemeine Verwaltungsgerichtsbarkeit.
[4] Der Sache nach nur mündliche Verfahren.

Von den überprüften Verfahren (1 330 Fälle) betrafen 63 (4,7 %) Auslandssachen.

Stellt man den *allgemeinen* (ungegliederten) Erledigungsziffern [1.] die Erledigungsziffern der *Auslandssachen* gegenüber (43 Verfahren der Sozialversicherung [2.], 19 Verfahren der Kriegsopferversorgung [3.] und 1 Verfahren einer anderen Materie [4.]), so ergeben sich für die näher bezeichneten Zeiträume folgende Erledigungsziffern:

	1.	2.	3.	4.
bis 3 M.	55 F. (4,1 %)	kein Fall	kein Fall	kein Fall
3 - 6 M.	132 F. (9,9 %)	3 F. (7,0 %)	1 F. (5,3 %)	kein Fall
6 - 12 M.	379 F. (28,5 %)	4 F. (9,3 %)	3 F. (15,8 %)	kein Fall
12 - 24 M.	504 F. (37,8 %)	20 F. (46,5 %)	8 F. (42,1 %)	1 F. (100 %)
24 - 36 M.	172 F. (12,9 %)	12 F. (27,9 %)	5 F. (26,2 %)	kein Fall
über 36 M.	90 F. (6,8 %)	4 F. (9,3 %)	2 F. (10,5 %)	kein Fall
	Basiszahl: 1 332	Basiszahl: 43	Basiszahl: 19	Basiszahl: 1

Das bedeutet, daß erledigt wurden:

in 6 M.	187 F. (14,0 %)	3 F. (7,0 %)	1 F. (5,3 %)	kein Fall
in 12 M.	566 F. (42,5 %)	7 F. (16,3 %)	4 F. (21,1 %)	kein Fall
in 24 M.	1 070 F. (80,3 %)	27 F. (62,8 %)	12 F. (63,2 %)	1 F. (100 %)
in 36 M.	1 242 F. (93,2 %)	39 F. (90,7 %)	17 F. (89,5 %)	kein Fall

Die wesentlich *längere Dauer* der Auslandssachen wird auch durch deren *durchschnittliche* Verfahrensdauer bestätigt:

Sozialversicherung:	664,0 Tage	= 22 Monate 4 Tage,
Kriegsopferversorgung:	662,7 Tage	= 22 Monate 3 Tage,
andere Materie:	408,0 Tage	= 13 Monate 18 Tage[5].

2. Gruppierung der Sozialgerichte nach ihrer Größe

Für die Dauer der Prozesse ist auch die Größe der Gerichte, gemessen an der Anzahl ihrer Kammern oder ihrer Berufsrichter, von Bedeutung.

Beide Zahlen können übereinstimmen, so bei großen SGen, in der Regel ist dies aber nicht der Fall. Infolge der unterschiedlichen gesetzlichen Qualifikationsmerkmale für ehrenamtliche Richter (§ 12 SGG)[6] müssen die SGe mindestens 3 Kammern aufweisen (Sozialversicherung, Kassenarztrecht und Kriegsopferversorgung), sie haben aber für einzelne

[5] Betraf nur 1 Sache.

[6] Vgl. *Lattreuter*, Der Sozialrichter, Asgard-Verlag (1970), S. 22 f.; *Rohwer-Kahlmann*, Aufbau u. Verfahren der Sozialgerichtsbarkeit, Asgard-Verlag, § 12 Rz 1 - 7.

Zweige der Sozialversicherung[7] oder Teile von diesen durchweg spezielle Kammern gebildet (§ 12 Abs. 2 Satz 2 SGG). Das hat zur Folge, daß bei kleineren SGen mancher Berufsrichter mehrere Kammern nebeneinander führen muß, während sich bei größeren SGen der Spezialisierungseffekt mehr oder weniger stark auswirken kann.

a) Gruppiert man die Anzahl der erledigten Verfahren (1 334) nach der *Zahl der Kammern* und deren Erledigungsziffern in bestimmten Zeiträumen, so ergibt sich folgende Übersicht:

Anzahl der Kammern	in 1 Jahr	in 2 Jahren	in 3 Jahren	in mehr als 3 Jahren
mündliche Verfahren				
4	—	1 F. (100 %)	—	—
5 - 10	79 F. (38,5 %)	155 F. (75,6 %)	190 F. (92,7 %)	205 F. (100 %)
11 - 15	151 F. (40,6 %)	311 F. (83,6 %)	356 F. (95,7 %)	372 F. (100 %)
16 - 25	159 F. (44,8 %)	286 F. (80,6 %)	332 F. (93,5 %)	355 F. (100 %)
mehr als 25	142 F. (48,1 %)	240 F. (81,4 %)	271 F. (91,9 %)	295 F. (100 %)
schriftliche Verfahren				
4	—	—	1 F. (100 %)	—
5 - 10	1 F. (8,3 %)	7 F. (58,3 %)	10 F. (83,3 %)	12 F. (100 %)
11 - 15	11 F. (30,6 %)	28 F. (77,8 %)	32 F. (88,9 %)	36 F. (100 %)
16 - 25	16 F. (47,1 %)	26 F. (76,5 %)	31 F. (91,2 %)	34 F. (100 %)
mehr als 25	8 F. (34,8 %)	18 F. (78,3 %)	20 F. (87,0 %)	23 F. (100 %)

Dieser Gruppierung entsprechen folgende *durchschnittliche Verfahrensdauern:*

Kammern	*mündliche Verfahren*	*schriftliche Verfahren*
4	543,0 Tage = 19 M. 3 T. (1 F.)	919,0 Tage = 30 M. 19 T. (1 F.)
5 - 10	532,2 Tage = 17 M. 22 T.	706,8 Tage = 23 M. 17 T.
11 - 15	468,2 Tage = 15 M. 18 T.	565,9 Tage = 18 M. 26 T.
16 - 25	477,7 Tage = 15 M. 28 T.	498,9 Tage = 16 M. 19 T.
mehr als 25	465,3 Tage = 15 M. 15 T.	586,3 Tage = 19 M. 16 T.

Die Übersicht sei mit einer *Aufstellung* abgeschlossen, die darauf schließen läßt, mit welchem *Hundertsatz der Verfahren* die einzelnen Gruppen der Kammern an der Rechtsprechung der SGe beteiligt sind:

[7] Krankenversicherung, Unfallversicherung, Rentenversicherungen der Arbeiter, Angestellten und Bergleute sowie die Angelegenheiten der Bundesanstalt für Arbeit.

Anzahl der Kammern	Anzahl der Verfahren[8]	Hundertsatz der Verfahren
4	2 Fälle	0,1 %
5 - 10	222 Fälle	15,9 %
11 - 15	423 Fälle	30,3 %
16 - 25	413 Fälle	29,6 %
mehr als 25	336 Fälle	24,1 %

Basiszahl: 1 396

b) Gruppiert man die Anzahl der erledigten Verfahren (1 331) nach der *Zahl der Berufsrichter* und deren Erledigungsziffern in bestimmten Zeiträumen, so ergibt sich folgende Übersicht:

Anzahl der Berufsrichter	in 1 Jahr	in 2 Jahren	in 3 Jahren	in mehr als 3 Jahren
mündliche Verfahren				
4	4 F. (25,0 %)	15 F. (93,8 %)	— —	16 F. (100 %)
5	17 F. (37,7 %)	34 F. (75,6 %)	43 F. (95,6 %)	45 F. (100 %)
6 - 10	102 F. (37,2 %)	211 F. (77,0 %)	255 F. (93,1 %)	274 F. (100 %)
11 - 15	147 F. (42,7 %)	288 F. (83,7 %)	328 F. (95,3 %)	344 F. (100 %)
16 - 25	126 F. (47,4 %)	217 F. (81,6 %)	249 F. (93,6 %)	266 F. (100 %)
mehr als 25	134 F. (47,9 %)	226 F. (80,7 %)	257 F. (91,8 %)	280 F. (100 %)
schriftliche Verfahren				
4	— —	— —	— —	— —
5	1 F. (25,0 %)	2 F. (50,0 %)	3 F. (75,0 %)	4 F. (100 %)
6 - 10	6 F. (27,3 %)	15 F. (68,2 %)	19 F. (86,4 %)	22 F. (100 %)
11 - 15	11 F. (32,4 %)	26 F. (76,5 %)	32 F. (94,1 %)	34 F. (100 %)
16 - 25	10 F. (43,5 %)	18 F. (78,3 %)	20 F. (87,0 %)	23 F. (100 %)
mehr als 25	8 F. (34,8 %)	18 F. (78,3 %)	20 F. (87,0 %)	23 F. (100 %)

Dieser Gruppierung entsprechen folgende *durchschnittliche Verfahrensdauern:*

Berufsrichter	*mündliche Verfahren*	*schriftliche Verfahren*
4	511,2 Tage = 17 M. 1 T.	— —
5	560,0 Tage = 18 M. 20 T.	725,3 Tage = 24 M. 5 T.
6 - 10	521,6 Tage = 17 M. 12 T.	633,5 Tage = 21 M. 4 T.
11 - 15	458,8 Tage = 15 M. 9 T.	536,7 Tage = 17 M. 27 T.
16 - 25	469,5 Tage = 15 M. 20 T.	508,5 Tage = 16 M. 29 T.
mehr als 25	470,9 Tage = 15 M. 21 T.	586,3 Tage = 19 M. 16 T.

[8] Vgl. FN 9 auf S. 22.

Die Übersicht sei mit einer *Aufstellung* abgeschlossen, die darauf schließen läßt, mit welchem *Hundertsatz der Verfahren* die einzelnen Gruppen von *Berufsrichtern* an der Rechtsprechung der SGe beteiligt sind:

Anzahl der Berufsrichter	Anzahl der Verfahren[9]	Hundertsatz der Verfahren
4	22 Fälle	1,6 %
5	30 Fälle	2,1 %
6 - 10	347 Fälle	24,9 %
11 - 15	378 Fälle	27,1 %
16 - 25	303 Fälle	21,7 %
mehr als 25	316 Fälle	22,6 %

Basiszahl: 1 396

c) Faßt man die Ergebnisse zu 2 a und b zusammen, so erweisen sie die große Bedeutung, die die Anzahl der Kammern bzw. die Anzahl der Berufsrichter für die durchschnittliche Laufdauer der sozialgerichtlichen Verfahren hat.

Insgesamt erzielen die SGe mit 11 - 15 Kammern bzw. Berufsrichtern die effektivsten Ergebnisse. Je kleiner die Gruppierungen, desto länger werden die speziellen Verfahrensdauern, desto kleiner wird aber auch die Auswirkung auf die *allgemeine* durchschnittliche Verfahrensdauer. Hingegen läßt sich — jedenfalls bei den mündlichen speziellen Verfahrensdauern — nicht umgekehrt durchweg sagen, daß mit mehr Kammern bzw. Berufsrichtern auch eine progressiv steigende Effektivität dieser SGe verbunden wäre.

Bei den *schriftlichen* Verfahren fällt auf, daß sie regelmäßig wesentlich länger dauern als die mündlichen. Diese Unterschiede werden zwar mit zunehmender Anzahl der Kammern bzw. Berufsrichter geringer, sie sind aber durchweg so groß, daß sie nicht allein dadurch erklärt werden können, daß bei den schriftlichen Verfahren die Zeit für die schriftliche Abfassung des Urteils und für dessen Zustellung, im Gegensatz zu den mündlichen Verfahren, mit einbezogen ist. Ob bei den mündlichen Verfahren etwa die gleiche Zeit für diese Maßnahmen benötigt wird, läßt sich nicht feststellen, jedenfalls ist das Beschleunigungsgebot des § 134 Satz 2 SGG[10] übersteigert und verfehlt dadurch in der Praxis leicht sein Ziel. Möglicherweise liegt die Ursache für die längeren Durch-

[9] Da diese Gruppierungen über die Größe der Sozialgerichte auf den Zeitpunkt der Klageergebung abstellen, haben sich die Daten während der Dauer der Verfahren z. T. geringfügig verändert.

[10] § 134 SGG: „War es (das Urteil) bei der Verkündung noch nicht vollständig schriftlich niedergelegt, so soll es binnen drei Tagen nach der Verkündung in vollständiger Abfassung der Geschäftsstelle übergeben werden.“

schnittsdauern der schriftlichen Verfahren auch mit in der Bearbeitungsweise, die diese Verfahren der öffentlichen Kritik etwas entrückt. Wie dem auch sei, insgesamt liegt hier ein Phänomen, das sorgfältig beachtet werden sollte.

3. Verteilung der Streitsachen auf die Kammern

In 99,86 % der 1 396 überprüften Verfahren, darunter in sämtlichen 151 Verfahren der Stadtstaaten (10,82 %), waren die Streitsachen auf die Kammern nach *Sachgebieten* verteilt, nur in 2 Verfahren (0,14 %) war dies nicht der Fall. In 54,2 % der 1 396 Streitsachen waren die Geschäfte den Kammern auch nach *regionalen* Gesichtspunkten zugewiesen.

Ein Zusammenhang zwischen der Verteilung der Geschäfte nach Sachgebieten und/oder nach regionalen Gesichtspunkten auf der einen und der Dauer der Prozesse auf der anderen Seite läßt sich — ebenso wie in der Verwaltungs- und in der Finanzgerichtsbarkeit[11] — nicht feststellen.

2. Abschnitt

Parteien (Hauptbeteiligte)

I. Kläger

1. Angaben betr. die Kläger

Die *Klägerseite* bestand auch in der Sozialgerichtsbarkeit[1] nur selten (20 Fälle = 2,43 %) aus mehreren Personen, und zwar in je 8 Fällen aus 2 bzw. 3 bis 5 Personen und in 2 Fällen aus 6 bis 10 Personen; 2 Fälle waren nicht näher gekennzeichnet.

In 69 % der Fälle (966) waren die Verfahren bei SGen mit *überdurchschnittlicher* industrieller Bevölkerung und in 31 % (434) der Fälle bei SGen mit *unterdurchschnittlicher* industrieller Bevölkerung anhängig gewesen, wobei die erste Gruppe nur 9 und die zweite Gruppe nur 10 Fälle mit mehreren Personen auf der Klägerseite aufwiesen. Auch bei den 151 Verfahren (10,8 %) der *Stadtstaaten* war dies nur in 1 Sache der Fall.

Bei 1 366 (97,6 %) der Akten waren die Kläger *natürliche Personen*, in 8 Fällen (0,57 %) *juristische Personen des Privatrechts*. In 28 (2 %) der Sachen waren die Kläger *juristische Personen des öffentlichen Rechts*

[11] *Ule*, S. 105.
[1] Wegen der Verwaltungsgerichtsbarkeiten vgl. *Ule*, S. 105.

oder *beteiligungsfähige Sondervermögen* (Bundesbahn, Bundespost), in je 1 Fall (0,07 %) waren die Kläger eine *nichtrechtsfähige Personenvereinigung des Privatrechts* (§ 70 Nr. 2 SGG), eine *beteiligungsfähige Behörde* (§ 70 Nr. 3 SGG) oder ein *Schiedsamt* (§ 368 i Abs. 1 RVO). Wesentlich daran ist, daß es durchweg der Staatsbürger ist, der — sei es unmittelbar oder durch seinen Vertreter bzw. Bevollmächtigten — mit der Sozialgerichtsbarkeit in Berührung kommt.

In 19 Fällen (1,36 %) sind für prozeßunfähige Kläger deren *gesetzliche Vertreter* aufgetreten. In 2 Fällen (0,14 %) hat das Gericht wegen Prozeßunfähigkeit des Klägers einen *besonderen Vertreter* bestellt (§ 72 Abs. 1 SGG), in 2 weiteren Fällen geschah dies, weil der Kläger oder sein gesetzlicher Vertreter sich weit vom Sitze des Gerichts entfernt aufhielt (§ 72 Abs. 3 SGG).

Ein Zusammenhang zwischen den dargelegten Umständen und den durchschnittlichen Verfahrensdauern läßt sich nicht feststellen.

2. Vertretung der Kläger durch Prozeßbevollmächtigte[2]

a) Gliederung nach Gerichten

In rd. der Hälfte (718 = 51,3 %) der überprüften 1 400 Fälle waren die Kläger durch Prozeßbevollmächtigte vertreten. Von diesen 718 Verfahren *mit* Prozeßbevollmächtigten entfallen 487 (67,8 %) der Fälle auf SGe mit *überdurchschnittlicher* und 231 (32,2 %) auf SGe mit *unterdurchschnittlicher* industrieller Bevölkerung bzw. 66 Fälle (9,2 %) auf SGe von *Stadtstaaten*. Das Verhältnis der Verfahren dieser Gruppen zu der Gesamtzahl der Verfahren ist geringfügig anders; von den 1 400 Verfahren betrafen:

961 Verfahren (68,6 %) SGe mit *überdurchschnittlicher* und
439 Verfahren (31,4 %) SGe mit *unterdurchschnittlicher* industrieller Bevölkerung bzw.
151 Verfahren (10,8 %) SGe von *Stadtstaaten*.

Das heißt, daß die Bereitschaft der Kläger, einen Prozeßbevollmächtigten in Anspruch zu nehmen, bei SGen mit unterdurchschnittlicher industrieller Bevölkerung bzw. von Flächenstaaten geringfügig stärker war als bei den SGen der Komplementärgruppen.

b) Gliederung nach Gruppen von Prozeßbevollmächtigten

In 1 386 *näher überprüften* Fällen sind die Kläger in 694 Verfahren (50,1 %) durch Prozeßbevollmächtigte vertreten worden[3]. Diese Zahl gliedert sich wie folgt:

---

[2] Vgl. S. 15.
[3] Diese Zahl differiert geringfügig mit der entsprechenden Zahl unter 2 a).

Verbandsvertreter (Gewerkschaften, KO-Verbände)	455 Fälle = 32,8 %
Rechtsanwälte	160 Fälle = 11,5 %
Prozeßagenten	29 Fälle = 2,1 %
andere Bevollmächtigte	50 Fälle = 3,6 %

In den Verfahren *mit* Prozeßbevollmächtigten traten also auf: in zwei Dritteln aller Fälle (65,6 %) Verbandsvertreter, in knapp einem Viertel (23,1 %) Rechtsanwälte und in den restlichen reichlich 11 % Prozeßagenten und andere Bevollmächtigte.

In 30 Fällen (4,3 %) fand ein Wechsel des Prozeßbevollmächtigten statt.

Der Anteil der Fälle, in denen der Kläger durch einen Prozeßbevollmächtigten vertreten gewesen ist, liegt in der Verwaltungsgerichtsbarkeit mit 62,7 % und in der Finanzgerichtsbarkeit mit 71,7 %[4] wesentlich höher als in der Sozialgerichtsbarkeit mit 50,1 % (1. Instanz)[5].

c) *Durchschnittliche Dauer der mündlichen Verfahren mit Prozeßbevollmächtigten*

Die durchschnittliche Dauer der Verfahren vor den SGen, die *allgemein* 481,7 Tage = 16 Monate 2 Tage betrug, belief sich bei 588 Verfahren der *Kläger mit Prozeßbevollmächtigten* auf 528,1 Tage = 17 Monate 18 Tage oder aufgegliedert: auf 519,2 Tage = 17 Monate 9 Tage bei Verbandsvertretern (424 Fälle), 538,8 Tage = 17 Monate 29 Tage bei Rechtsanwälten (136 Fälle) und 621 Tage = 20 Monate 21 Tage bei Prozeßagenten (28 Fälle).

d) *Durchschnittliche Dauer der schriftlichen Verfahren mit Prozeßbevollmächtigten*

Das Phänomen einer durchschnittlich längeren Dauer der Verfahren, in denen Prozeßbevollmächtigte mitwirken, wird auch bestätigt, wenn man 106 *schriftliche* Verfahren gesondert überprüft, in denen die Kläger in je einer Hälfte nicht durch Prozeßbevollmächtigte (1.) bzw. durch Prozeßbevollmächtigte (2.) vertreten wurden[6]. Es wurden erledigt in:

	1.	2.
bis 3 M.	kein Fall	1 Fall (1,9 %)
3 - 6 M.	8 Fälle (15,1 %)	3 Fälle (5,7 %)
6 - 12 M.	15 Fälle (28,3 %)	9 Fälle (17,0 %)
12 - 24 M.	22 Fälle (41,5 %)	21 Fälle (39,6 %)
24 - 36 M.	2 Fälle (3,8 %)	13 Fälle (24,5 %)
über 36 M.	6 Fälle (11,3 %)	6 Fälle (11,3 %)
	Basiszahl:53	Basiszahl: 53

---

[4] *Ule*, S. 106.

[5] Vgl. auch S. 24.

Das bedeutet, daß diese SGe schriftliche Verfahren *ohne* (1.) bzw. *mit* Prozeßbevollmächtigten (2.) kumulativ *insgesamt* erledigten:

	1.	2.
in 6 Monaten:	8 Fälle (15,1 %)	4 Fälle (7,6 %)
in 12 Monaten:	23 Fälle (43,4 %)	13 Fälle (24,6 %)
in 24 Monaten:	45 Fälle (84,9 %)	34 Fälle (64,2 %)
in 36 Monaten:	47 Fälle (88,7 %)	47 Fälle (88,7 %)
	Gesamtzahl: 53	Gesamtzahl: 53

Mit anderen Worten haben die SGe in den beiden ersten Jahren von den Verfahren *ohne* Prozeßbevollmächtigte wesentlich mehr Sachen abgewickelt als von den Verfahren *mit* Prozeßbevollmächtigten.

Überprüft man 47 *schriftliche,* von den Klägern unter Mithilfe von Prozeßbevollmächtigten geführte Verfahren, so ergeben sich bei

21 Fällen mit Verbandsvertretern (1.) und
17 Fällen mit Rechtsanwälten (2).
1 Fall mit Prozeßagenten bzw. Rechtsberater (3.) und
8 Fällen mit anderen Bevollmächtigten (4.)

folgende Erledigungsziffern:

	1.	2.
für 6 Monate	1 Fall (4,8 %)	2 Fälle (11,8 %)
für 12 Monate	4 Fälle (19,0 %)	5 Fäll (29,4 %)
für 24 Monate	15 Fälle (71,4 %)	10 Fälle (58,8 %)
für 36 Monate	20 Fälle (95,2 %)	15 Fälle (88,2 %)
	Gesamtzahl: 21	Gesamtzahl: 17

	3.	4.
für 6 Monate	— —	1 Fall (12,5 %)
für 12 Monate	— —	3 Fälle (37,5 %)
für 24 Monate	— —	7 Fälle (87,5 %)
für 36 Monate	1 Fall (100 %)	— —
	Gesamtzahl: 1	Gesamtzahl: 8

3. Verfahren mit Prozeßbevollmächtigten auf beiden Seiten

In 20 Verfahren waren sowohl die Kläger als auch die Beklagten durch Prozeßbevollmächtigte vertreten. 3 Verfahren (15 %) wurden innerhalb von 1 Jahr, 10 (50 %) innerhalb von 2 Jahren und 4 (20 %) innerhalb von 3 Jahren abgeschlossen, 3 Verfahren (15 %) benötigten über

[6] Die durchschnittliche Dauer schriftlicher Verfahren, vgl. S. 13, betrug 568,1 Tage = 18 Monate 28 Tage, aufgeschlüsselt nach Verfahren *ohne* und Verfahren *mit* Prozeßbevollmächtigten, vgl. S. 15, 511,0 Tage = 17 Monate 1 Tag bzw. 625,2 Tage = 20 Monate 25 Tage.

3 Jahre. Die Durchschnittsdauer dieser Verfahren betrug 653,5 Tage = 21 Monate 24 Tage, also 165 Tage = 5 Monate 15 Tage *mehr* als die *allgemeine* Durchschnittsdauer (488,5 Tage = 16 Monate 9 Tage).

Zusammenfassend läßt sich zu 3. bis 5. die Frage aufwerfen, ob und wie weit einzelnen Ergebnissen repräsentative Bedeutung zukommt. Doch — wie schon oben erwähnt[7] — kann m. E. von der Tatsache ausgegangen werden, daß Verfahren *mit* Prozeßbevollmächtigten (Verbandsvertreter, Rechtsanwälte und Prozeßagenten sowie Rechtsberater[8]) im Durchschnitt wesentlich länger dauern als sonstige Verfahren der SGe. Soweit es sich um *schriftliche* Verfahren handelt, dürfte die Erklärung dafür u. a. darin zu suchen sein, daß der Berufsrichter im Falle von Überlastung, Krankheit oder dergl. dazu neigen kann, mündliche Verfahren vorzuziehen bzw. schriftliche Verfahren hintanzustellen, weil er bei dieser Art von Verfahren nicht so leicht öffentlicher Kritik ausgesetzt ist. Wesentlicher — und dies vor allem bei *mündlichen* Verfahren — dürfte aber sein, daß Verfahren, in denen Prozeßbevollmächtigte auftreten, von den Beteiligten in der Regel intensiver betrieben werden[9].

4. Gruppierung der Kläger nach ihrem Wohnsitz (bzw. Sitz)

Schlüsselt man bei 1 287 Verfahren[10] die Kläger, die eine natürliche oder juristische Person des bürgerlichen Rechts sind, nach ihrem *Wohnsitz* bzw. *Sitz bei Klageerhebung* auf, und zwar *sowohl* nach den Gesichtspunkten

1. am Orte des Gerichts,
2. im Bezirk des Gerichts,
3. in der Bundesrepuklik Deutschland einschl. West-Berlin,
4. in der DDR oder im europäischen Ausland,
5. im außereuropäischen Ausland,
6. keine Angaben

als auch nach

a) mündlichen Verfahren,
b) schriftlichen Verfahren,

so ergeben sich folgende Daten:

	1.	2.	3.	4.	5.	6.
a)	30,1 %	63,7 %	1,0 %	1,7 %	1,4 %	2,1 %
b)	23,5 %	47,0 %	1,2 %	7,1 %	21,8 %	—

[7] Vgl. S. 15.
[8] Also „andere Bevollmächtigte“ ausgenommen.
[9] Vgl. S. 22.
[10] Zusammengezogen: 1 202 mündliche und 85 schriftliche Verfahren.

Nach dieser Aufstellung hatten von den 1 287 Klägern ihren Wohnsitz (bzw. Sitz):

92,3 % am Orte bzw. im Bezirk des Gerichts,
1,0 % in der Bundesrepublik einschl. West-Berlin,
2,1 % in der DDR oder im europäischen Ausland,
2,7 % im außereuropäischen Ausland,
1,9 % ohne nähere Angaben.

Die Werte verschieben sich geringfügig, wenn man die entsprechenden ungegliederten Zahlen von 1 356 Klagen heranzieht, sie betragen:

1.	2.	3.	4.	5.	6.
28,9 %	62,2 %	1,1 %	2,7 %	2,7 %	2,4 %

Anders ist die Sachlage, wenn man die Daten von 151 Klägern der SGe von Stadtstaaten betrachtet, diese Werte betragen:

1.	2.	3.	4.	5.	6.
78,8 %	1,3 %	0,7 %	2,6 %	13,2 %	3,3 %

Die Bedeutung des *Wohnortes* bzw. des *Sitzes* des Klägers für die Dauer der Verfahren ergibt sich, wenn man noch die *durchschnittlichen* Verfahrensdauern zuordnet, sie betragen (gegliedert nach schriftlichen und mündlichen Verfahren):

	1.	2.	3.
a)	437,3 T. = 14 M. 17 T.	482,4 T. = 16 M. 2 T.	383 T. = 12 M. 23 T.
b)	463,5 T. = 15 M. 14 T.	585,1 T. = 19 M. 15 T.	831 T. = 27 M. 21 T.

	4.	5.	6.
a)	540,4 T. = 18 M. 0 T.	693,6 T. = 23 M. 4 T.	689,8 T. = 23 M. 0 T.
b)	541,7 T. = 18 M. 2 T.	669,7 T. = 22 M. 10 T.	— —

Bei 1 376 Fällen sind in 91,6 % während der Dauer der Verfahren keine Veränderungen bezüglich des Wohnortes (bzw. Sitzes) der Kläger eingetreten. Die Veränderungen betrafen im wesentlichen nur Kläger, die am Sitze des Gerichts oder in dessen Bezirk wohnten.

Man kann danach feststellen, daß die Verfahren im Durchschnitt desto länger dauerten, je weiter die Kläger vom Gericht entfernt wohnten bzw. ihren Sitz hatten. Das war insbesondere der Fall, wenn Gutachten auf Grund ambulanter Untersuchung bzw. stationärer Beobachtung eingeholt worden sind[11]. Bemerkenswert ist der relativ hohe Prozentsatz, den die Klagen der Kläger aus dem außereuropäischen Ausland vor den SGen der Stadtstaaten ausmachten.

[11] Vgl. dazu die Daten für Klageverfahren S. 82 ff., Berufungsverfahren S. 176, 210 ff.

5. Fremdsprachige Kläger

Wenn sich die Kläger auch nur in 30 (2,1 %) von 1 400 Verfahren einer Fremdsprache bedienten, so handelt es sich hier doch um eine der speziellen Tatsachen, deren Summierung für die Laufdauer der sozialgerichtlichen Verfahren von Bedeutung sein können.

Dafür sprechen die *durchschnittlichen Verfahrensdauern* von nicht untergegliederten Verfahren (1.)[12], wenn sie in Verfahren mit *fremdsprachigen* Klägern (2.) und in Verfahren mit *deutschsprachigen* Klägern (3.) aufgegliedert werden:

Durchschnittliche Dauer von mündlichen Verfahren

zu 1.	481,7 Tage	= 16 Monate 2 Tage	(1 232	Fälle)
zu 2.	652,2 Tage	= 21 Monate 22 Tage	(21	Fälle)
zu 3.	478,7 Tage	= 15 Monate 29 Tage	(1 211	Fälle)

Durchschnittliche Dauer von schriftlichen Verfahren

zu 1.	568,1 Tage	= 18 Monate 28 Tage	(106	Fälle)
zu 2.	552,2 Tage	= 18 Monate 12 Tage	(5	Fälle!)
zu 3.	568,9 Tage	= 18 Monate 29 Tage	(101	Fälle)

II. Beklagter

1. Gruppierung

Bei 1 400 Verfahren war der Beklagte in 1 381 Verfahren (98,6 %) eine *juristische Person des öffentlichen Rechts.* Nur in 2 Fällen (0,14 %) war der Beklagte eine *natürliche* bzw. eine *juristische Person* des *Privatrechts.* In 2 Fällen (0,14 %) richtete sich die Klage gegen einen *Berufungsauschuß* bzw. ein *Schiedsamt.* Auf seiten der Beklagten ist also die juristische Person des öffentlichen Rechts durchweg die Regel.

2. Prozeßbevollmächtigte

In 10 Fällen (0,7 %) wurde der Beklagte durch einen *Prozeßbevollmächtigten* vertreten; diese Fälle sind wie folgt zu spezifizieren: Es traten auf: In je 1 Fall ein Verbandsvertreter bzw. ein Prozeßagent, in je 4 Fällen Rechtsanwälte bzw. „andere Bevollmächtigte".

In 3 Fällen fand ein Wechsel des Bevollmächtigten statt, 2 Fälle betrafen SGe mit *überdurchschnittlicher* (966 = 69 %) und 1 Fall ein SG mit *unterdurchschnittlicher* industrieller Bevölkerung (434 = 31 %). In keinem der 151 Verfahren vor SGen von Stadtstaaten ereignete sich ein Wechsel des Prozeßbevollmächtigten.

[12] Überprüft insgesamt 1 338 Verfahren, vgl. S. 13.

3. Vorverfahren

In einem Drittel (32,7 %) der überprüften 1 400 Verfahren ist dem gerichtlichen Verfahren ein Vorverfahren der Verwaltung vorausgegangen, in knapp zwei Dritteln der Verfahren (64,4 %) war dies nicht der Fall; 40 Akten (2,9 %) fielen aus, weil bei ihrer Überprüfung zu diesem Punkt nichts festgestellt worden war.

In knapp einem Drittel (30,5 %) der überprüften Verfahren hat der Beklagte oder die Behörde, die ihn im Verwaltungsverfahren vertrat, eine Entscheidung über den Rechtsbehelf gefällt.

Die Zahlen der Vorverfahren in der Verwaltungs- und in der Finanzgerichtsbarkeit liegen höher, weil diese Gerichtsbarkeiten schon von jeher für mehr Gruppen von Verwaltungsakten, als es in der Sozialgerichtsbarkeit der Fall war, das Vorverfahren vorschreiben; inzwischen, jedoch erst mit Wirkung vom 1. Januar 1975, hat auch das Sozialgerichtsgesetz den Bereich des Vorverfahrens — teilweise für den Rechtssuchenden fakultativ — erweitert (§ 78 Abs. 2 SGG)[13].

Der Rechtssuchende neigt aus subjektiver Sicht dazu, die Dauer dieser *Selbstkontrolle der Verwaltung* dem gerichtlichen Verfahren hinzuzurechnen, insbesondere wenn die Entscheidung der Verwaltung länger auf sich hat warten lassen.

Ein durchgeführtes Vorverfahren kann eine begrüßenswerte „Filterwirkung“ dadurch ausüben, daß Prozesse vermieden oder in ihrem zeitlichen Verlauf konzentriert werden.

Das Vorverfahren kann aber auch zu einer Verlängerung der Dauer des Prozesses führen, z. B. dann, wenn es sich um ein Vorverfahren bei einem Versicherungsträger handelt und der Rechtssuchende seine Klage bei dem Versicherungsträger eingereicht hat (§ 91 Abs. 1 SGG), dieser aber die Klage nicht unverzüglich an das zuständige Gericht abgibt; das geschieht zuweilen in der Praxis entgegen dem § 91 Abs. 2 SGG.

Wegen der Auswirkung des Vorverfahrens auf den Sozialrechtsstreit wird im übrigen auf S. 37 f., 113 verwiesen.

---

[13] Vgl. Art. I Nr. 7 des Gesetzes zur Änderung des Sozialgerichtsgesetzes vom 30. 7. 1974 (BGBl. I S. 1625).

3. *Abschnitt*

Beigeladene

1. Gruppierung

An 67 (4,8 %) von 1 400 Verfahren waren teils ein, teils mehrere Beigeladene beteiligt, in 49 Fällen (80,3 %) von 61 ausgewerteten Akten handelte es sich um 1 Beigeladenen, in den restlichen 20 % um mehrere Beigeladene (10 Fälle [16,4 %] 2 - 5; 2 Fälle [3,3 %] 6 - 10 Beigeladene).

2. Zeitpunkt der Beiladung

Bei 61 überprüften Verfahren mit 83 Beiladungen lagen in 20 Fällen (32,8 %) zwischen Klageerhebung und Zustellung der Beiladung an den *1. Beigeladenen* bis zu 3 Monate, in 15 Fällen (24,6 %) 3 - 6 Monate, in 12 Fällen (19,7 %) 6 - 12 Monate und in 14 Fällen (23,0 %) mehr als 12 Monate.

Die Zustellung der Beiladung an den *2. Beigeladenen* fand in 4 Fällen (28,6 %) innerhalb einer Frist von bis zu 3 Monaten statt, bei den übrigen 10 Fällen erfolgte die Zustellung in je 3 Fällen (21,4 %) innerhalb einer Frist von 3 - 6 Monaten bzw. 6 - 12 Monaten und in 4 Fällen (28,6 %) über 12 Monate nach Klageerhebung.

Die *3. Beiladung* erfolgte in je 2 Fällen (25 %) innerhalb von bis zu 3 bzw. von 3 - 6 Monaten, in 3 Fällen (37,5 %) innerhalb von 6 - 12 Monaten und in 1 Fall (12,5 %) nach mehr als 12 Monaten.

Daraus ergibt sich, daß nur knapp ein Drittel der Beiladungen (31,3 %) alsbald nach Klageerhebung erfolgt ist. Gründe dafür, daß die Beiladung in den übrigen Fällen erst später als 3 Monate nach Klageerhebung vorgenommen worden ist, waren nicht festzustellen.

3. Häufigkeit der Beiladung

Stellt man die Beiladungsfälle der Verwaltungsgerichtsbarkeit (18,6 %) und der Finanzgerichtsbarkeit (4,5 %) den Beiladungsfällen der Sozialgerichtsbarkeit (4,8 %) gegenüber, so liegt die Verwaltungsgerichtsbarkeit weit über der Sozialgerichtsbarkeit, während die Zahlen der Finanz- und der Sozialgerichtsbarkeit sich praktisch decken.

Dennoch ist die Beiladung auch bei den SGen nicht ohne Auswirkung auf die *Laufdauer der Verfahren:*

Sie beträgt im Durchschnitt *allgemein* bei 1 336 Verfahren[1] 524,32 Tage = 17 Monate 14 Tage, hingegen *speziell* bei 37 Verfahren *mit Bei-*

---

[1] Die Gegenüberstellung betrifft mündliche und schriftliche Verfahren zusammen.

ladung und aufgeschlüsselt nach dem Wohnort des Beigeladenen

in 8 Fällen mit Beigeladenen, wohnhaft am Sitze des SG:
404,9 Tage = 13 Monate 15 Tage;

in 12 Fällen mit Beigeladenen, wohnhaft im Bezirk des SG:
586,8 Tage = 19 Monate 12 Tage;

in 16 Fällen mit Beigeladenen, wohnhaft in der Bundesrepublik Deutschland:
522,7 Tage = 17 Monate 13 Tage;

in 1 Fall mit Beigeladenen, wohnhaft im europ. Ausland:
914,0 Tage = 30 Monate 14 Tage (dieses Verfahren war noch dadurch gekennzeichnet, daß der Beigeladene nicht deutsch sprach).

Auch wenn man die *Erledigungsziffern* von 1 336 Verfahren (1.)[1] den speziellen Werten der Verfahrensdauer von 37 Verfahren *mit Beigeladenen* (aufgeschlüsselt unter 2. bis 5. nach deren Wohnort) gegenüberstellt, sprechen die sich ergebenden Daten dafür, daß die Beteiligung von Beigeladenen zu einer Verlängerung der Verfahren führen kann.

	1.	2.	3.	4.	5.
bis 3 M.	55 F. (4,1 %)	— —	— —	1 F. (2,7 %)	— —
3 - 6 M.	134 F. (10,0 %)	— —	— —	2 F. (5,4 %)	— —
6 - 12 M.	378 F. (28,3 %)	3 F. (8,1 %)	3 F. (8,1 %)	4 F. (10,8 %)	— —
12 - 24 M.	506 F. (37,9 %)	5 F. (13,5 %)	6 F. (16,2 %)	5 F. (13,5 %)	— —
24 - 36 M.	172 F. (12,9 %)	— —	1 F. (2,7 %)	3 F. (8,1 %)	1 F. (2,7 %)
über 36 M.	91 F. (6,8 %)	— —	2 F. (5,4 %)	1 F. (2,7 %)	— —

Basiszahl: 1 336 Basiszahl (2 bis 5): 37

4. Gliederung der Beigeladenen nach Rechtspersonen

Von den 67 (4,8 %) Beiladungsfällen betrafen 23 Fälle (34,3 %), also ein Drittel, natürliche Personen, 1 Fall (1,5 %) eine juristische Person des Privatrechts, 41 Fälle (61,2 %) juristische Personen des öffentlichen Rechts und 2 Fälle (3,0 %) eine kraft Landesrechts beteiligungsfähige Behörde.

5. Besondere Vertreter, Prozeßbevollmächtigte, fremde Sprache

In keinem Fall ist für einen Beigeladenen ein *Vertreter* nach § 72 SGG bestellt worden. In 10 Fällen (14,9 %)[2] ist der Beigeladene durch einen *Prozeßbevollmächtigten* vertreten worden, davon in 6 Fällen (9,0 %) durch Anwälte, in 4 Fällen (6,0 %) durch andere Bevollmächtigte. Ein *Wechsel des Prozeßbevollmächtigten* während des Verfahrens ist in keinem Fall erfolgt. In 2 Fällen (3,0 %) bedienten sich die Beigeladenen einer fremden Sprache.

---

[2] Von 67 Beiladungsfällen.

6. Vorverfahren

19 (28,4 %) der 67 Verfahren mit Beiladung ist ein Vorverfahren vorausgegangen, daran waren die Beigeladenen in 2 Fällen (3,0 %) beteiligt worden.

4. Abschnitt

Gegenstand des Rechtsstreits

1. Die Klagen nach Art und Häufigkeit

Die 1 400 überprüften Verfahren gliedern sich nach Art und Häufigkeit der Klagen wie folgt:

1.	*Anfechtungs- und (unechte) Leistungsklagen* (§ 54 Abs. 1, 4 SGG)	78,7 %	(1 127 Fälle)
2.	*(verbundene) Anfechtungs- und Verpflichtungsklagen* im engeren Sinne (§ 54 Abs. 1, 3 SGG)	7,5 %	(108 Fälle)
3.	*Anfechtungsklagen einschl. Aufsichtsklagen* (§ 54 Abs. 1, 3 SGG)	6,8 %	(97 Fälle)
4.	*(echte) Leistungklagen* (§ 54 Abs. 5 SGG)	3,5 %	(50 Fälle)
5.	*Feststellungsklagen* (§ 55 SGG)	3,1 %	(44 Fälle)
6.	*Untätigkeitsklagen* (§§ 88, 54 SGG)	0,1 %	(1 Fall)
7.	*Wahlanfechtungsklagen* (§§ 57 b, 131 Abs. 4 SGG)	—	—
8.	*andere Klagen*	0,3 %	(5 Fälle)

Die Aufschlüsselung ergibt, daß es sich in 93 % der Fälle um *Anfechtungsklagen* oder um deren Kombination mit anderen Klagearten handelt (1 332), der Rest (7 %) entfällt auf 50 (echte) Leistungsklagen, 44 Feststellungsklagen, 1 Untätigkeitsklage und 5 andere Klagen. Die Summe dieser Klagen ergibt, ähnlich wie in der allgemeinen Verwaltungsgerichtsbarkeit[1], 32 Fälle mehr als die Zahl der überprüften Akten, dies wahrscheinlich, weil ein Teil der Verfahren mit *Klagenhäufung* (so z. B. Verfahren aus dem Komplex der Anfechtungsklagen, verbunden mit einer Feststellungsklage) aktenmäßig nur einmal, bei der Zählung der Klagearten aber zweifach erfaßt worden ist[2].

---

[1] Vgl. *Ule*, S. 110.

[2] Die Hundertsätze sind daher nach der Basiszahl 1 432 errechnet worden.

19 Verfahren (1,4 %) betrafen auch *internationales* oder *supranationales* Recht.

2. Objektive Klagenhäufung

In 79 (5,6 %) der 1 400 Verfahren hat der Kläger mehrere Klageansprüche geltend gemacht.

Nach der *Anzahl der Ansprüche* machten die Kläger in 73 Fällen geltend: 2 Ansprüche in 64 Fällen (87,7 %), 3 Ansprüche in 6 Fällen (8,2 %) und mehr als 3 Ansprüche in 3 Fällen (4,1 %). 19 Verfahren mit Klagenhäufung (24,1 %)[3] betrafen auch Ansprüche ausländischen, internationalen oder supranationalen Rechts.

Klagenhäufung kann zu einer *Verlängerung des Verfahrens* führen[4]. Dies erweist sich, wenn man die Erledigungsziffern von Verfahren *ohne* Klagenhäufung (1) solchen von Verfahren *mit* Klagenhäufung (2) gegenüberstellt. Es ergeben sich folgende Werte:

a) Mündliche Verfahren

	1.	2.
bis 3 M.	54 Fälle (4,7 %)	kein Fall
3 - 6 M.	121 Fälle (10,4 %)	2 Fälle (2,8 %)
6 - 12 M.	336 Fälle (29,0 %)	19 Fälle (26,4 %)
12 - 24 M.	434 Fälle (37,4 %)	29 Fälle (40,3 %)
24 - 36 M.	143 Fälle (12,3 %)	15 Fälle (20,8 %)
über 36 M.	72 Fälle (6,2 %)	7 Fälle (9,7 %)
	Basiszahl: 1 160	Basiszahl: 72

Es wurden erledigt:

	1.	2.
in 1 Jahr	44,1 %	29,2 %
in 2 Jahren	81,5 %	69,5 %
in 3 Jahren	93,8 %	90,3 %

b) Schriftliche Verfahren[5]

	1.	2.
bis 3 M.	1 Fall (1,0 %)	kein Fall
3 - 6 M.	11 Fälle (10,9 %)	kein Fall
6 - 12 M.	24 Fälle (23,8 %)	kein Fall
12 - 24 M.	42 Fälle (41,6 %)	1 Fall (20,0 %)
24 - 36 M.	14 Fälle (13,9 %)	1 Fall (20,0 %)
über 36 M.	9 Fälle (8,9 %)	3 Fälle (60,0 %)
	Basiszahl: 101	Basiszahl: 5

[3] Bezogen auf 79 Fälle.

[4] *Ule*, S. 110, meint, daß die objektive Klagenhäufung kaum Einfluß auf die Prozesse der allg. Verwaltungs- und Finanzgerichtsbarkeit habe.

Es wurden erledigt:

	1.	2.
in 1 Jahr	35,7 %	—
in 2 Jahren	77,3 %	20,0 %
in 3 Jahren	91,2 %	40,0 %

3. Klageänderung

In 35 Fällen (2,5 %)[6] hat der Kläger die Klage geändert, und zwar wurden geändert: in 26 Verfahren (1,9 %) der *Antrag*, in 7 (0,5 %) der *Klagegrund* und in 2 (0,1 %) der *Beklagte*.

Änderungen der Klage führten regelmäßig zu einer Verlängerung der Dauer des Verfahrens, wie die durchschnittlichen Verfahrensdauern bestätigen.

4. Änderung bzw. Ersetzung des angefochtenen Verwaltungsaktes

In 79 (5,6 %) von 1 400 Verfahren wurde der angefochtene Verwaltungsakt durch einen neuen abgeändert oder ersetzt. Die Änderung bzw. Ersetzung der Verwaltungsakte erfolgte — gerechnet ab Klageerhebung — innerhalb folgender Zeiträume:

bis 3 M.	14 Fälle (17,7 %)
3 - 6 M.	13 Fälle (16,5 %)
6 - 12 M.	25 Fälle (31,6 %)
über 12 M. *nach Klageerhebung*	27 Fälle (34,2 %)

In 63 (4,7 %) von 1 338 Verfahren benötigte der Beklagte für die *Mitteilung* des abändernden bzw. ersetzenden Bescheides an das Gericht folgende Zeiträume:

bis 1 Woche	11 Fälle (17,5 %)
1 - 2 Wochen	12 Fälle (19,1 %)
2 - 4 Wochen	18 Fälle (28,6 %)
über 4 Wochen	22 Fälle (34,9 %)

Es fällt auf, daß der Beklagte in 63,5 % der Fälle mehr als 2 Wochen Zeit allein dafür benötigte, das SG über den Erlaß eines verfahrenswesentlichen Verwaltungsaktes zu unterrichten.

5. Gliederung nach Rechtsmaterien

Die 1 400 Verfahren verteilen sich auf einzelne Rechtsgebiete nach der Häufigkeit wie folgt:

---

[5] Bei 106 schriftlichen Verfahren von 1 294 Akten war in 4,7 % der Fälle Klagenhäufung gegeben.

[6] 2,5 % von 1 400 Verfahren.

1.	*Gesetzliche Rentenversicherung (einschl. der knappschaftlichen Rentenversicherung und der Rentenversicherung der Handwerker)*	*51,8 %*	*(724 Fälle)*
2.	*Kriegsopferversorgung (einschl. des Soldatenversorgungsgesetzes, § 88 Abs. 1 und 5 SVG)*	*18,7 %*	*(261 Fälle)*
3.	*Gesetzliche Unfallversicherung*	*18,4 %*	*(257 Fälle)*
4.	*Arbeitslosenversicherung und Arbeitslosenhilfe (einschl. der übrigen Aufgaben der Bundesanstalt für Arbeit, insbesondere des Kindergeldgesetzes, § 27 Abs. 1 BKGG)*	*4,9 %*	*(69 Fälle)*
5.	*Gesetzliche Krankenversicherung (einschl. der Knappschaftlichen Krankenversicherung und der Krankenversorgung der NS-Verfolgten)*	*3,5 %*	*(49 Fälle)*
6.	*Altershilfe für Landwirte (§§ 30, 46 GAL)*	*1,8 %*	*(25 Fälle)*
7.	*Kassenarztrecht*	*0,6 %*	*(8 Fälle)*
8.	*Lohnfortzahlung*	*0,1 %*	*(2 Fälle)*
9.	*Versorgung der Beschädigten des Zivilschutzkorps (§§ 46, 88 Abs. 1 u. 5 SVG)*	*0,1 %*	*(1 Fall)*
10.	*Sonstiges Recht*	*0,2 %*	*(3 Fälle)*
		100 %	*(1 399 Fälle)*

Danach gehörten über 50 % der Streitigkeiten zur *Rentenversicherung*, je über 18 % zur *Kriegsopferversorgung* und zur *Unfallversicherung*, rd. 5 % zur *Arbeitslosenversicherung* und *Arbeitslosenhilfe* usw. und 3,5 % zur *Krankenversicherung;* der Rest entfällt auf die *Altershilfe für Landwirte* (1,8 %), das *Kassenarztrecht* (0,6 %), das Recht der *Lohnfortzahlung* (0,14 %), das Recht des *Zivilschutzkorps* (0,07 %) und andere Rechtsgebiete (0,21 %). Häftlingshilfe und der Zivile Ersatzdienst waren unter diesen 1 399 Streitverfahren nicht vertreten.

6. Gliederung nach laufenden bzw. einmaligen Leistungen

Von 1 399 Verfahren betrafen 1 114 (79,6 %) *laufende Leistungen*, 172 (12,3 %) *laufende Leistungen für abgelaufene Zeiträume* und 117 (8,4 %) *einmalige Leistungen.*

7. Durchschnittsdauer

a) Gliedert man 1 232 mündliche Verfahren mit einer Durchschnittsdauer von 481,7 Tagen = 16 Monate 2 Tagen nach ihren Materien, so beträgt ihre Durchschnittsdauer[7]:

---

[7] Reihenfolge der Materien (vgl. S. 36) hier nach der Länge der Durchschnittsdauer der Verfahren.

1.	*Kriegsopferversorgung*	587,8 Tage = 19 Monate 18 Tage (235 Fälle)
2.	*Lohnfortzahlung*	502,0 Tage = 16 Monate 22 Tage (1 Fall)
3.	*Krankenversicherung*	479,8 Tage = 16 Monate 0 Tage (41 Fälle)
4.	*Rentenversicherung*	464,7 Tage = 15 Monate 15 Tage (645 Fälle)
5.	*Versorgung der Beschädigten des Zivilkorps*	454,0 Tage = 15 Monate 4 Tage (1 Fall)
6.	*Arbeitslosenversicherung*	448,5 Tage = 14 Monate 29 Tage (58 Fälle)
7.	*Unfallversicherung*	447,5 Tage = 14 Monate 28 Tage (220 Fälle)
8.	*Altershilfe für Landwirte*	336,5 Tage = 11 Monate 7 Tage (22 Fälle)
9.	*Kassenarztrecht*	302,3 Tage = 10 Monate 2 Tage (6 Fälle)
10.	*Sonstiges Recht*	251,0 Tage = 8 Monate 11 Tage (3 Fälle)

b) Die entsprechenden Werte für 106 schriftliche Verfahren mit einer Durchschnittsdauer von 568,1 Tagen = 18 Monaten 28 Tagen sind[8]:

1.	*Kriegsopferversorgung*	650,0 Tage = 21 Monate 20 Tage (21 Fälle)
2.	*Unfallversicherung*	608,1 Tage = 20 Monate 0 Tage (20 Fälle)
3.	*Lohnfortzahlung*	608,0 Tage = 20 Monate 8 Tage (1 Fall)
4.	*Krankenversicherung*	553,2 Tage = 18 Monate 13 Tage (6 Fälle)
5.	*Rentenversicherung*	543,0 Tage = 18 Monate 3 Tage (50 Fälle)
6.	*Altershilfe für Landwirte*	525,0 Tage = 17 Monate 15 Tage (2 Fälle)
7.	*Arbeitslosenversicherung*	423,8 Tage = 14 Monate 4 Tage (5 Fälle)
8.	*Kassenarztrecht*	162,0 Tage = 5 Monate 12 Tage (1 Fall)

c) Läßt man bei a) und b) die Materien außer Betracht, die nur mit wenigen Verfahren vertreten waren, so ergibt sich, daß bei den *mündlichen* Verfahren die der Kriegsopferversorgung und bei den *schriftlichen* Verfahren die der Kriegsopferversorgung und der Unfallversicherung nicht unerheblich *über* den Durchschnittswerten lagen.

5. *Abschnitt*

Vorverfahren — Untätigkeit der Verwaltung

1. Vorverfahren

Laufdauer

Bei 1 400 Verfahren hat in 458 Fällen (32,7 %) ein Vorverfahren stattgefunden[1]. In 454 Fällen (32,4 %) ist über den Widerspruch auch ent-

[8] Vgl. S. 13.

schieden worden, und zwar in 427 Fällen (95,1 % von 454) durch den Beklagten bzw. die Behörde, die ihn vertrat.

Die Dauer der Vorverfahren läßt sich nur annähernd erfassen: In 202 Fällen (44,5 % von 454) haben die Vorverfahren bis zum Eingang der Klage a) allgemein, b) bei dem SG, c) bei einer anderen Stelle i. S. von § 91 Abs. 1 SGG] gedauert:

	a)	b)	c)
bis 1 M.	8 Fälle (4,0 %)	7 Fälle (3,7 %)	1 Fall (9,1 %)
1 - 3 M.	68 Fälle (33,7 %)	65 Fälle (34,0 %)	3 Fälle (27,3 %)
3 - 6 M.	62 Fälle (30,7 %)	58 Fälle (30,4 %)	4 Fälle (36,4 %)
6 - 9 M.	30 Fälle (14,9 %)	29 Fälle (15,2 %)	1 Fall (9,1 %)
9 - 12 M.	18 Fälle (8,9 %)	16 Fälle (8,4 %)	2 Fälle (18,2 %)
über 12 M.	16 Fälle (7,9 %)	16 Fälle (8,4 %)	— —
	Basiszahl: 202	Basiszahl: 191	Basiszahl: 11

Das heißt, daß nach diesen Werten die *Laufdauer* von 130 *Vorverfahren* (68,1 %), gegen deren Entscheidung Klage *bei dem SG* eingereicht wurde, bis zu 6 Monaten betrug. Die entsprechende Ziffer bei Vorverfahren, nach denen Klage *bei einer anderen Stelle* (§ 91 Abs. 1 SGG) erhoben wurde, ist etwas höher, nämlich 72,8 % (8 Fälle), sie wurden mit einer Laufdauer bis zu 6 Monaten erledigt.

Ordnet man den Reihen zu b) und c) ihre *durchschnittliche Verfahrensdauer* zu, d. h. die Dauer der Vorverfahren vom Eingang des Widerspruchs bei der Verwaltung bis zur Klageerhebung, so ergeben sich folgende Werte:

b)

in 191 Fällen 171,2 Tage = 5 Monate 21 Tage

c)

in 11 Fällen 144,0 Tage = 4 Monate 24 Tage

Schlüsselt man die Laufdauer von 266 Vorverfahren (58,6 % von 454) nach Monaten auf, so haben gedauert:

37 Fälle (13,9 %)	bis 1 Monat	22 Fälle (8,3 %)	6 - 9 Monate
102 Fälle (38,3 %)	1 - 3 Monate	19 Fälle (7,1 %)	9 - 12 Monate
69 Fälle (25,9 %)	3 - 6 Monate	17 Fälle (6,4 %)	über 12 Monate

Das heißt, daß von diesen Vorverfahren rd. 78 % der Fälle bis 6 Monate und rd. 22 % über 6 Monate gedauert haben.

[1] In 40 Fällen (2,9 %) von 1 400 Verfahren ist nichts festgestellt worden. Vgl. auch S. 23 f., 36, 153 ff.

2. Auswirkung auf die Dauer der Gerichtsverfahren

Geht man von den *allgemeinen* Erledigungsziffern aus, wonach *innerhalb eines Jahres* im *mündlichen* Verfahren 43,2 % und im *schriftlichen* Verfahren 33,9 % der Fälle, also etwas weniger, erledigt wurden[2], so liegen die entsprechenden Werte der Verfahren mit *vorausgegangenem Vorverfahren* niedriger: sie betragen 38,9 % von 381 bzw. 27,2 % von 33 Verfahren. Das Entsprechende gilt für die Erledigungsziffern von *2 bzw. 3 Jahren.* Die *zweijährigen* Erledigungsziffern betragen: 80,9 % bzw. 74,5 % zu 74,6 % bzw. 63,3 % und die *dreijährigen* Erledigungsziffern: 93,7 % bzw. 88,7 % zu 91,7 % bzw. 87,8 %. Hier tritt das Phänomen zutage, das auch bei der durchschnittlichen Laufdauer der Verfahren festzustellen ist, nämlich daß die Vorverfahren, und zwar bei schriftlich geführten Prozessen stärker als bei mündlichen, mit einer längeren Verfahrensdauer verbunden sein können.

Eine andere Überprüfung ergibt, daß von der *Gesamtzahl* der Gerichtsverfahren

in 1 Jahr	42,5 %
in 2 Jahren	80,3 %
in 3 Jahren	93,2 %

abgewickelt wurden. Gliedert man diese Gesamtzahl auf, so ergeben sich folgende Erledigungsziffern:

mündliche Verfahren

	ohne Vorverfahren	*mit Vorverfahren*
in 1 Jahr	45,6 %	38,7 %
in 2 Jahren	84,0 %	74,2 %
in 3 Jahren	94,7 %	91,4 %

schriftliche Verfahren

	ohne Vorverfahren	*mit Vorverfahren*
in 1 Jahr	37,7 %	27,8 %
in 2 Jahren	79,7 %	63,9 %
in 3 Jahren	89,9 %	86,1 %

Das bedeutet nicht nur, daß die *mündlichen* Verfahren schneller als die *schriftlichen* abgewickelt wurden, sondern auch, daß das Verhältnis der Verfahren *ohne* Vorverfahren zu den Prozessen *mit* Vorverfahren etwa 2/3 zu 1/3 beträgt. Die hier nicht meßbare „Filterwirkung" der Institution des Vorverfahrens kann im Einzelfall mit einer Verlängerung *der* Prozesse erkauft werden, denen ein negativ abgeschlossenes Vorverfahren vorausgegangen ist. Es muß offen bleiben, ob mit dem negativ verlaufenen Vorverfahren auch eine gewisse qualitative Auswahl da-

---

[2] Vgl. S. 16.

hingehend verbunden sein kann, daß es sich in tatsächlicher und/oder rechtlicher Hinsicht um schwierigere Verfahren handelt.

3. Untätigkeit der Verwaltung (§ 88 SGG)

Bei 1 Klage lagen die Voraussetzungen des § 88 Abs. 1 SGG vor; der Kläger war der Ansicht, daß sein Antrag auf Vornahme eines Verwaltungsaktes ohne ausreichenden Grund in angemessener Frist sachlich nicht beschieden worden sei; das Verwaltungsverfahren lief bei Klageerhebung bereits 6 Monate.

6. Abschnitt

Vorausgegangene Verweisungen — Wiedereinsetzung für gesetzliche Verfahrensfristen

1. Vorausgegangene Verweisungen

Bei 1 398 überprüften Akten sind 54 Verfahren (3,9 %) von dem zunächst angegangenen Gericht an das mit der Sache dann befaßte SG verwiesen worden, und zwar 11 Verfahren (0,8 %) wegen *örtlicher Unzuständigkeit* und 43 Verfahren (3,1 %) wegen *Unzulässigkeit des Rechtsweges.*

In 28 Fällen, d. h. in mehr als der Hälfte dieser Verfahren (51,9 %), waren die Kläger durch *Prozeßbevollmächtigte* vertreten.

Wenn hier auch nur 3,9 % der 1 398 Verfahren betroffen waren, so handelt es sich doch um Fakten, die einzeln zwar relativ selten auftreten, die aber bei Summierung mit anderen derartigen Fakten das sozialgerichtliche Verfahren verlängern können.

2. Wiedereinsetzung

In 3 (0,21 %) von 1 400 Fällen ist Wiedereinsetzung bezüglich der *Klagefrist* bewilligt worden (§ 67 SGG), und zwar in 1 Fall innerhalb von 1 Monat, in 2 Fällen innerhalb von 6 bis 12 Monaten nach Fristablauf. In 2 Fällen war der Kläger durch einen *Prozeßbevollmächtigten* vertreten.

Bezüglich der Frist, mündliche Verhandlung gegen einen Vorbescheid zu beantragen, ist in keinem Fall Wiedereinsetzung beantragt worden. Wegen Vorbescheide vgl. im übrigen 53 f.

7. *Abschnitt*

Gesamtdauer des Prozesses und Terminsübersicht

1. Zur Dauer der Verfahren

Zu den — bereits aufgeführten — Ergebnissen der Untersuchungen (S. 13 ff.) seien zur Laufdauer der Verfahren noch folgende Daten erwähnt:

a) Von 1 232 *mündlichen* Verfahren (mit einer durchschnittlichen Laufdauer von 481,7 Tagen = 16 Monaten 2 Tagen) benötigten:

bis 3 M.	54	Fälle	(4,4 %)
3 - 6 M.	123	Fälle	(10,0 %)
6 - 12 M.	355	Fälle	(28,8 %)
12 - 24 M.	463	Fälle	(37,6 %)
24 - 36 M.	158	Fälle	(12,8 %)
über 36 M.	79	Fälle	(6,4 %)

Von diesen 1 232 Verfahren waren 229 Klagen (18,6 %) (mit einer durchschnittlichen Laufdauer von 483,8 Tagen = 16 Monaten 4 Tagen) bei einer Stelle i. S. des § 91 Abs. 1 SGG anhängig gemacht worden; diese Klagen dauerten:

bis 3 M.	7	Fälle	(3,1 %)
3 - 6 M.	26	Fälle	(11,4 %)
6 - 12 M.	62	Fälle	(27,1 %)
12 - 24 M.	91	Fälle	(39,7 %)
24 - 36 M.	28	Fälle	(12,2 %)
über 36 M.	15	Fälle	(6,6 %)

Das heißt, daß die Daten der beiden Gruppen nur geringfügig differierten.

b) Von 106 *schriftlichen* Verfahren (mit einer durchschnittlichen Laufdauer von 568,1 Tagen = 18 Monaten 28 Tagen) benötigten:

bis 3 M.	1	Fall	(0,9 %)
3 - 6 M.	11	Fälle	(10,4 %)
6 - 12 M.	24	Fälle	(22,6 %)
12 - 24 M.	43	Fälle	(40,6 %)
24 - 36 M.	15	Fälle	(14,2 %)
über 36 M.	12	Fälle	(11,3 %)

Von diesen 106 Verfahren waren 23 Klagen (21,7 %) (mit einer durchschnittlichen Laufdauer von 485,3 Tagen = 16 Monaten 5 Tagen) bei einer Stelle i. S. des § 91 Abs. 1 SGG anhängig gemacht worden; diese Klagen dauerten:

bis 3 M.	—	—	
3 - 6 M.	2 Fälle	(8,7 %)	
6 - 12 M.	8 Fälle	(34,8 %)	
12 - 24 M.	8 Fälle	(34,8 %)	
24 - 36 M.	4 Fälle	(17,4 %)	
über 36 M.	1 Fall	(4,4 %)	

c) Bei 1 400 Verfahren waren 261 Klagen (18,6 %) bei einer Stelle i. S. des § 91 Abs. 1 SGG anhängig gemacht worden (vgl. S. 14); diese Klagen benötigten bis zum Eingang beim SG:

bis zu 2 W.	62 Fälle	(23,8 %)
2 - 4 W.	71 Fälle	(27,2 %)
4 - 8 W.	67 Fälle	(25,7 %)
8 - 12 W.	24 Fälle	(9,2 %)
12 - 26 W.	25 Fälle	(9,6 %)
über 26 W.	12 Fälle	(4,6 %)

Das heißt, daß es in 200 (76,6 %) dieser Fälle bis zu 8 Wochen dauerte, bis die Klagen bei den SGen eingingen, 61 Klagen (23,4 %) benötigten länger als 8 Wochen, davon 12 Klagen (4,6 %) länger als 26 Wochen.

Im Durchschnitt dauerte es bei diesen 261 Klagen 52,0 Tage = 1 Monat 22 Tage, bis sie bei Gericht eingingen. Gliedert man diese Durchschnittsziffer für die zahlenmäßig *am stärksten vertretene* Rechtsgebiete auf, so ergeben sich folgende Durchschnittswerte:

Rentenversicherung	166 Klagen	(63,6 %)	53,7 Tage	= 1 M. 24 Tg.
Unfallversicherung	58 Klagen	(22,3 %)	58,7 Tage	= 1 M. 29 Tg.
Kriegsopferversorgung	17 Klagen	(6,5 %)	29,5 Tage	= 1 M. 0 Tg.
Altershilfe der Landwirte	12 Klagen	(4,5 %)	49,3 Tage	= 1 M. 19 Tg.

Es ist anzunehmen, daß bei einer Reihe dieser Verfahren die Laufdauer durch den Zeitraum verlängert worden ist, der zur Weitergabe der Klage an das SG benötigt wurde.

2. Falscher Beklagter

In 41 (3,1 %) von 1 318 überprüften Fällen war die Klage gegen einen falschen Beklagten gerichtet worden, ein Fehler, durch den der Kläger die Dauer seines Verfahrens etwas, wenn auch geringfügig, verlängert haben kann.

3. Begründung der Klagen

In 968 (69,1 %) der 1 400 Verfahren wurde die Klage *mit* Begründung eingereicht, in 420 Verfahren (30,0 %) war dies *nicht* der Fall, bei 12 Verfahren (0,9 %) ist nicht festgestellt worden, ob die Klageschrift eine Begründung enthielt.

Bei 426 Klagen (30,4 %) ist die Begründung innerhalb folgender Zeiträume *nachgereicht* worden:

bis zu	3 Monaten	in	264 Fällen	(62,0 %)
von 3 -	6 Monaten	in	83 Fällen	(19,5 %)
über	6 Monate	in	79 Fällen	(18,5 %),

gerechnet von der Klageerhebung an.

Die entsprechenden Werte für 68 Klagen (4,9 %), die von 426 Verfahren bei einer Stelle i. S. des § 91 Abs. 1 SGG *ohne* Begründung eingereicht worden waren, betrugen:

bis zu	3 Monaten	in	30 Fällen	(44,1 %)
von 3 -	6 Monate	in	17 Fällen	(25,0 %)
über	6 Monate	in	21 Fällen	(30,9 %).

Insgesamt können auf diese Weise 11,6 % der 1 400 überprüften Verfahren um mehr als 3 Monate bzw. 5,6 % um mehr als 6 Monate durch das Verhalten der Kläger verlängert worden sein.

Hier liegt annehmbar eine *Beschleunigungsreserve,* die — jedenfalls teilweise — durch eine stärkere Betonung der Notwendigkeit, mit der Klage zugleich auch eine Klagebegründung einzureichen (§ 92 SGG), erschlossen werden könnte.

Die Annahme, daß die Nachreichung der Klagebegründung das Verfahren verlängern kann, wird auch bestätigt, wenn man den *Erledigungsziffern* der Gesamtzahl der Verfahren *mit* nachgereichter Begründung (1) die Erledigungsziffern der Verfahren gegenüberstellt, in denen die Begründung

innerhalb von	3 Monaten	(2)	
innerhalb von	3 - 6 Monaten	(3)	oder
nach mehr als	6 Monaten	(4)	

bei Gericht eingegangen ist. Von diesen Gruppen von Klagen *mit* nachgereichter Begründung wurden in den angegebenen Zeiträumen folgende Hundertsätze erledigt:

mündliche Verfahren

	innerhalb von		
	1 Jahr	*2 Jahren*	*3 Jahren*
Gruppe 1	23,5 %	73,2 %	89,9 %
Gruppe 2	40,0 %	77,7 %	93,3 %
Gruppe 3	26,3 %	69,7 %	89,4 %
Gruppe 4	17,1 %	62,8 %	79,9 %

schriftliche Verfahren

	innerhalb von		
	1 Jahr	*2 Jahren*	*3 Jahren*
Gruppe 1	27,0 %	73,2 %	84,7 %
Gruppe 2	58,3 %	91,5 %	91,5 %
Gruppe 3	—	100,0 %	—
Gruppe 4	—	33,3 %	66,6 %

Dazu seien noch die Zeiträume erwähnt, die zwischen Klageerhebung und Eingang des letzten Schriftsatzes zur Sache lagen[1]:

	a)	b)
bis 3 M.	379 Fälle (28,1 %)	65 Fälle (25,8 %)
3 - 6 M.	205 Fälle (15,2 %)	39 Fälle (16,2 %)
über 6 M.	765 Fälle (56,7 %)	153 Fälle (59,5 %)
	Basiszahl: 1 349	Basiszahl: 257

Insgesamt ergibt sich, daß die Klagen desto länger dauerten, je später ihre Begründung bei Gericht nachgereicht wurde[2].

4. Zeiträume zwischen den Terminen

a) Insgesamt hat bei 1 400 Verfahren in 1 049 Fällen (74,9 %) nur 1 Termin vor dem Erlaß des Urteils stattgefunden.

Die Frage nach dem Zeitraum *zwischen Klageerhebung und dem 1. Termin*

a) bei 958 Klagen (ungegliedert) und

b) bei 182 Klagen, die bei einer anderen Stelle (§ 91 Abs. 1 SGG)

eingereicht worden sind, beantwortet folgende Übersicht:

	a)	b)
bis 3 M.	57 Fälle (6,0 %)	8 Fälle (4,4 %)
3 - 6 M.	132 Fälle (13,8 %)	23 Fälle (12,6 %)
6 - 12 M.	326 Fälle (34,0 %)	58 Fälle (31,9 %)
über 12 M.	443 Fälle (46,2 %)	93 Fälle (51,1 %)
	Basiszahl: 958	Basiszahl: 182

Das bedeutet, daß nur in (reichlich) der Hälfte dieser Verfahren der 1. Termin innerhalb *eines Jahres* seit Klageerhebung stattgefunden hat (53,8 % bzw. 48,9 %). Die Gegenüberstellung der Daten zu a) und b) deutet zugleich darauf hin, daß auch die Art und Weise, wie die einzelne

[1] a) Klagen insgesamt, davon: b) Klagen bei einer Stelle i. S. des § 91 Abs. 1 SGG eingereicht.

[2] Zur Begründung der Berufung vgl. S. 143 ff.

Klage erhoben worden ist, deren Dauer beeinflussen kann, denn bei den Klagen zu b) kommt zu den Faktoren, die die Dauer des einzelnen Verfahrens beeinflussen, die Zeit hinzu, die bis zum Eingang der Klage beim SG verstrich, nebenbei bemerkt, einer der Faktoren, auf die das SG keinen Einfluß hat.

Insgesamt ist bei den ermittelten Werten zu berücksichtigen, daß sie in Zusammenhang mit verfahrensbedingten Umständen wie vorausgegangener Schriftsatzwechsel der Beteiligten, vorausgegangene Einholung von schriftlichen Gutachten usw. gesehen werden müssen.

b) Überprüft man die Zeiträume, die ab Klageerhebung bis zum 1. Termin bzw. zwischen den weiteren Terminen lagen, so ergeben sich in 958 bzw. in 182 Verfahren folgende Daten:

	1. Termin	
bis 3 M.	57 Fälle (5,9 %)	8 Fälle (4,4 %)
3 - 6 M.	132 Fälle (13,8 %)	23 Fälle (12,6 %)
6 - 12 M.	326 Fälle (34,0 %)	58 Fälle (31,9 %)
über 12 M.	443 Fälle (46,2 %)	93 Fälle (51,1 %)
	Basiszahl: 958	Basiszahl: 182

	2. Termin	*3. Termin*	*4. Termin*	*5. Termin*	*6. Termin*
bis 3 M.	66 F. (26,0 %)	20 F. (29,9 %)	8 F. (34,8 %)	6 F. (46,2 %)	1 F. (20,0 %)
3 - 6 M.	66 F. (26,0 %)	15 F. (22,4 %)	5 F. (21,7 %)	2 F. (15,4 %)	3 F. (60,0 %)
6 - 12 M.	68 F. (26,8 %)	22 F. (32,8 %)	6 F. (26,1 %)	5 F. (38,5 %)	1 F. (20,0 %)
über 12 M.	54 F. (21,3 %)	10 F. (14,9 %)	4 F. (17,4 %)	— —	— —
	Basisz.: 254	Basisz.: 67	Basisz.: 23	Basisz.: 13	Basisz.: 5

Das bedeutet, daß bei diesen 958 Verfahren innerhalb von 6 Monaten stattfanden:

1 Fünftel (19,7 %) der 1. Termine ab Klageerhebung und
reichlich die Hälfte (53,0) der weiteren 362 Termine.

c) Die ermittelten Zeiträume lassen sich noch durch die arithmetrischen Mittelwerte der einzelnen Termingruppen etwas kontrastieren. Die Mittelwerte betragen von Klageerhebung bis zum 1. Termin bzw. von diesem bis zum zweiten Termin usw.:

1. Termin:	13 Monate	11 Tage	(958 Fälle)[2]
1. Termin:	13 Monate	11 Tage	(182 Fälle)[3]
2. Termin:	7 Monate	22 Tage	(254 Fälle)
3. Termin:	6 Monate	23 Tage	(67 Fälle)
4. Termin:	6 Monate	28 Tage	(23 Fälle)
5. Termin:	3 Monate	29 Tage	(13 Fälle)
6. Termin:	3 Monate	4 Tage	(5 Fälle)

[2] Bei Gericht anhängig gemachte Klagen.
[3] Bei einer Stelle i. S. nach § 91 Abs. 1 SGG anhängig gemachte Klagen.

d) Wie zu 4 a) ist auch zu 4 b) zu bemerken, daß die Zeiträume zwischen den Terminen durch Faktoren bedingt sein können, die dem Einfluß des SG nicht oder nur begrenzt unterliegen, ohne daß das Ausmaß dieses Einflusses näher ermittelt werden könnte. Auch hier ist wieder die Beweiserhebung, insbesondere die Einholung von schriftlichen Gutachten, als der bedeutsamste Faktor zu berücksichtigen, zumal da er die Dauer des Verfahrens dem vom Richter disponierten Verlauf zuwider wesentlich verlängern kann. Das ist z. B. der Fall, wenn der Kläger in dem 1. Termin zur mündlichen Verhandlung Tatsachen in den Prozeß neu einführt, die eine oder auch eine weitere Beweiserhebung (evtl. mit Zeugenvernehmung und/oder mit schriftlichem Gutachten) erfordern, oder wenn er einen Antrag nach § 109 SGG stellt. In solchen Fällen müssen die Beteiligten dann auch Gelegenheit erhalten, sich mit den Ergebnissen der Beweiserhebung vertraut zu machen, um darüber mündlich zu verhandeln. Das heißt, daß sich Verfahren mit mehr als 1 Termin (gleichsam) atypisch entwickeln können.

5. Zeiträume zwischen dem letzten Schriftsatz zur Sache und dem Erlaß des Urteils

Schlüsselt man die Erledigungsziffern der Verfahren (1)[4] nach den Zeiträumen, die zwischen dem Eingang des *letzten* Schriftsatzes zur Sache und dem Erlaß des Urteils liegen, wie folgt auf:

mündliche Verfahren

337 Fälle bis zu 3 Monate (2),
187 Fälle 3 - 6 Monate (3) und
684 Fälle mehr als 6 Monate (4),

schriftliche Verfahren

23 Fälle bis zu 3 Monate (2),
15 Fälle 3 - 6 Monate (3) und
64 Fälle mehr als 6 Monate (4),

so wurden erledigt innerhalb von:

	1 Jahr	*2 Jahren*	*3 Jahren*
mündliche Verfahren			
Gruppe 1:	42,4 %	80,5 %	99,5 %
Gruppe 2:	74,4 %	97,3 %	99,4 %
Gruppe 3:	70,0 %	93,0 %	99,4 %
Gruppe 4:	19,6 %	69,2 %	89,2 %

[4] Mündliche Verfahren: 1 208 Fälle, schriftliche Verfahren: 102 Fälle.

schriftliche Verfahren

Gruppe 1:	34,2 %	74,5 %	88,2 %
Gruppe 2:	65,2 %	93,3 %	95,7 %
Gruppe 3:	53,4 %	100,0 %	—
Gruppe 4:	18,8 %	62,5 %	82,9 %

Zur Terminsübersicht

6. Zahl und Art der Termine

a) Von 1 319 Terminen in 960 Verfahren haben stattgefunden vor:

1. der Kammer,
2. dem Vorsitzenden oder
3. dem ersuchten Richter, und zwar:

	1.	2.	3.	Basiszahl
1. Termin:	900 T. (68,2 %)	43 T. (3,3 %)	17 T. (1,3 %)	960 T.
2. Termin:	226 T. (17,1 %)	8 T. (0,6 %)	19 T. (1,4 %)	253 T.
3. Termin:	53 T. (4,0 %)	4 T. (0,3 %)	8 T. (0,6 %)	65 T.
4. Termin:	16 T. (1,2 %)	1 T. (0,1 %)	6 T. (0,5 %)	23 T.
5. Termin:	10 T. (0,8 %)	— —	3 T. (0,2 %)	13 T.
6. Termin:	5 T. (0,4 %)	— —	— —	5 T.
insgesamt:	1 210 T. (91,7 %)	56 T. (4,3 %)	53 T. (4,0 %)	1 319 T.

Die Ergebnisse weisen auf den Regelverlauf der mündlichen Verfahren hin, belegen zugleich aber, daß auch eine beachtliche Anzahl dieser Verfahren atypisch ablaufen.

b) 1 286 Termine von 933 Verfahren waren:

1. *Erörterungstermine,*
2. *Verhandlungstermine* (mit Darstellung des Sachverhalts durch den Vorsitzenden und/oder Anträgen der Beteiligten),
3. *Beweistermine,*
4. *Verkündungstermine* (nur Beweisbeschlüsse, Urteile),
5. *Verhandlungs- und Beweistermine* (wie 2 und 3),
6. *Verhandlungs- und Verkündungstermine* (wie 2 und 4),
7. *Verhandlungs-, Beweis- und Verkündungstermine* (wie 2, 3 und 4)

in folgender Zahl:

	1.	2.	3.	4.
1. Termin:	42 T. (3,3 %)	121 T. (9,4 %)	22 T. (1,7 %)	3 T. (0,2 %)
2. Termin:	7 T. (0,5 %)	34 T. (2,6 %)	18 T. (1,4 %)	3 T. (0,2 %)
3. Termin:	2 T. (0,2 %)	4 T. (0,3 %)	10 T. (0,8 %)	1 T. (0,1 %)
4. Termin:	— —	2 T. (0,2 %)	7 T. (0,5 %)	— —
5. Termin:	— —	— —	3 T. (0,2 %)	— —
6. Termin:	— —	— —	— —	— —
insgesamt:	51 T. (4,0 %)	161 T. (12,5 %)	60 T. (4,6 %)	7 T. (0,5 %)

	5.	6.	7.
1. Termin:	35 T. (2,7 %)	547 T. (42,5 %)	163 T. (12,7 %)
2. Termin:	6 T. (0,5 %)	138 T. (10,7 %)	39 T. (3,0 %)
3. Termin:	6 T. (0,5 %)	34 T. (2,6 %)	10 T. (0,8 %)
4. Termin:	4 T. (0,3 %)	9 T. (0,7 %)	1 T. (0,1 %)
5. Termin:	2 T. (0,2 %)	6 T. (0,5 %)	2 T. (0,2 %)
6. Termin:	— —	3 T. (0,2 %)	2 T. (0,2 %)
insgesamt:	53 T. (4,2 %)	737 T. (57,2 %)	217 T. (17,0 %)

Basiszahl: 1 286

c) Die Frage, ob in dem Verfahren ein oder mehrere

1. Erörterungstermine,
2. Verhandlungstermine,
3. Beweistermine (ohne mündliche Verhandlung),
4. Beweistermine (mit mündlicher Verhandlung),
5. Beweistermine vor dem ersuchten Richter,
6. Beweistermine (Ortsbesichtigungen),
7. besondere Verkündungstermine (Beweisbeschlüsse, Urteile)

stattgefunden haben, wurde für 730 Verfahren wie folgt beantwortet:

Art	*1 Termin*	*2 Termine*	*3 Termine*	*mehr als 3 Termine*	
1.	38 V. (86,4 %)	5 V. (11,4 %)	1 V. (2,3 %)	— —	= 44 Verfahren
2.	394 V. (75,5 %)	114 V. (21,8 %)	11 V. (2,1 %)	3 V. (0,6 %)	= 522 Verfahren
3.	7 V. (77,8 %)	— —	2 V. (22,2 %)	— —	= 9 Verfahren
4.	103 V. (84,4 %)	13 V. (10,7 %)	3 V. (2,5 %)	3 V. (2,5 %)	= 122 Verfahren
5.	9 V. (36,0 %)	8 V. (32,0 %)	3 V. (12,0 %)	5 V. (20,0 %)	= 25 Verfahren
6.	2 V. (100,0 %)	— —	— —	— —	= 2 Verfahren
7.	4 V. (66,7 %)	2 V. (33,3 %)	— —	— —	= 6 Verfahren
insgesamt	557 V.	142 V.	20 V.	11 V.	= 730 Verfahren,

Es fanden statt: insgesamt mindestens 945 Termine, wenn bei den Positionen mit „mehr als drei Termine“ jeweils 4 Termine unterstellt werden. Das heißt, von den mindestens 945 Terminen der 730 Verfahren waren:

1. Erörterungstermine	51	(5,3 %)
2. Verhandlungstermine	667	(70,6 %)
3. Beweistermine (ohne mündliche Verhandlung)	13	(1,4 %)
4. Beweistermine (mit mündlicher Verhandlung)	150	(15,9 %)
5. Beweistermine vor dem ersuchten Richter	54	(5,7 %)
6. Beweistermine (Ortsbesichtigungen)	2	(0,2 %)
7. Besondere Verkündungstermine (Beweisbeschlüsse, Urteile)	8	(0,8 %)

7. Zusammenfassung

a) Faßt man die Übersicht zusammen, so bietet sich bei den Terminen ein breites Spektrum von Zwecken, das sich mit zunehmender Zahl der Termine in den einzelnen Verfahren progredient auf *mündliche Verhandlung* und *Entscheidung* konzentriert.

Nach den Unterlagen fand in 3/4 (76,1 %)[5] von 933 Verfahren vor der *Verkündung* des Urteils nur *1 Termin* statt, in ihm wurde zugleich mündlich verhandelt *und* entschieden, und zwar in 17,5 % der Fälle, nachdem auch Beweis erhoben worden war.

Dazu sei das Ergebnis weiterer Überprüfungen angemerkt: In 960 Verfahren hat der *1. Termin* in 93,8 % (900) der Fälle vor der *Kammer* stattgefunden (S. 47), und in 958 Verfahren wurde der *1. Termin* in 53,8 % (515) der Fälle *innerhalb eines Jahres* seit Eingang der Klage bei Gericht durchgeführt.

In den übrigen 223 Verfahren (23,9 % von 933 Verfahren) war der *1. Termin* ausschließlich beschränkt: in 4,5 % (42) der Verfahren auf eine *Erörterung des Streitstoffs*, in 13,0 % (121) der Verfahren auf eine *mündliche Verhandlung*, in 2,4 % (22) auf eine *Beweisaufnahme*, in 3,8 % (35) auf eine *mündliche Verhandlung*, verbunden mit *Beweisaufnahme*, und in 0,3 % (3) auf die *Verkündung einer Entscheidung.*

Dazu sei wiederum das Ergebnis der erwähnten Überprüfung (S. 47) angemerkt: Bei 960 Verfahren in 4,5 % (43) der Fälle fand der *1. Termin* vor dem *Vorsitzenden der Kammer*, wahrscheinlich als Erörterungstermin, und in 1,8 % (17) der Fälle vor dem *ersuchten Richter*, wahrscheinlich zur Beweisaufnahme, statt.

Bei dem *2. Termin* (in 245 von 933 Verfahren = 26,3 %) stehen wieder die Termine zur *mündlichen Verhandlung* und *Entscheidung* voran, es handelt sich um 19,0 % (177) der Verfahren, wobei in 4,2 % (39) Ver-

---

[5] 710 Verfahren.

fahren die Entscheidung erging, nachdem im selben Termin auch *Beweis* erhoben worden war.

Dazu sei auf das Ergebnis der angemerkten Überprüfungen hingewiesen: Der *2. Termin* fand in 89,3 % (226 von 253 Verfahren) der Fälle *vor der Kammer* statt (S. 47). Bei 254 Verfahren wurde der *2. Termin* in 52,0 % (132) der Fälle *innerhalb von 6 Monaten* nach Klageerhebung durchgeführt (S. 45).

In den übrigen 68 (7,3 %) der 933 Verfahren diente der *2. Termin* ausschließlich: in 0,8 % (7) der Verfahren der *Erörterung des Streitstoffs*, in 3,6 % (34) der Verfahren der *mündlichen Verhandlung*, in 1,9 % (18) der *Beweisaufnahme*, in 0,6 % (6) der Verfahren der *Verhandlung und Beweisaufnahme* und in 0,8 % (7) der *Verkündung einer Entscheidung*.

Dazu sei auch hier das Ergebnis der erwähnten Überprüfung (S. 47) angeführt: In 3,2 % (8) von 253 Verfahren fand der *2. Termin* vor dem *Vorsitzenden der Kammer*, wahrscheinlich als Erörterungstermin, und in 7,5 % (19) der 253 Verfahren vor dem *ersuchten Richter*, wahrscheinlich zur Beweisaufnahme, statt.

Auch beim *3. Termin* (in 67 von 933 Verfahren = 7,2 %) stehen die Termine zur *mündlichen Verhandlung* und *Entscheidung* voran, ihre Werte betragen 4,7 % (44) der Verfahren, und zwar in 1,1 % (10) der Verfahren, nachdem auch Beweis erhoben worden war.

Dazu sei wieder das Ergebnis der anderen Überprüfung (S. 47) angemerkt: Der *3. Termin* fand in 81,5 % (53) der 65 Verfahren vor der *Kammer*, in 6,2 % (4) vor deren *Vorsitzenden* und in 12,3 % (8) vor dem *ersuchten Richter* statt.

Im übrigen diente der *3. Termin* in 23 Verfahren (= 2,5 % von 933 Verfahren) voran der *Beweisaufnahme*, und zwar in 1,1 % (10) der Verfahren ausschließlich der *Beweisaufnahme* und in 0,6 % (6) der *Beweisaufnahme*, verbunden mit *mündlicher Verhandlung*. Ausschließlich der *mündlichen Verhandlung* dienten 0,4 % (4) der Verfahren. Eine *Erörterung des Streitstoffs* fand in 0,2 % (2) der Verfahren statt, eine *Entscheidung* wurde in 0,1 % (1) der Verfahren *verkündet*.

Der *4. Termin* (23 Fälle = 2,5 % von 933 Verfahren) diente nur noch in 0,2 % (2) der Verfahren der *mündlichen Verhandlung*, in 1,2 % (11) der Verfahren der *Beweisaufnahme*, davon in 0,4 % (4) der Verfahren verbunden mit *mündlicher Verhandlung* und in 1,5 % (10) der Verfahren der *mündlichen Verhandlung* und *Verkündung einer Entscheidung*, wobei in 0,2 % (2) Verfahren im selben Termin auch *Beweis* erhoben wurde.

Der *5. Termin* (13 Fälle = 1,4 % von 933 Verfahren) umfaßte nur noch die Aufgaben: *Beweisaufnahme* in 0,3 % (3) der Verfahren, *mündliche Verhandlung und Beweisaufnahme* in 0,2 % (2) der Verfahren und *mündliche Verhandlung* und *Verkündung einer Entscheidung* in 0,9 % (8) der Verfahren, wobei in 0,2 % (2) der Verfahren in demselben Termin auch *Beweis* erhoben wurde.

Bei dem *6. Termin* (5 Fälle = 0,5 % der 933 Verfahren) waren nur Termine zur *mündlichen Verhandlung* und *Entscheidung* zu verzeichnen, wobei 0,2 % (2) der Verfahren in demselben Termin auch eine *Beweiserhebung* stattfand.

Nach dem Ergebnis der Überprüfung (S. 47) fanden die *4. bis 6. Termine* (41) in 75,6 % (31) der Verfahren vor der *Kammer*, in 2,4 % (1) vor dem *Vorsitzenden* und in 14,6 % (6) der Verfahren der *4. Termine* bzw. in 7,3 % (3) der Verfahren der *5. Termine* vor dem *ersuchten Richter* statt.

Ob und ggf. wie weit sich die Zahl der Termine, insbesondere die 4. bis 6. Termine, durch stärkere Konzentration der Verfahren hätte verringern lassen, kann nicht beantwortet werden.

b) Jedenfalls ergibt sich: Wenn in 76,1 % von 933 überprüften mündlichen Verfahren nur je 1 Termin mit Schlußentscheidung stattgefunden hat, so ist festzustellen, daß dem Gebot des § 106 Abs. 2 SGG[6] relativ weitgehend entsprochen worden ist. Andererseits läßt die Gruppe der 229 komplementären Verfahren (23,9 %) erkennen, daß diese sehr unterschiedlich gestaltet waren. Es stand also eine Gruppe von 76,1 % der Verfahren, die dem Regeltyp des Sozialprozesses entsprach, einer beachtlichen Gruppe (23,9 %) von Verfahren gegenüber, die nach dem Maßstab des § 106 Abs. 2 SGG gleichsam atypisch verlaufen und dadurch zwangsläufig in ihrer Dauer beeinflußt worden sind.

Wie weit nun bei diesem atypischen Verlauf *personell* bedingte Umstände der Gerichte mitgewirkt haben, läßt sich nicht ermitteln. Da diese mündlichen Verfahren aber öffentlich und unter Mitwirkung von ehrenamtlichen Richtern stattgefunden haben, darf angenommen werden, daß sich der Einfluß dieses Faktors in engen Grenzen gehalten hat.

Sachlich dürften zwei Umstände von wesentlicher Bedeutung gewesen sein:

Erstens ist auch bei den Verfahren dieser Gruppe zu bedenken, daß die *Sachverhaltsermittlung* im Sozialprozeß allgemein eine große Rolle spielt, und zwar eine weitaus größere Rolle als im Verwaltungsprozeß[7]. Das kann beispielsweise zur Folge haben, daß sich Erörterungstermine oder Zeugenvernehmungen vor der Kammer als notwendig erweisen, bevor eine medizinische Begutachtung durchgeführt werden kann, und dann muß über deren Ergebnis — ggf. erneut — mündlich verhandelt werden.

Zweitens — und dieser Umstand kann bei spezifischen sozialwissenschaftlichen Tatbeständen der sozialgerichtlichen Verfahren noch gra-

---

[6] Diese Vorschrift schreibt vor, daß der Vorsitzende bereits *vor* der mündlichen Verhandlung alle Maßnahmen zu treffen hat, die notwendig sind, um den Rechtsstreit möglichst in einer mündlichen Verhandlung zu erledigen.

[7] *Ule*, S. 139, 143; 195, 200.

vierender sein als der erste — hat das Gericht den Sachverhalt zwar unter Beachtung der Konzentrations- und Beschleunigungsmaxime (§ 106 Abs. 2 SGG) von Amts wegen zu erforschen und hat dabei die Beteiligten heranzuziehen (§ 103 SGG)[8]; aber diese Maximen werden durch Elemente anderer Verfahrensgrundsätze wie der Verhandlungsmaxime z. T. modifiziert: So hat der Versicherte, der Versorgungsberechtigte oder Hinterbliebene unter den Voraussetzungen des § 109 SGG das Recht, zwingend in die Disposition des Gerichtes für die Beweiserhebung einzugreifen, indem er die gutachtliche Anhörung eines von ihm bestimmten Arztes beantragt. Das kann zur Folge haben, daß mehrere Termine stattfinden müssen, wodurch das Verfahren auch zeitlich verlängert wird.

Zudem bestätigt auch *Meyer-Ladewig,* daß sich der Untersuchungs- und der Verhandlungsgrundsatz in der „Verfahrensweise" der Gerichte stark annähern, weil diese bei beiden Prinzipien einen „vernünftigen Mittelweg" gehen[9]. Das ist auch in der Sozialgerichtsbarkeit nicht nur der Fall, sondern auch notwendig, weil deren Gerichte durch die Eigenart ihrer zu judizierenden Sachverhalte nicht selten auf die Mitwirkung der Beteiligten geradezu angewiesen sind. Diese Verfahrensweise schließt aber nicht aus, daß Beteiligte den Fortgang ihres Rechtsstreits verzögern, daß sie ihren Mitwirkungspflichten, deren Erfüllung die Gerichte nicht erzwingen können, nicht oder nur mit vermeidbarer Verzögerung nachkommen, beispielsweise ihre Klage — aus welchen Gründen auch immer — überhaupt nicht, nicht ausreichend oder nicht fristgerecht begründen, auch wenn nur sie Kenntnis von wesentlichen Fakten des Sachverhalts haben. Daß die Nichterfüllung solcher Mitwirkungspflichten, die *Meyer-Ladewig* nur für Mitwirkungs*lasten*[10] hält, nachteilige Folgen für

[8] § 103 SGG: „Das Gericht erforscht den Sachverhalt von Amts wegen; die Beteiligten sind dabei heranzuziehen; es ist an das Vorbringen und die Beweisanträge der Beteiligten nicht gebunden." Andererseits „soll" die Klage den angefochtenen Verwaltungsakt oder den Widerspruchsbescheid bezeichnen und die zur Begründung dienenden Tatsachen und Beweismittel angeben (§ 92 Satz 2 SGG).

[9] SGG-Sozialgerichtsgesetz mit Erläuterungen (1977), Rz. 5 vor § 60: Gerichte der sog. öffentlich-rechtlichen Gerichtszweige untersuchten trotz der Untersuchungsmaxime nicht alle Einzelheiten von Amts wegen, sie ließen sich vom Vortrag der Beteiligten leiten und stellten fest, wo die strittigen Fragen lägen, die einer Aufklärung bedürfen. Ein Geständnis bleibe praktisch nicht ohne Auswirkungen. Die Beteiligten wirkten durchweg im eigenen Interesse mit und träten von sich aus Beweise an. Verletzten sie ihre Mitwirkungspflichten bei der *Ermittlung,* habe das nachteilige Folgen für sie. Schließlich treffe die Parteien auch im Verwaltungsprozeß eine Wahrheitspflicht.

[10] a.a.O., Rz. 13 zu § 103; a. A. *Rohwer-Kahlmann,* Handbuch, Rz. 2 ff.; *Menger,* Rechtsschutz und Sozialrecht (1965) S. 145 ff.; *Haueisen,* NJW 1966 S. 764; *Wilke,* Untersuchungsmaxime und Mitwirkungspflicht der Beteiligten im Sozialgerichtsverfahren, in: Sozialenquête und Sozialrecht, Festschrift für Walter Bogs (1967), S. 221 ff.

Auch wenn das SGG bezüglich der Klageschrift (§ 92) und der Beifügung von Abschriften der Klageschrift und sonstiger Schriftsätze (§ 93) nur „Soll-Vorschriften" normiert und das Gericht nicht befugt ist, Ausschlußfristen zu die Beteiligten haben kann, schließt nicht aus, daß derartige Verfahren länger als notwendig dauern.

In derartigen Fällen werden die Untersuchungs- und die Beschleunigungsmaxime mit dem Ziele, die reine Wahrheit so schnell wie möglich von Amts wegen zu erforschen, durch die Tatsache eingeschränkt, daß der Rechtsuchende, teils durch tatbestandliche Gegebenheiten, teils durch normative Bestimmung[11], in einem weiteren Umfange, als es bei der allg. Verwaltungsgerichtsbarkeit der Fall ist, Herr seines Verfahrens bleibt. Da „die Beteiligten des SG-Verfahrens heute im wesentlichen dieselben sind, die auch in Zivilprozessen oder in Prozessen vor Gerichten der Verwaltungs- und Finanzgerichtsbarkeiten Beteiligte sind"[12], im Sozialprozeß aber — und zwar auch heute noch im öffentlichen Interesse — nach wie vor Gerichtskostenfreiheit genießen, soweit es sich nicht um Körperschaften oder Anstalten des öffentlichen Rechts handelt, kann man fragen, ob der Rechtsuchende bei seiner Mitwirkung im Sozialprozeß nicht noch stärker in Pflicht genommen werden könnte und sollte[13].

Jedenfalls dürfen diese Probleme bei der Wertung der Laufdauer des Sozialprozesses nicht außer acht gelassen werden.

8. Abschnitt

Vorbescheid

Bei Überprüfung von 1 400 Akten ergab sich, daß die SGe in 55 Fällen (3,9 %) durch Vorbescheid entschieden haben. Dazu benötigten sie, gerechnet vom Eingang der Klage bei Gericht:

bis 3 M.	in	1 Fall	(1,8 %)
3 - 6 M.	in	7 Fällen	(12,7 %)
6 - 12 M.	in	17 Fällen	(30,9 %)
12 - 24 M.	in	18 Fällen	(32,7 %)
24 - 36 M.	in	10 Fällen	(18,2 %)
über 36 M.	in	2 Fällen	(3,6 %)
		Basiszahl: 55	

Angesichts der Voraussetzungen für den Erlaß solcher Vorbescheide, nämlich daß „die Klage sich als unzulässig oder als offenbar unbegründet erweist" (§ 105 Abs. 1 SGG), fällt auf, daß die SGe in 12 Fällen

setzen, sofern ein Beteiligter ihm aufgegebene Handlungen nicht vornimmt bzw. angeforderte Erklärungen nicht abgibt, handelt es sich bei den Mitwirkungspflichten im Hinblick auf das öffentliche Interesse am Sozialprozeß und wegen dessen Gerichtskostenfreiheit um mehr als nur um Mitwirkungslasten.

[11] Vgl. FN 10.

[12] *Meyer-Ladewig*, a.a.O., Rz. 1 vor § 60.

[13] Vgl. auch S. 12 FN 2: Von jeher hat die Sozialgerichtsbarkeit auch im öffentlichen Interesse die soziale Gerechtigkeit und den inneren Frieden zu fördern.

(21,8 %) mehr als 24 Monate benötigt haben, um Vorbescheide zu erlassen.

Dabei ergingen 11 Vorbescheide (20 %) wegen *Unzulässigkeit* der Klage und 44 Vorbescheide (80 %) mit dem Hinweis, daß sie *offenbar unbegründet* seien. In 8 Fällen (14,5 %) haben die Kläger mündliche Verhandlung fristgemäß beantragt (§ 105 Abs. 2 SGG), ihre Klagen blieben ohne Erfolg.

Die SGe machen von dem Institut des Vorbescheides erfahrungsgemäß und erwiesenermaßen nur sehr zurückhaltend Gebrauch, obwohl 85,5 % der Vorbescheide von den Klägern nicht angefochten worden sind.

Daher sollten die SGe prüfen, ob sie ihre reservierte Einstellung zum Vorbescheid nicht revidieren wollen, denn möglicherweise läßt sich dadurch eine — wenn auch geringe — Beschleunigungsreserve für die Dauer sozialgerichtlicher Verfahren erschließen.

9. Abschnitt

Vorbereitung der Verhandlung

I.

1. Pflichten des Klägers nach § 93 Satz 1 SGG bei Klageerhebung

Der Kläger hat — u. a. zur Vorbereitung der Verhandlung — seiner Klage (einschließlich Begründung), seinen sonstigen Schriftsätzen und — nach Möglichkeit — auch seinen in Bezug genommenen Unterlagen *Abschriften* für die Beteiligten beizufügen (§ 93 Satz 1 SGG). Diese Verpflichtung erfüllen die Kläger, auch wenn sie durch Prozeßbevollmächtigte vertreten werden, nur *unzureichend* mit der Folge, daß das Gericht die erforderlichen Abschriften vom Kläger nachfordern oder auf dessen Kosten anfertigen muß und ggf. diese von ihm einziehen kann, was nicht selten mißlingt.

Dieses Verhalten der Kläger kann das Verfahren verlängern, abgesehen davon, daß es die Gerichte unnötig belastet.

Es beginnt schon mit der Begründung der Klage[1]. Obwohl § 92 SGG die Angaben aufführt, die eine Klage enthalten *soll*, wurde nur für 1 317 (94,1 %) von 1 400 Klagen eine entsprechende Begründung gegeben; in 83 Fällen (5,9 %) fehlte die Begründung.

Diese 1 317 Klagen *mit* Begründung verteilen sich auf

680 Kläger (51,6 %) *mit* Prozeßbevollmächtigten,
637 Kläger (48,4 %) *ohne* Prozeßbevollmächtigte.

---

[1] Siehe auch S. 42.

Die 83 Klagen *ohne* Begründung verteilen sich auf

38 Kläger (45,8 %) *mit* Prozeßbevollmächtigten,
45 Kläger (54,2 %) *ohne* Prozeßbevollmächtigte.

Das Problem setzt sich zunehmend fort bei der *Beifügung von Abschriften* nach § 93 Satz 1 SGG:

In 1 157 Verfahren[2] haben nur 903 (78,0 %) der Kläger *Abschriften der Klageschrift* beigefügt, in 254 (22,0 %) der Verfahren war dies nicht der Fall.

Von 903 Klagen *mit* Abschriften der Klageschrift entfielen

556 (61,6 %) auf Kläger *mit* Prozeßbevollmächtigten,
347 (38,4 %) auf Kläger *ohne* Prozeßbevollmächtigte.

Von 254 Klagen *ohne* Abschriften der Klageschrift entfielen

71 (28,0 %) auf Kläger *mit* Prozeßbevollmächtigten,
183 (72,0 %) auf Kläger *ohne* Prozeßbevollmächtigte.

Bei 1 316 Verfahren[3] haben sich die Kläger in 495 Fällen (37,6 %) auf *Unterlagen* bezogen, in 821 Fällen (62,4 %) war dies nicht der Fall.

Von 495 Klagen *mit* Bezugnahme auf Unterlagen entfielen

262 (52,9 %) auf Kläger *mit* Prozeßbevollmächtigten,
233 (47,1 %) auf Kläger *ohne* Prozeßbevollmächtigte.

Bei 495 Klagen *mit* Bezugnahme auf Unterlagen haben

323 Kläger (65,3 %) Unterlagen beigefügt,
172 Kläger (34,7 %) haben dies nicht getan.

Von 323 Klagen *mit* beigefügten Unterlagen entfielen

177 (54,8 %) auf Kläger *mit* Prozeßbevollmächtigten,
146 (45,2 %) auf Kläger *ohne* Prozeßbevollmächtigte.

Von 172 Klagen *ohne* beigefügte Unterlagen entfielen

90 (54,9 %) auf Kläger *mit* Prozeßbevollmächtigten,
82 (45,1 %) auf Kläger *ohne* Prozeßbevollmächtigte.

Bei 323 der Verfahren, in denen die Kläger Unterlagen beigefügt haben, sind in

111 Fällen (34,4 %) *Abschriften der Unterlagen,*
121 Fällen (37,5 %) *keine Abschriften der Unterlagen*

[2] Für 243 Verfahren keine Feststellungen.
[3] Für 84 Verfahren keine Feststellungen.

beigefügt worden, in 91 Fällen (28,2 %) sind keine Feststellungen getroffen worden.

Insgesamt zeigt sich, daß die Kläger, mögen sie allein aufgetreten oder durch Prozeßbevollmächtigte vertreten worden sein, ihrer Verpflichtung nach § 93 Satz 1 SGG nur *unzureichend* nachgekommen sind mit der Folge, daß sie die Dauer der einschlägigen Verfahren in der Regel dadurch verlängert haben dürften.

2. Akteneinsicht (§ 120 SGG)

a) Bei 1 400 Verfahren hat der Kläger selbst oder sein Prozeßbevollmächtigter in 12,0 % (168) der Fälle Akteneinsicht beantragt, in 0,2 % (3) der Fälle war die Akteneinsicht von der Behörde bezüglich der von ihr übersandten Akten ausgeschlossen worden, und der Vorsitzende hat dem Ausschluß entsprochen. In 6,5 % der Fälle wurde die Akteneinsicht dem Kläger an Gerichtsstelle, in 13,9 % der Fälle an anderer Stelle (d. h. Gericht oder Behörde am Wohnort des Beteiligten) genehmigt. In nur 17,3 % (29) der Fälle hat der Kläger selbst die Akten eingesehen.

b) *Prozeßbevollmächtigte* von Beteiligten haben in 61,3 % (103) der 168 Fälle Akteneinsicht beantragt und genommen, und zwar in 31,0 % (52) der Fälle an Gerichtsstelle, in 30,4 % (51) an anderer Stelle. Davon geschah dies in 28,6 % (48) der Fälle im Büro des Prozeßbevollmächtigten. In 1 Fall (0,6 %) hatte die übersendende Behörde dies ausgeschlossen, gegen die entsprechende Verfügung des Vorsitzenden hat der Prozeßbevollmächtigte das Gericht mit Erfolg angerufen.

3. Aufschiebende Wirkung der Klage

In 1 400 Klagen hatten 1,6 % (22) kraft Gesetzes aufschiebende Wirkung (§ 97 Abs. 1 SGG). In keinem Fall hat ein SG den Vollzug der angefochtenen Entscheidung der Verwaltung einstweilen ausgesetzt (vgl. § 97 Abs. 2 - 4 SGG).

4. Klageerhebung nur zur Fristwahrung — Ankündigung späterer Begründung der Klage

a) Bei 7,2 % (52) der Klagen (718), in denen Prozeßbevollmächtigte aufgetreten sind, ist bei Klageerhebung zum Ausdruck gebracht worden, daß die Klage *nur zur Fristwahrung* erhoben und daß gebeten werde, von der Anberaumung eines Termines zunächst abzusehen.

Bei 2,2 % (15) der Klagen (682), die von den Klägern *ohne* Prozeßbevollmächtigte geführt worden sind, ist eine entsprechende Erklärung abgegeben worden. Insgesamt betrug diese Gruppe von Verfahren, in denen eine Verlängerung der Dauer der Verfahren auf Veranlassung des Klägers oder seines Prozeßbevollmächtigten eingetreten sein kann, 67 Fälle (4,8 % von 1 400).

b) In 26,4 % (370) der Verfahren (1 400) hat der Kläger in der Klageschrift in Aussicht gestellt, daß er die Klage in einem späteren Schriftsatz begründen werde, Durch *Prozeßbevollmächtigte* waren die Kläger in 77,6 % (287) dieser Fälle vertreten, in 22,4 % (83) war dies nicht der Fall.

In 23,4 % (328) von 1 400 Verfahren hat das Gericht den Kläger zur Ergänzung oder Begründung der Klage oder zur Einreichung von Unterlagen aufgefordert.

Von diesen Klägern waren 59,5 % (195) durch *Prozeßbevollmächtigte* vertreten, bei 40,5 % (133) war dies nicht der Fall.

Bei 369 Verfahren haben die Kläger ihre Erklärung in der Klageschrift, sie würden die Klage später begründen bzw. ausstehende Unterlagen einreichen, in 278 Fällen (75,3 %) erfüllt, und zwar innerhalb folgender Zeiträume:

bis 1 M.	in	93 Fällen	(33,5 %)
1 - 3 M.	in	83 Fällen	(29,9 %)
3 - 6 M.	in	54 Fällen	(19,2 %)
6 - 12 M.	in	48 Fällen	(17,3 %)
über 36 M.	in	2 Fällen	(3,6 %)

Basiszahl: 278

In 91 (24,7 %) von 369 Fällen sind keine Feststellungen getroffen worden, ob der Ankündigung in der Klageschrift später entsprochen worden ist.

Somit können mindestens 13,2 % (185) der Verfahren (1 400) durch das Verhalten der Kläger um mehr als 1 Monat oder mehr verlängert worden sein.

5. Vollmacht

In 718 (51,3 %) der 1 400 Verfahren sind Prozeßbevollmächtigte aufgetreten. Von diesen haben nur 452 (63,0 %) ihre Vollmacht mit der Klage eingereicht, der Rest — 266 (37,0 %) — hat die Vollmacht nachgereicht.

6. Übersendung der Klageschrift an den Beklagten

Zwischen der Erhebung der Klagen beim SG (1)[4] bzw. zwischen dem Eingang der Klagen bei einer anderen Stelle i. S. des § 91 Abs. 1 SGG (2)

[4] Ungegliedert.

und der Übersendung der Klage an den Beklagten lagen folgende Zeiträume:

	1	2
bis 1 Woche	in 785 Fällen (62,1 %)	in 65 Fällen (44,8 %)
1 - 2 Wochen	in 243 Fällen (19,2 %)	in 18 Fällen (12,4 %)
2 - 4 Wochen	in 126 Fällen (10,0 %)	in 23 Fällen (15,9 %)
über 4 Wochen	in 110 Fällen (8,7 %)	in 39 Fällen (26,9 %)
	Basiszahl: 1 264	Basiszahl: 145

Aus der Aufschlüsselung läßt sich entnehmen, daß rd. 90 % der Klagen der Gruppe 1 und rd. 73 % der Klagen der Gruppe 2 den Beklagten innerhalb von 4 Wochen übersandt wurden. Das heißt, daß die Verfahren der Gruppe 2 langsamer in Gang kamen, in der Regel wohl, weil diese Klagen den SGen von den Stellen i. S. des § 91 Abs. 1 SGG nicht unverzüglich zugeleitet wurden.

7. Eingang der Klageerwiderung bei Gericht

Die Klageerwiderung ist in 1 254 Fällen innerhalb folgender Zeiträume bei Gericht eingegangen:

bis 1 Monat	in 625 Fällen	(49,8 %)
1 - 3 Monate	in 460 Fällen	(36,7 %)
3 - 6 Monate	in 105 Fällen	(8,4 %)
über 6 Monate	in 64 Fällen	(5,1 %)
	Basiszahl: 1 254	

Danach haben die Beklagten in 1 085 Fällen (86,5 %) bis zu 3 Monaten zur Klageerwiderung benötigt.

Schlüsselt man die 1 254 Verfahren auf, so haben die Beklagten *mit Prozeßbevollmächtigten* in 43 Fällen (3,4 %) auf die Klage in folgenden Zeiträumen erwidert:

bis 1 Monat	in 22 Fällen	(51,2 %)
1 - 3 Monate	in 11 Fällen	(25,6 %)
3 - 6 Monate	in 2 Fällen	(4,7 %)
über 6 Monate	in 8 Fällen	(18,6 %)

Das heißt, daß die Beklagten mit *Prozeßbevollmächtigten* die Klageerwiderung nur in 33 Fällen (76,8 %) innerhalb von 3 Monaten beantwortet, damit also etwas mehr Zeit im Verhältnis zu den Beklagten ohne Prozeßbevollmächtigte benötigt haben.

Schlüsselt man 441 Verfahren auf — in 416 Verfahren entschied den Widerspruch die Stelle, die den angefochtenen Bescheid erlassen hat (1), in 25 Fällen entschied die nächsthöhere Stelle (2) —, so wurde von *Klageeingang* bis zum Eingang der Klageerwiderung bei Gericht benötigt:

	1		2	
bis 1 Monat	in 193 Fällen	(46,4 %)	in 10 Fällen	(40,0 %)
bis 3 Monate	in 149 Fällen	(35,8 %)	in 10 Fällen	(40,0 %)
bis 6 Monate	in 41 Fällen	(9,9 %)	in 3 Fällen	(12,0 %)
über 6 Monate	in 33 Fällen	(7,9 %)	in 2 Fällen	(8,0 %)
	Basiszahl: 416		Basiszahl: 25	

Das heißt, daß die Klageerwiderung in 82,2 % bzw. 80 % der Fälle innerhalb von 3 Monaten bei Gericht einging. Der Hundertsatz liegt also etwas höher, wenn dieselbe Stelle, die den angefochtenen Bescheid erlassen hat, über das Vorverfahren entschieden hatte.

Wenn der Widerspruchsbescheid *nicht* von der Behörde, die den angefochtenen Bescheid erlassen hat, sondern von der nächsthöheren Stelle stammte, benötigten die *Beklagten* zur Erwiderung auf die Klageschrift folgende Zeiten:

bis 1 Monat	in 97 Fällen	(41,5 %)
bis 3 Monate	in 92 Fällen	(39,3 %)
bis 6 Monate	in 28 Fällen	(12,0 %)
über 6 Monate	in 17 Fällen	(7,3 %)
	Basiszahl: 234	

Das bedeutet, daß innerhalb von 3 Monaten in 80,8 % (189) *dieser* Fälle die Beklagten auf die Klage erwidert haben.

Insgesamt läßt sich feststellen, daß ein vorausgegangenes Vorverfahren nur von begrenzter Bedeutung für die Zeit war, die der Beklagte zur Klageerwiderung benötigte.

8. Anwort des Klägers auf die Klageerwiderung (Replik)

Bei 1 400 Akten hat der *Kläger* in 715 Verfahren (51,1 %) auf die Klageerwiderung des Beklagten geantwortet, und zwar innerhalb folgender Zeiten:

bis 1 Monat	in 332 Fällen	(46,9 %)
bis 3 Monate	in 246 Fällen	(34,7 %)
bis 6 Monate	in 73 Fällen	(10,3 %)
über 6 Monate	in 57 Fällen	(8,1 %)
	Basiszahl: 708	

Das heißt, daß der Kläger in 81,6 % (578) Verfahren innerhalb von 3 Monaten auf die Klageerwiderung des Beklagten geantwortet hat.

Teilt man die Gesamtzahl (708) in Kläger *mit* (1) und in Kläger *ohne Prozeßbevollmächtigte* (2) auf, so ergeben sich folgende Werte:

	1	2
bis 1 Monat	in 156 Fällen (40,5 %)	in 176 Fällen (54,5 %)
1 - 3 Monate	in 141 Fällen (36,6 %)	in 105 Fällen (32,5 %)
3 - 6 Monate	in 50 Fällen (13,0 %)	in 23 Fällen (7,1 %)
über 6 Monate	in 38 Fällen (9,9 %)	in 19 Fällen (5,9 %)
	Basiszahl: 385	Basiszahl: 323

Das heißt, daß die Kläger *mit* Prozeßbevollmächtigten in 77,1 % (297) der Verfahren innerhalb von 3 Monaten auf die Klageerwiderung der Beklagten antworteten, die entsprechende Zahl der Kläger *ohne* Prozeßbevollmächtigte beträgt 87,0 % (281).

9. Anwort des Beklagten (Duplik)

In 50,5 % (361) der überprüften Verfahren antwortete der *Beklagte* nicht[5], in 49,5 % (354) der Verfahren war dies der Fall, und zwar bei 351 Verfahren in folgenden Zeiträumen:

bis 1 Monat	in 169 Fällen	(48,2 %)
1 - 3 Monate	in 130 Fällen	(37,0 %)
3 - 6 Monate	in 29 Fällen	(8,3 %)
über 6 Monate	in 23 Fällen	(6,6 %)
	Basiszahl: 351	

In 85,2 % (299) der Verfahren antwortete der Beklagte innerhalb von 3 Monaten.

10. Weiterer Schriftwechsel zwischen Kläger und Beklagten

Von den *Klägern* sind noch *weitere* vorbereitende Schriftsätze in folgenden Zeiträumen eingegangen:

	ein Schriftsatz	*zwei Schriftsätze*
bis 1 Monat	in 64 Fällen (17,2 %)	in 39 Fällen (16,7 %)
1 - 3 Monate	in 101 Fällen (27,2 %)	in 70 Fällen (29,9 %)
3 - 6 Monate	in 95 Fällen (25,5 %)	in 46 Fällen (19,7 %)
über 6 Monate	in 112 Fällen (30,1 %)	in 79 Fällen (33,8 %)
	Basiszahl: 372	Basiszahl: 234

Das heißt, daß eine Reihe von Klägern sich noch durch weitere vorbereitende Schriftsätze erklärt haben, davon innerhalb von 3 Monaten durch

einen Schriftsatz in 44,4 % (165) der Verfahren,
zwei Schriftsätze in 46,6 % (109) der Verfahren.

---

[5] 685 Verfahren *ohne* Feststellungen sollen außer Betracht bleiben.

Von den *Beklagten* sind noch *weitere* vorbereitende Schriftsätze in folgenden Zeiträumen eingegangen:

	ein Schriftsatz	*zwei Schriftsätze*
bis 1 Monat	in 35 Fällen (13,9 %)	in 1 Fall (11,1 %)
1 - 3 Monate	in 71 Fällen (28,2 %)	in 6 Fällen (66,7 %)
3 - 6 Monate	in 58 Fällen (23,0 %)	in 2 Fällen (22,2 %)
über 6 Monate	in 88 Fällen (34,9 %)	in — —
	Basiszahl: 252	Basiszahl: 9

Das heißt, daß eine Reihe von Beklagten noch durch weitere vorbereitende Schriftsätze auf die Erklärung des Klägers geantwortet haben, dabei innerhalb von 3 Monaten durch

einen Schriftsatz in 42,1 % (106) der Verfahren,
zwei Schriftsätze in 77,8 % (7) der Verfahren.

11. Beigeladene

Bei 1 400 Verfahren waren an 3,3 % (46) der Verfahren *Beigeladene* beteiligt.

In 9 (90,0 %) von 10 Fällen haben die — durch *Prozeßbevollmächtigte* vertretenen — Beigeladenen Schriftsätze eingereicht, in 22 (61,1 %) von 36 Fällen haben die nicht durch Prozeßbevollmächtigte vertretenen Beigeladenen sich schriftsätzlich geäußert.

In den 46 Verfahren sind von den *Beigeladenen* eingegangen:

a) ein Schriftsatz

	Beigeladene *mit* Prozeßbevollm.	*ohne* Prozeßbevollm.
bis 1 Monat	in 1 Fall (20,0 %)	in 1 Fall (4,5 %)
1 - 3 Monate	in 2 Fällen (40,0 %)	in 11 Fällen (50,0 %)
3 - 6 Monate	in 1 Fall (20,0 %)	in 4 Fällen (18,2 %)
über 6 Monate	in 1 Fall (20,0 %)	in 6 Fällen (27,3 %)
	Basiszahl: 5	Basiszahl: 22

Die *Beigeladenen* mit Prozeßbevollmächtigten (21,7 %) reichten 60 % (3) dieser Schriftsätze innerhalb von 3 Monaten ein, die entsprechende Ziffer der Beigeladenen ohne Prozeßbevollmächtigte (78,3 %) ist 54,5 % (12) der Verfahren.

b) Zwei Schriftsätze

	Beigeladene *mit* Prozeßbevollm.		*ohne* Prozeßbevollm.	
bis 1 Monat	in 1 Fall	(25,0 %)	in 1 Fall	(6,7 %)
1 - 3 Monate	in 1 Fall	(25,0 %)	in 5 Fällen	(33,3 %)
3 - 6 Monate	in 2 Fällen	(50,0 %)	in 3 Fällen	(20,0 %)
über 6 Monate	in —	—	in 6 Fällen	(40,0 %)
	Basiszahl: 4		Basiszahl: 15	

Die *Beigeladenen* mit Prozeßbevollmächtigten (21,7 %) reichten 50 % (2) dieser Schriftsätze innerhalb von 3 Monaten ein, die entsprechende Ziffer der Beigeladenen ohne Prozeßbevollmächtigte (78,3 %) ist 40,0 % (6) der Verfahren.

Die *Mitwirkung* von Beigeladenen ist anscheinend ohne wesentliche Bedeutung für die Dauer der betroffenen Verfahren gewesen.

12. Fristen zur Klageerwiderung usw.

In 713 (50,9 %) der 1 400 Verfahren hatte das Gericht dem *Beklagten* eine Frist zur Klageerwiderung gesetzt, in 687 (49,1 %) der Fälle ist dies nicht geschehen.

In 670 Verfahren betrug die Frist:

bis 1 Monat	in 105 Fällen	(15,7 %)
1 - 2 Monate	in 551 Fällen	(82,2 %)
über 2 Monate	in 14 Fällen	(2,1 %)

Von 708 überprüften Verfahren *mit* Fristen sind diese in 508 Fällen (71,8 %) eingehalten worden, in 200 Fällen (28,2 %) ist dies nicht geschehen. In 200 Verfahren wurden die Fristen verlängert, in 8,5 % (17) der Fälle wurde die verlängerte Frist eingehalten, in 91,5 % (183) der Fälle wurde die verlängerte Frist nicht gewahrt.

Die Klageerwiderung ging in 841 Fällen (60,1 %) *vor* und in 559 Fällen (39,9 %) *nach* dem ersten Termin bei Gericht ein.

Bei 1 400 Verfahren hat das Gericht dem *Kläger* in 245 (17,5 %) der Fälle eine Frist zur Antwort auf die Klageerwiderung des Beklagten gesetzt. Schlüsselt man 223 positive Fälle auf, so ergeben sich folgende Fristen:

in 89 Fällen	(39,9 %)	bis 1 Monat
in 131 Fällen	(58,7 %)	1 - 2 Monate
in 3 Fällen	(1,3 %)	über 2 Monate

Basiszahl: 223

In 245 überprüften Fällen wurde die Frist in 51,0 % (125 Fälle) eingehalten, in 49 % (120 Fälle) geschah dies nicht.

In 38,3 % (536) der 1 400 Akten ging diese Antwort des Klägers noch *vor* dem ersten Termin des Verfahrens ein.

II.

1. Termine

In 1 263 überprüften Verfahren hat der Vorsitzende den *1. Termin* zur mündlichen Verhandlung, gerechnet von Klageerhebung, innerhalb folgender Zeiträume *anberaumt:*

bis 1 Monat	in	11	Fällen	(0,9 %)
1 - 3 Monate	in	84	Fällen	(6,7 %)
3 - 6 Monate	in	176	Fällen	(13,9 %)
6 - 9 Monate	in	210	Fällen	(16,6 %)
9 - 12 Monate	in	211	Fällen	(16,7 %)
12 - 24 Monate	in	425	Fällen	(33,7 %)
über 24 Monate	in	146	Fällen	(11,6 %)

Basiszahl: 1 263

Das heißt, daß bis zur *Anberaumung* des 1. Termins zur mündlichen Verhandlung durch den Vorsitzenden verstrichen sind:

in 21,5 % (271) der Verfahren bis zu 6 Monaten
in 33,3 % (421) der Verfahren von 6 - 12 Monaten
in 33,7 % (425) der Verfahren von 12 - 24 Monaten und
in 11,6 % (146) der Verfahren über 24 Monate

Das *Datum* des anberaumten 1. Termins lag ab Klageerhebung ungefähr:

in 5,4 % (68) der Fälle innerhalb von 3 Monaten,
in 12,4 % (157) der Fälle innerhalb von 3 - 6 Monaten,
in 33,8 % (427) der Fälle innerhalb von 6 - 12 Monaten,
in 35,0 % (442) der Fälle innerhalb von 12 - 24 Monaten,
in 13,4 % (169) der Fälle über 24 Monate.

Basiszahl: 1263

In 49 (3,5 %) der *1 400 Verfahren* wurde von Beteiligten beantragt, den 1. Termin zur mündlichen Verhandlung alsbald anzuberaumen. In 32 (2,3 %) Fällen wurde der Antrag abgelehnt, in 17 (1,2 %) Fällen wurde dem Antrag entsprochen.

Als Grund für die Ablehnung wurde angegeben:

in 16 Fällen:	Überlastung des Gerichtes	(50,0 %)
in 9 Fällen:	Beweise seien noch zu erheben	(28,1 %)
in 2 Fällen:	Erkrankung des Vorsitzenden	(6,3 %)
in 4 Fällen:	Wechsel des Vorsitzenden	(12,5 %)
in 1 Fall:	andere Gründe	(3,1 %)

III.

1. Allgemein

Nach § 106 Abs. 2 SGG hat der Vorsitzende der Kammer bereits vor der mündlichen Verhandlung alle Maßnahmen zu treffen, die notwendig sind, „um den Rechtsstreit möglichst in einer mündlichen Verhandlung zu erledigen".

Geht man von 1 256 mündlichen Verfahren aus (d. h. 1 400 abzüglich unterstellt 144 schriftliche Verfahren), so ergibt sich, daß derartige vorbereitende Maßnahmen in 1 220 Fällen (97,1 %) getroffen worden sind[6], und das hat mit zur Folge, daß in 1 049 (80,3 %) der Verfahren nur ein Termin erforderlich war[7]; in 248 Verfahren (19,7 %) haben mehrere derartige Termine stattgefunden, und zwar:

2 Termine in	186	Verfahren	(75,0 %)
3 Termine in	41	Verfahren	(16,5 %)
mehr als 3 Termine in	21	Verfahren	(8,5 %).

Anders als in der allgemeinen Verwaltungsgerichtsbarkeit[8] sind Gruppen von vorbereitenden Maßnahmen auf die Laufdauer der Verfahren von wesentlicher Bedeutung, so z. B. die Einholung von schriftlichen Gutachten.

2. Versendung von Aktenauszügen

In 3 Fällen (0,2 %) der 1 400 Verfahren sind den ehrenamtlichen Richtern vor dem Termin, zu dem sie einberufen waren, *Aktenauszüge* übersandt worden, in 1 223 Fällen (87,4 %) ist dies nicht geschehen[9].

---

[6] Verwaltungsgerichtsbarkeit: 77,0 %; Finanzgerichtsbarkeit: 79,9 %; vgl. *Ule*, S. 133.

[7] Die entsprechenden Zahlen der Verwaltungsgerichtsbarkeit: 68,3 % und der Finanzgerichtsbarkeit: 50,7 %.

Vgl. *Ule*, S. 122. Nach der Untersuchung von *Baumgärtel / Mes*, S. 169, hat im Zivilprozeß lediglich in 6,2 v. H. der amtsgerichtlichen und in 4,4 v. H. der landgerichtlichen Verfahren nur 1 Termin stattgefunden.

[8] *Ule*, S. 133.

[9] Bei 174 (12,4 %) Akten sind keine Feststellungen getroffen worden. — Vgl. zu diesem Komplex: *Lattreuter*, a.a.O., S. 61 ff., und *Rohwer-Kahlmann*, a.a.O., Rz. 17 ff. zu § 19 SGG, und die Beiträge in der Festschrift für Rohwer-Kahlmann von *Lattreuter*, Aktenauszüge für den ehrenamtlichen Richter im sozialgerichtlichen Verfahren, ZSR 1978 S. 557 ff. und *Großmann*, Rechtstatsachen-

3. Anordnungen an die Beteiligten

In 416 Verfahren sind 496 Anordnungen ergangen, davon in 80 Verfahren zwei Anordnungen; die Anordnungen betrafen die Ergänzung oder Erläuterung der vorbereitenden Schriftsätze oder die Vorlage von Urkunden usw. (§ 106 Abs. 1, 3 Nr. 1 und 2 SGG).

Die 496 Anordnungen ergingen in folgenden Zeiträumen, gerechnet ab Klageerhebung:

a) an Kläger

	1. Anordnung	*2. Anordnung*
bis 3 Monate	in 180 Fällen (56,8 %)	in 9 Fällen (14,3 %)
3 - 6 Monate	in 49 Fällen (15,5 %)	in 17 Fällen (27,0 %)
6 - 12 Monate	in 39 Fällen (12,3 %)	in 18 Fällen (28,5 %)
12 - 24 Monate	in 35 Fällen (11,0 %)	in 12 Fällen (19,0 %)
über 24 Monate	in 14 Fällen (4,4 %)	in 7 Fällen (11,1 %)
	Basiszahl: 317	Basiszahl: 63

b) an Beklagte

	1. Anordnung	*2. Anordnung*
bis 3 Monate	in 43 Fällen (45,7 %)	in 1 Fall (7,7 %)
3 - 6 Monate	in 9 Fällen (9,6 %)	in 3 Fällen (23,1 %)
6 - 12 Monate	in 19 Fällen (20,2 %)	in 3 Fällen (23,1 %)
12 - 24 Monate	in 14 Fällen (14,9 %)	in 5 Fällen (38,5 %)
über 24 Monate	in 9 Fällen (9,6 %)	in 1 Fall (7,7 %)
	Basiszahl: 94	Basiszahl: 13

c) an Beigeladene

	1. Anordnung	*2. Anordnung*
bis 3 Monate	in 3 Fällen (60,0 %)	in 2 Fällen (50,0 %)
3 - 6 Monate	in — —	in 1 Fall (25,0 %)
6 - 12 Monate	in — —	in — —
12 - 24 Monate	in 2 Fällen (40,0 %)	in 1 Fall (25,0 %)
	Basiszahl: 5	Basiszahl: 4

---

forschung zur Tätigkeit der ehrenamtlichen Richter in der Sozialgerichtsbarkeit, S. 523 ff.

Im Hinblick sowohl auf die Funktion als auch auf die Verantwortung der ehrenamtlichen Richter im *sozialgerichtlichen* Verfahren erscheint es mir unerläßlich, daß diesen — bei der Urteilsfällung gleichberechtigten und gleichverpflichteten — Mitgliedern der Kammer schon vor der mündlichen Verhandlung bzw. Beratung Gelegenheit geboten wird, sich mit dem Inhalt der Akten irgendwie vertraut zu machen, damit sie sich *ihrem* Sorgfaltsempfinden entsprechend auf die Sache vorbereiten und insbesondere entscheiden können, ob sie z. B. medizinische Gutachten vor dem Termin persönlich einsehen wollen. Da die Aktenauszüge für den Tatbestand der Urteile verwendet werden können, ist die Mehrarbeit, die durch die Versendung von Aktenauszügen verursacht wird, auch vertretbar.

Wenn dafür auch kein Anhalt festzustellen war, muß doch offen bleiben, ob die SGe sich um eine Unterrichtung der ehrenamtlichen Richter rechtzeitig vor dem Sitzungstag auf andere Weise bemüht haben. Siehe auch S. 159.

360 Anordnungen in 317 Verfahren ist in folgenden Zeiträumen *entsprochen* worden:

a) von Klägern

	1. Anordnung	2. Anordnung
bis 3 Monate	in 208 Fällen (65,6 %)	in 32 Fällen (50,8 %)
3 - 6 Monate	in 14 Fällen (4,4 %)	in — —
6 - 12 Monate	in 6 Fällen (1,9 %)	in 1 Fall (1,6 %)
12 - 24 Monate	in 6 Fällen (1,9 %)	in — —
über 24 Monate	in — —	in — —
	Basiszahl: 234	Basiszahl: 33

b) von Beklagten

	1. Anordnung	2. Anordnung
bis 3 Monate	in 74 Fällen (78,7 %)	in 6 Fällen (46,2 %)
3 - 6 Monate	in 3 Fällen (3,2 %)	in 3 Fällen (23,1 %)
6 - 12 Monate	in 1 Fall (1,1 %)	in — —
12 - 24 Monate	in 1 Fall (1,1 %)	in — —
über 24 Monate	in — —	in — —
	Basiszahl: 79	Basiszahl: 9

c) von Beigeladenen

	1. Anordnung	2. Anordnung
bis 3 Monate	in 4 Fällen (100 %)	in 1 Fall (100 %)
	Basiszahl: 4	Basiszahl: 1

Die Zahl der Anordnungen des Vorsitzenden der *mündlichen Verhandlung* spricht für eine umfangreiche und intensive Vorbereitung der mündlichen Verhandlung, wie § 106 Abs. 2 SGG dies vorsieht.

4. Stellungnahme zu Rechtsfragen

In 46 (3,8 %) von 1 226 überprüften Verfahren sind Beteiligte vom Vorsitzenden aufgefordert worden, zu Rechtsfragen Stellung zu nehmen[10]. Der 1. bzw. 2. Aufforderung ist in folgenden Zeiträumen entsprochen worden:

	1. Aufforderung	2. Aufforderung
bis 3 Monate	39 Erklärungen (84,8 %)	10 Erklärungen (100 %)
3 - 6 Monate	4 Erklärungen (8,7 %)	—
6 - 12 Monate	3 Erklärungen (6,5 %)	—
	Basiszahl: 46	Basiszahl: 10

[10] Verwaltungsgerichtsbarkeit: 3,0 %; Finanzgerichtsbarkeit: 5,6 % aller überprüften Fälle, vgl. *Ule*, S. 135.

Insgesamt ist diese Art des „Rechtsgesprächs" zahlenmäßig nicht von Bedeutung.

5. Ersuchen um Übersendung von Urkunden und/oder Akten an öffentliche Stellen oder Privatpersonen (§ 106 Abs. 3 Nr. 1 - 2 SGG)

In 1 033 Verfahren hat der Vorsitzende derartige Ersuchen in folgenden Zeiträumen ab Klageerhebung abgesandt (1), in 890 Verfahren ist den Ersuchen in folgenden Zeiträumen entsprochen worden (2):

	1	2
bis 3 Monate	in 703 Fällen (68,1 %)	in 815 Fällen (91,6 %)
3 - 6 Monate	in 90 Fällen (8,7 %)	in 43 Fällen (4,8 %)
6 - 12 Monate	in 115 Fällen (11,1 %)	in 20 Fällen (2,2 %)
12 - 24 Monate	in 86 Fällen (8,3 %)	in 11 Fällen (1,2 %)
über 24 Monate	in 39 Fällen (3,8 %)	in 1 Fall (0,1 %)
	Basiszahl: 1 033	Basiszahl: 890

Auch bei Berücksichtigung der Gestaltung der sozialgerichtlichen Verfahren ist die Zahl derartiger Ersuchen relativ groß, und bemerkenswert sind die relativ kurzen Zeiträume, in denen den Ersuchen entsprochen worden ist.

6. Beiziehung amtlicher Auskünfte durch den Vorsitzenden (§ 106 Abs. 3 Nr. 3 SGG)

In 561 (46,1 %) von 1 216 überprüften Verfahren hat der Vorsitzende amtliche Auskünfte beigezogen.

Auch dieses Ergebnis spricht für die intensive und umfangreiche Vorbereitung der mündlichen Verhandlung.

7. Beiziehung von schriftlichen Auskünften von Zeugen oder sachverständigen Zeugen

In 296 Verfahren (24,1 %) hat der Vorsitzende schriftliche Auskünfte von derartigen Beweispersonen beigezogen, in 930 Verfahren war dies nicht der Fall[11].

Schlüsselt man die positiven Zahlen danach auf, wann die Ersuchen, gerechnet ab Klageerhebung, abgesandt (1) und wann die Auskunft bei Gericht eingegangen ist (2), so ergeben sich folgende Daten:

[11] 174 Verfahren bleiben außer Betracht, da für sie Feststellungen nicht getroffen worden sind.

	1	2
bis 3 Monate	in 116 Fällen (39,5 %)	in 265 Fällen (91,7 %)
3 - 6 Monate	in 60 Fällen (20,4 %)	in 18 Fällen (6,2 %)
6 - 12 Monate	in 63 Fällen (21,4 %)	in 4 Fällen (1,4 %)
12 - 24 Monate	in 38 Fällen (12,9 %)	in 2 Fällen (0,7 %)
über 24 Monate	in 17 Fällen (5,8 %)	in — —
	Basiszahl: 294	Basiszahl: 289

Danach sind in rd. 60 % die Ersuchen innerhalb von 6 Monaten ab Klageerhebung abgesandt (1) und in rd. 98 % der Fälle die Antworten innerhalb von 6 Monaten ab Absendung der Ersuchen bei Gericht eingegangen (2).

Auch die Zahl derartiger Ersuchen spricht für den Umfang und die Intensität der Vorbereitung, die die mündliche Verhandlung durch den Vorsitzenden gefunden hat.

8. Vernehmung von Zeugen und/oder Sachverständigen durch den ersuchten Richter (§ 106 Abs. 3 Nr. 4 SGG)

Bei 1 400 überprüften Verfahren hat der Vorsitzende in 28 Fällen (2,0 %) derartige Ersuchen gestellt, in 1 198 Fällen (85,6 %) war dies nicht der Fall, bei 174 Fällen (12,4 %) sind keine Feststellungen getroffen worden.

Die Ersuchen sind, gerechnet ab Klageerhebung, in folgenden Zeiträumen gestellt worden (1), und von da an sind bis zum Eingang der Vernehmungsniederschriften bei Gericht vergangen (2):

	1	2
bis 3 Monate	2 Fälle (7,1 %)	26 Fälle (92,9 %)
3 - 6 Monate	5 Fälle (17,9 %)	1 Fall (3,6 %)
6 - 12 Monate	7 Fälle (25,0 %)	1 Fall (3,6 %)
12 - 24 Monate	6 Fälle (21,4 %)	— —
über 24 Monate	8 Fälle (28,6 %)	— —
	Basiszahl: 28	Basiszahl: 28

Wenn derartige Ersuchen zahlenmäßig auch keine große Bedeutung für die durchschnittliche Laufdauer der Verfahren haben, so ist für die betroffenen Verfahren doch wesentlich, daß die Ersuchen durchweg sehr schnell erledigt worden sind.

9. Einholung schriftlicher Gutachten durch den Vorsitzenden

a) In 614 (48,9 %) von 1 256 Verfahren hat der Vorsitzende[12] 877 schriftliche Gutachten angefordert, und zwar:

[12] Auf Grund von § 106 Abs. 3 Nr. 5 SGG, vgl. S. 64.

in 614 Verfahren (70,0 %) 1 Gutachten
in 188 Verfahren (21,4 %) 2 Gutachten
in 60 Verfahren (6,8 %) 3 Gutachten
in 15 Verfahren (1,7 %) 4 Gutachten

b) Die *Erteilung der Aufträge* für die nachstehenden vier Gruppen von Verfahren erfolgte *ab Klageerhebung* in folgenden Zeiträumen:

	1. Gutachten	2. Gutachten	3. Gutachten	4. Gutachten
bis 3 Monate	149 (24,3 %)	18 (9,6 %)	2 (3,3 %)	— —
3 - 6 Monate	175 (28,5 %)	37 (19,7 %)	9 (15,0 %)	1 (6,7 %)
6 - 12 Monate	172 (28,0 %)	58 (30,9 %)	5 (8,3 %)	— —
12 - 24 Monate	94 (15,3 %)	56 (29,8 %)	26 (43,3 %)	5 (33,3 %)
über 24 Monate	24 (3,9 %)	19 (10,1 %)	18 (30,0 %)	9 (60,0 %)
	Basisz.: 614	Basisz.: 188	Basisz.: 60	Basisz.: 15

Schlüsselt man die 614 1. *schriftlichen Gutachten* auf in Verfahren, deren Klage bei Gericht (1), und in Verfahren, deren Klage bei einer anderen Stelle i. S. des § 91 Abs. 1 SGG eingereicht wurde (2), so ergeben sich für die Erteilung der Gutachtenaufträge ab Klageerhebung folgende Werte:

	1	2
bis 3 Monate	129 Fälle (25,0 %)	20 Fälle (20,6 %)
3 - 6 Monate	146 Fälle (28,2 %)	29 Fälle (29,9 %)
6 - 12 Monate	144 Fälle (27,9 %)	28 Fälle (28,9 %)
12 - 24 Monate	79 Fälle (15,3 %)	15 Fälle (15,5 %)
über 24 Monate	19 Fälle (3,7 %)	5 Fälle (5,2 %)
	Basiszahl: 517	Basiszahl: 97

Die Ergebnisse dieser Aufschlüsselung sprechen dafür, daß die Erteilung der Aufträge für die *1. Gutachten* in den Verfahren, in denen die Klage bei einer anderen Stelle i. S. des § 91 Abs. 1 SGG eingereicht wurde, länger dauerte als in den Verfahren, in denen die Klage direkt bei Gericht einging.

c) Bei den schriftlichen Gutachten handelt es sich um *vorbereitende* Maßnahmen, die der Vorsitzende (§ 106 SGG) getroffen hat. Daher spricht eine Vermutung dafür, daß die 1. bis 4. Gutachten häufig, wenn auch nicht immer, gleichzeitig angefordert worden sind. Geht man von 877 schriftlichen Gutachten aus, so erfolgte deren Anordnung ab Klageerhebung in folgenden Zeiträumen:

	1. Gutachten	2. Gutachten	3. Gutachten	4. Gutachten
bis 6 Monate	324 (52,8 %)	55 (29,3 %)	11 (18,3 %)	1 (6,7 %)
6 - 12 Monate	172 (28,0 %)	58 (30,9 %)	5 (8,3 %)	—
12 - 24 Monate	94 (15,3 %)	56 (29,8 %)	26 (43,3 %)	5 (33,3 %)
über 24 Monate	24 (3,9 %)	19 (10,1 %)	18 (30,0 %)	9 (60,0 %)
	Basisz.: 614	Basisz.: 188	Basisz.: 60	Basisz.: 15

d) Zwischen der Erteilung des Gutachtenauftrages und dem Eingang der Gutachten lagen in 693 Fällen folgende Zeiträume:

	1. Gutachten	2. Gutachten	3. Gutachten	4. Gutachten
bis 3 Monate	295 (60,5 %)	73 (50,7 %)	22 (44,9 %)	5 (41,7 %)
3 - 6 Monate	125 (25,6 %)	41 (28,5 %)	19 (38,8 %)	5 (41,7 %)
6 - 12 Monate	57 (11,7 %)	20 (13,9 %)	7 (14,3 %)	1 (3,3 %)
12 - 24 Monate	10 (2,1 %)	8 (5,6 %)	1 (2,0 %)	1 (3,3 %)
über 24 Monate	1 (1,4 %)	2 (1,4 %)	—	—
	Basisz.: 488	Basisz.: 144	Basisz.: 49	Basisz.: 12

e) Insgesamt ist zu den schriftlichen Gutachten zu bemerken, daß diese Beweismittel mit einer Gesamtzahl von 877 Gutachten in 614 Verfahren (48,9 %) von sehr wesentlicher Bedeutung für die Dauer des Sozialprozesses sind.

877 Gutachten sind in folgenden Fristen angefordert (1) und 693 Gutachten sind in folgenden Fristen erstattet worden (2):

	1	2
bis 3 Monate	169 (19,3 %)	395 (57,0 %)
3 - 6 Monate	222 (25,3 %)	190 (27,4 %)
6 - 12 Monate	235 (26,8 %)	85 (12,3 %)
12 - 24 Monate	181 (20,6 %)	20 (2,9 %)
über 24 Monate	70 (8,0 %)	3 (0,4 %)

Das heißt, daß bis zu 6 Monaten[13] benötigt wurden bei

391 Gutachtenaufträgen (44,6 %)
585 erstatteten Gutachten (84,4 %).

Auch wenn auffällt, daß der Vorsitzende bei der Erteilung von Gutachtenaufträgen in 486 Fällen (55,4 %) länger als 6 Monate benötigt hat, davon in 70 Fällen (8,0 %) länger als 24 Monate, lassen sich die Ursachen dafür doch nicht näher aufklären. Dabei ist zu bedenken, daß 31 von 524, d. h. 5,9 %, Gutachten waren, die auf Grund eines Antrages des Klägers nach § 109 Abs. 1 SGG eingeholt worden sind, bei denen der Vorsitzende des Gerichtes zeitlich also von dem Antrag des Klägers abhängig war.

In der allgemeinen Verwaltungsgerichtsbarkeit ist zur Vorbereitung der mündlichen Verhandlung die Begutachtung durch einen Sachverständigen in 38 Fällen und in der Finanzgerichtsbarkeit in 16 Fällen angeordnet worden[14]. Im Zivilprozeß kommt die Anordnung eines Sachverständigengutachtens als vorbereitende Maßnahme nach *Ule*[15] so gut wie gar nicht vor.

---

[13] Gerechnet ab Klageeingang bzw. ab Gutachtenauftrag.

10. Ladung von Zeugen und Sachverständigen zur mündlichen Verhandlung

Bei 1 226 überprüften Verfahren[16] sind in:

85 Verfahren (6,9 %) Zeugen und
132 Verfahren (10,8 %) Sachverständige

geladen worden, und zwar

Zeugen[16] in:

37	Verfahren je	1	Zeugen	(3,0 %)
27	Verfahren je	2	Zeugen	(2,2 %)
18	Verfahren je	3 - 5	Zeugen	(1,5 %)
1	Verfahren je	6 - 10	Zeugen	(0,1 %)
2	Verfahren je	über 10	Zeugen	(0,2 %)

Sachverständige[17] in:

119	Verfahren je	1 Sachverständiger	(9,7 %)[18]
11	Verfahren je	2 Sachverständige	(0,9 %)
2	Verfahren je	3 Sachverständige	(0,2 %)

Diese Ergebnisse sprechen dafür, daß die SGe von dem mündlich erstatteten Gutachten noch relativ häufig Gebrauch machen.

11. Anordnung des persönlichen Erscheinens eines oder der Beteiligten zur mündlichen Verhandlung bzw. der Entsendung eines über die Sach- und Rechtslage ausreichend unterrichteten Bevollmächtigten (§ 111 Abs. 1, 3 SSG), ferner Augenscheinseinnahme, Erörterungstermin, Dolmetscher

Bei 1 226 überprüften Verfahren[19] ist in:

551 Verfahren (44,9 %)das persönliche Erscheinen Beteiligter,
404 Verfahren (33,0 %) die Entsendung derartiger Bevollmächtigter

angeordnet worden.

Bei 1 226 überprüften Verfahren[19] hat der Vorsitzende durchgeführt

Augenscheinseinnahme in:

4 Verfahren (0,3 %)

---

[14] Das bedeutet 2,5 % bzw. 2,1 % der vorbereitenden Maßnahmen; vgl. *Ule*, S. 137.

[15] *Ule*, S. 137, unter Hinweis auf *Baumgärtel / Mes*, S. 156.

[16] Bei 174 Verfahren sind keine Feststellungen getroffen worden.

[17] Bezogen auf 1 226 Verfahren.

[18] Insgesamt 147 Sachverständige.

[19] Siehe FN 16.

Erörterungstermine in:

39 Verfahren (3,2 %),
davon in 5 Verfahren 2 Termine.

Die Erörterungstermine fanden statt, gerechnet ab Klageerhebung, in folgenden Zeiträumen:

bis 3 Monate	4 Termine	(9,1 %)
3 - 6 Monate	7 Termine	(15,9 %)
6 - 12 Monate	26 Termine	(59,1 %)
12 - 24 Monate	7 Termine	(15,9 %)
über 24 Monate	—	—
	Basiszahl: 44	

In 4 Verfahren (0,3 %)[20] ist ein Dolmetscher, und zwar von Amts wegen, hinzugezogen worden, da in 3 Verfahren der Kläger bzw. Beigeladene, in 1 Verfahren ein Zeuge oder Sachverständiger der deutschen Sprache nicht mächtig war.

10. Abschnitt

Ausgestaltung des ersten Termins zur mündlichen Verhandlung

1. Ort des Termins

Geht man von 1 256 Verfahren aus (vgl. S. 64), so fand der 1. Termin zur mündlichen Verhandlung in 1 033 Verfahren (82,2 %) im Gericht, in 223 Verfahren (17,8 %) an einem anderen Orte statt.

2. Auflagen

In einer Reihe von Verfahren (1 256) wurde *im* 1. Termin eine *Auflage* gemacht (oder die Einreichung eines Schriftsatzes angeregt), teils unter *Fristsetzung*, und zwar dem

	Auflage	*Fristsetzung*
Kläger	in 40 Fällen (3,2 %),	in 14 Fällen (1,1 %)
Beklagten	in 11 Fällen (0,9 %),	in 4 Fällen (0,3 %)
Beigeladenen	in 6 Fällen (0,5 %),	in 1 Fall (0,1 %)

Die Frist, die 2 Wochen lief, wurde in 14 Fällen eingehalten, in 5 Fällen geschah dies nicht, auch die in 3 Fällen *verlängerte* Frist ist in 2

[20] Siehe FN 17.

Fällen nicht eingehalten worden. Diese Aufstellung beweist, daß die SGe von dieser Möglichkeit wenig Gebrauch machen, weil sie sich als ein „stumpfes Schwert" erweist; das SGG kennt keinen Ausschluß verspäteten Vorbringens.

3. Ergebnis des 1. Termins

Nach einer Aufschlüsselung von 1 236 Verfahren[1] endete der 1. Termin mit:

einem *Endurteil* in 1 020 Fällen (82,5 %)[2],

einem Beweisbeschluß in 106 Fällen (8,6 %),

der Bestimmung eines neuen *Verhandlungstermins* in 10 Fällen (0,8 %),

der *„Vertagung"* ohne Bestimmung eines neuen Verhandlungstermins in 100 Fällen (8,1 %).

Das bedeutet, daß nach dieser Aufgliederung in 1 020 Fällen (82,5 %) der 1. Termin zugleich der letzte Termin des Prozesses war.

Für die übrigen Verwaltungsgerichtsbarkeiten bezeichnet es *Ule*[2] als eines der wichtigsten Ergebnisse seiner Erhebung, daß in der Verwaltungsgerichtsbarkeit in fast 3/4 aller Fälle nur ein Termin stattgefunden hat, in der Finanzgerichtsbarkeit in etwa der Hälfte. Geht man davon aus, so fährt *Ule* fort, daß der Vorsitzende nach den Feststellungen[3] nur in 1 811 (Finanzgerichtsbarkeit 543) Fällen Termin anberaumt hat, so hat in der Verwaltungsgerichtsbarkeit sogar in 83 v. H., in der Finanzgerichtsbarkeit in 90 v. H. dieser Fälle nur ein Termin stattgefunden. Dagegen besteht im Zivilprozeß im amtsgerichtlichen Verfahren nur in 6,2 v. H. und im landgerichtlichen Verfahren in 4,4 v. H. aller Fälle Identität zwischen dem ersten und dem letzten Termin[4].

In der Sozialgerichtsbarkeit stehen dem Regeltypus der mündlichen Verfahren, die nach *einem* Termin zur mündlichen Verhandlung mit dem Urteil enden, die atypischen Verfahren gegenüber, bei denen sich im 1. Termin zur mündlichen Verhandlung die Notwendigkeit zu einer oder einer weiteren Beweiserhebung ergibt.

Angemerkt sei, daß die Frage, wieviel Zeit zwischen dem 1. Termin zur mündlichen Verhandlung und dem neuen Verhandlungstermin lag, für 155 Fälle wie folgt beantwortet worden ist:

---

[1] 164 Akten, in denen keine Feststellungen getroffen wurden, sind außer Betracht geblieben, es handelte sich hier vor allem um schriftliche Verfahren.

[2] Vgl. *Ule*, S. 137.

[3] Er verweist dazu auf S. 130 (oben) seines Gutachtens.

[4] *Ule*, S. 137, verweist dazu im einzelnen auf *Baumgärtel / Mes*, S. 169.

bis 1 Monat	4	Fälle	(2,6 %)
1 - 3 Monate	29	Fälle	(18,7 %)
3 - 6 Monate	46	Fälle	(29,7 %)
6 - 12 Monate	41	Fälle	(26,5 %)
über 12 Monate	35	Fälle	(22,6 %)

Basiszahl: 155

11. Abschnitt

Beweisverfahren

I. Allgemeines

1. Zahl der Beweisaufnahmen

In 953 (68,1 %) der überprüften 1 400 Verfahren haben Beweisaufnahmen stattgefunden, in 447 (31,9 %) der Verfahren war dies nicht der Fall. Beide Gruppen verhalten sich zueinander wie zwei Drittel zu einem Drittel.

In 249 (26,1 %) der 953 Verfahren beruhte die Beweisaufnahme auf einem *Beweisbeschluß*, in 704 (73,9 %) der Verfahren wurde die Beweisaufnahme auf Grund einer *Beweisanordnung* (§ 106 Abs. 2 SGG) durchgeführt.

2. Zeiträume zwischen Klageerhebung und Beweisaufnahmen

a) In 1 213 mündlichen Verfahren, die in den unter a) vermerkten Zeiträumen abgewickelt worden sind, lagen zwischen der Klageerhebung und dem 1. Termin zur *mündlichen Verhandlung* die unter b) aufgeführten Zeiträume:

a)

bis 3 Monate	53	Fälle	(4,4 %)
3 - 6 Monate	122	Fälle	(10,1 %)
6 - 12 Monate	353	Fälle	(29,1 %)
12 - 24 Monate	455	Fälle	(37,5 %)
24 - 36 Monate	155	Fälle	(12,8 %)
über 36 Monate	75	Fälle	(6,2 %)

Basiszahl: 1 213

b)

bis 3 M.	*3 - 6 M.*	*6 - 12 M.*	*12 - 24 M.*	*über 24 M.*
48 F. (71,6 %)	—	5 F. (1,3 %)	—	—
4 F. (6,0 %)	114 F. (75,5 %)	3 F. (0,8 %)	1 F. (0,2 %)	—
6 F. (9,0 %)	18 F. (11,9 %)	326 F. (82,5 %)	3 F. (0,7 %)	—
7 F. (10,5 %)	15 F. (9,9 %)	48 F. (12,2 %)	384 F. (89,1 %)	1 F. (0,6 %)
2 F. (3,0 %)	2 F. (1,3 %)	11 F. (2,8 %)	33 F. (7,7 %)	107 F. (63,3 %)
—	2 F. (1,3 %)	2 F. (0,5 %)	10 F. (2,3 %)	61 F. (36,1 %)
Basisz.: 67	Basisz.: 151	Basisz.: 395	Basisz.: 431	Basisz.: 169

b) In 1 232 mündlichen Verfahren mit den Erledigungsziffern zu a) fanden in 874 Fällen (66,1 %) *Beweisaufnahmen* statt, und zwar in den unter b) vermerkten Zeiträumen ab Klageerhebung; unter c) sind die entsprechenden Daten der Verfahren mit mehreren Beweiserhebungen angegeben:

	a)	b)	c)
bis 3 Monate	54 F. (4,4 %)	23 F. (2,6 %)	4 F. (1,2 %)
3 - 6 Monate	123 F. (10,0 %)	68 F. (7,8 %)	18 F. (5,2 %)
6 - 12 Monate	355 F. (28,8 %)	250 F. (28,6 %)	82 F. (23,8 %)
12 - 24 Monate	463 F. (37,6 %)	344 F. (39,4 %)	138 F. (40,1 %)
24 - 36 Monate	158 F. (12,8 %)	120 F. (13,7 %)	58 F. (16,9 %)
über 36 Monate	79 F. (6,4 %)	69 F. (7,9 %)	44 F. (12,8 %)
	Basiszahl: 1 232	Basiszahl: 874	Basiszahl: 344

c) Zu 2 a - b ist festzustellen, nicht nur daß die Zahl der Verfahren mit Beweisaufnahmen relativ hoch ist, sondern auch daß sie die Dauer der Verfahren entscheidend beeinflußt.

Nach *Ule*[1] hat in 28,5 % der Verwaltungsprozesse und in 10,8 % der Finanzprozesse eine Beweisaufnahme stattgefunden mit der Folge, daß sich die Prozeßdauer bei diesen Verfahren auf 12,0 bzw. 13,9 Monate (Verwaltungsgerichtsbarkeit) und auf 27,1 bzw. 27,8 Monate (Finanzgerichtsbarkeit) erhöht hat. Das heißt, daß der Verwaltungs- und der Finanzprozeß in ihrer Dauer weniger durch Beweiserhebungen beeinflußt werden als der Sozial- und — übrigens auch — der Zivilprozeß[2].

3. Zahl der Beweisbeschlüsse (Beweisanordnungen) in einzelnen Verfahren

Nach einer anderen Aufschlüsselung sind bei 953 Verfahren mit Beweisaufnahme in 364 Fällen (38,2 %) mehrere Beweisbeschlüsse bzw. Beweisanordnungen ergangen, in 589 Fällen (61,8 %) wurde nur *ein* Beweisbeschluß bzw. *eine* Beweisanordnung erlassen. Bei weiterer Aufgliederung von 351 Fällen ergaben sich:

[1] *Ule*, S. 139.
[2] *Ule*, S. 140.

2 Beschlüsse bzw. Anordnungen in 198 Fällen (56,4 %)
3 Beschlüsse bzw. Anordnungen in 74 Fällen (21,1 %)
mehr als
3 Beschlüsse bzw. Anordnungen in 79 Fällen (22,5 %)

Dabei lagen bei 347 Verfahren zwischen dem ersten und dem letzten Beweisbeschluß (Beweisanordnung) folgende Zeiten:

bis 1 Monat	in 33 Fällen	(9,5 %)
1 - 3 Monate	in 66 Fällen	(19,0 %)
3 - 6 Monate	in 74 Fällen	(21,3 %)
6 - 12 Monate	in 50 Fällen	(14,4 %)
12 - 24 Monate	in 41 Fällen	(11,8 %)
über 24 Monate	in 83 Fällen	(23,9 %)

Basiszahl: 347

Das heißt, in der Hälfte der Verfahren (49,8 %) lagen zwischen dem ersten und dem letzten Beweisbeschluß bis zu 6 Monaten, in 14,4 % der Verfahren bis zu 12 Monaten, und über ein Drittel (35,7 %) der Verfahren fiel in den Zeitraum „über 12 Monate".

In den übrigen Verwaltungsgerichtsbarkeiten sind in 13 % (Verwaltungsgerichtsbarkeit) bzw. 20 % (Finanzgerichtsbarkeit) der Fälle, in denen überhaupt Beweisbeschlüsse (Beweisanordnungen) ergangen sind, mehrere dieser Maßnahmen gezählt worden[3]. Diese Zahlen liegen auch erheblich unter dem Anteil mehrerer Beweisbeschlüsse an der Gesamtzahl aller Beweisbeschlüsse im Zivilprozeß[4]. Sie betragen dort im amtsgerichtlichen Verfahren 32,8 %, im landgerichtlichen Verfahren 36,5 %.

Diese Daten sprechen auch dafür, daß der Sachverhaltsermittlung in der Sozialgerichtsbarkeit etwa die Rolle zukommt, die sie in der Zivilgerichtsbarkeit spielt, d. h. eine wesentlich größere Rolle als in den übrigen Verwaltungsgerichtsbarkeiten.

II. Zeugenbeweis

1. Zahl der Verfahren mit Zeugenvernehmung — Anordnung von Beweisterminen

a) In 139 (14,6 %) der überprüften 953 Verfahren wurden Zeugen vernommen.

Dabei lag in 100 Fällen (71,9 %) der 139 Verfahren *ein* Beweisbeschluß (bzw. eine Beweisanordnung) zugrunde, in 39 Fällen (28,1 %) waren es mehrere.

---
[3] *Ule*, S. 140.
[4] *Ule*, S. 140.

In reichlich der Hälfte (52,6 %) der 39 Verfahren waren die Zeugen dem Gericht bereits *vor* dem ersten Beweisbeschluß (Beweisanordnung) bekannt, obgleich ihre Vernehmung erst auf Grund eines weiteren Beweisbeschlusses (Beweisanordnung) erfolgte.

b) Bei Prüfung der Frage, welche Zeiträume zwischen
der Klageerhebung und der Anberaumung des Beweistermins auf Grund des 1. Beweisbeschlusses (Beweisanordnung) (1) bzw. zwischen
diesem Termin und der Anberaumung des Beweistermins auf Grund des 2. Beweisbeschlusses (Beweisanordnung) (2) bzw. zwischen
diesem Termin und der Anberaumung des Beweistermins auf Grund des 3. Beweisbeschlusses (Beweisanordnung) (3)

lagen, ergaben sich in 133 Verfahren folgende Daten:

	1	2	3
bis 1 Monat	58 Fälle (58,0 %)	5 Fälle (20,8 %)	2 Fälle (22,2 %)
1 - 3 Monate	17 Fälle (17,0 %)	6 Fälle (25,0 %)	3 Fälle (33,3 %)
3 - 6 Monate	6 Fälle (6,0 %)	6 Fälle (25,0 %)	1 Fall (11,1 %)
über 6 Monate	19 Fälle (19,0 %)	7 Fälle (29,2 %)	3 Fälle (33,3 %)
	Basiszahl 100	Basiszahl 24	Basiszahl 9

Das heißt, daß innerhalb von 3 Monaten ab Klageerhebung in 75 Fällen (75,0 %) Beweistermine zur Vernehmung von Zeugen anberaumt wurden und daß innerhalb von 3 Monaten, gerechnet von dem 1. Beweistermin, in 11 Fällen (45,8 %) der 2. Beweistermin stattfand; die entsprechenden Daten für den 3. Beweistermin sind 5 Fälle (55,5 %).

2. Falsch geladene Zeugen

Bei 139 Verfahren wurden in 8 Verfahren (5,8 %) Zeugen falsch geladen, in 3 Fällen (2,2 %) konnten die Zeugen noch rechtzeitig zu dem vorgesehenen Termin geladen werden.

3. Zahl der Beweisaufnahmen mit Einvernahme von Zeugen

An Beweisaufnahmen haben in 126 Verfahren *insgesamt* stattgefunden:

1 Beweisaufnahme in 90 Verfahren (71,4 %)
2 Beweisaufnahmen in 19 Verfahren (15,1 %)
3 Beweisaufnahmen in 8 Verfahren (6,3 %)
mehr als
3 Beweisaufnahmen in 9 Verfahren (7,1 %)

d. h. insgesamt mindestens 188 Beweisaufnahmen.

Auch hier erweist sich die große Bedeutung der Sachverhaltsermittlung im Sozialgerichtsprozeß, denn die Zahl dieser Beweisaufnahmen liegt im Vergleich mit den übrigen Verwaltungsgerichtsbarkeiten wesentlich höher[5].

4. Zeugenvernehmung durch das Prozeßgericht bzw. durch den ersuchten Richter

Bei 136 Verfahren haben Beweistermine stattgefunden:

vor dem *Prozeßgericht*

in 96 Verfahren (70,6 %) 1 Termin,
in 11 Verfahren (8,1 %) mehrere Termine,

vor dem *ersuchten Richter*

in 15 Verfahren (11,0 %) 1 Termin,
in 14 Verfahren (10,3 %) mehrere Termine.

5. Zeugen nicht erschienen

In 15 (11,0 %) von 136 Verfahren sind Zeugen im Termin ein- bzw. mehrmals nicht erschienen[6], in 5 Fällen wurde eine Ordnungsstrafe festgesetzt, in 2 Fällen wurde die Strafe wieder aufgehoben.

6. Zeugnisverweigerungsrecht

In 1 (0,7 %) von 136 Verfahren hat ein Zeuge sich auf ein Zeugnisverweigerungsrecht aus persönlichen Gründen berufen.

III. Beweis durch Sachverständige

A. Zur Bestellung von Sachverständigen

In 606 (63,6 %) von 953 Verfahren ist Beweis durch Sachverständige erhoben worden, in 347 Fällen (36,4 %) war dies nicht der Fall. In 234 Verfahren (24,6 %) hat sich ein Beteiligter auf den Beweis durch ein zu erstellendes Gutachten bezogen.

Das geschah in 226 Verfahren (23,7 %) in folgenden Zeiträumen:

---

[5] Vgl. *Ule*, S. 141.
[6] 11 Verfahren je einmal, 4 Verfahren je zweimal.

1. Gutachten (gerechnet ab Klageerhebung)

bis 3 Monate	155 Fälle	(68,6 %)	
3 - 6 Monate	33 Fälle	(14,6 %)	
6 - 12 Monate	23 Fälle	(10,2 %)	
12 - 24 Monate	11 Fälle	(4,9 %)	
über 24 Monate	4 Fälle	(1,8 %)	Basiszahl: 226

2. Gutachten (gerechnet ab 1. Gutachten)

bis 3 Monate	18 Fälle	(52,9 %)	
3 - 6 Monate	2 Fälle	(5,9 %)	
6 - 12 Monate	8 Fälle	(23,5 %)	
12 - 24 Monate	5 Fälle	(14,7 %)	
über 24 Monate	1 Fall	(2,9 %)	Basiszahl: 34

3. Gutachten (gerechnet ab 2. Gutachten)

bis 3 Monate	4 Fälle	(44,4 %)	
3 - 6 Monate	1 Fall	(11,1 %)	
6 - 12 Monate	2 Fälle	(22,2 %)	
12 - 24 Monate	—	—	
über 24 Monate	2 Fälle	(22,2 %)	Basiszahl: 9

4. Gutachten (gerechnet ab 3. Gutachten)

bis 3 Monate	3 Fälle	(75,0 %)	
3 - 6 Monate	—	—	
6 - 12 Monate	—	—	
12 - 24 Monate	1 Fall	(25,0 %)	
über 24 Monate	—	—	Basiszahl: 4

Die Ergebnisse dieser Untersuchung weisen darauf hin, daß die Gestaltung des Sozialprozesses u. a. durch Anträge der Rechtsuchenden stark beeinflußt werden kann, was sich auch in der Laufdauer dieser Verfahren niederschlägt.

B. Das mündliche Gutachten

1. Anzahl der mündlichen Gutachten

Bei der Überprüfung von 1 400 Verfahren ergab sich, daß in 107 Verfahren (7,6 %) die Einholung von mindestens 130 mündlichen Gutachten[7] durch Beweisbeschluß oder Beweisanordnung angeordnet worden sein

[7] Die tatsächliche Anzahl der mündlichen Gutachten scheint höher zu liegen. Eine andere Erhebung läßt darauf schließen, daß

113 1. mündliche Gutachten
19 2. mündliche Gutachten
8 3. mündliche Gutachten,

insgesamt also 140 mündliche Gutachten eingeholt worden sind.

soll, in 497 Verfahren (35,5 %) war dies nicht der Fall, bei 792 Verfahren (56,6 %) sind keine Feststellungen getroffen worden.

Die 107 Verfahren, die nur als Mindestzahl gewertet werden können, gliedern sich, wie folgt, in ein oder mehrere Gutachten pro Verfahren auf:

90 Fälle	(84,1 %)	ein Gutachten
13 Fälle	(12,1 %)	zwei Gutachten
2 Fälle	(1,9 %)	drei Gutachten
2 Fälle	(1,9 %)	mehr als drei Gutachten

Danach sind in rd. 85 % dieser Verfahren ein und in 15 % zwei oder mehr mündliche Gutachten eingeholt worden.

Ule[8] erwähnt, daß in der Verwaltungsgerichtsbarkeit in 66 Fällen (3,3 %) und in der Finanzgerichtsbarkeit in 22 Fällen (2,2 %) *aller* Prozesse Beweis durch Sachverständnige erhoben worden ist, und er setzt hinzu, daß in diesen Fällen eine erhebliche Verlängerung der Prozeßdauer stattgefunden hat, und zwar sowohl bei den Verfahren mit mündlichen als auch bei denen mit schriftlichen Gutachten.

2. Dauer der Einholung mündlicher Gutachten

a) Zwischen Klageerhebung und Anordnung, mündliche Gutachten einzuholen, lagen folgende Zeiträume (insgesamt [1], bei Erhebung der Klage bei Gericht [2] bzw. bei einer anderen Stelle i. S. des § 91 Abs. 1 SGG [3]):

	1	2	3
bis 3 Monate	13 Fälle (9,5 %)	11 Fälle (10,1 %)	2 Fälle (7,1 %)
3 - 6 Monate	19 Fälle (13,9 %)	15 Fälle (13,8 %)	4 Fälle (14,3 %)
6 - 12 Monate	61 Fälle (44,5 %)	51 Fälle (46,8 %)	10 Fälle (35,7 %)
12 - 24 Monate	38 Fälle (27,7 %)	27 Fälle (24,8 %)	11 Fälle (39,3 %)
über 24 Monate	6 Fälle (4,4 %)	5 Fälle (4,6 %)	1 Fall (3,6 %)
	Basiszahl: 137	Basiszahl: 109	Basiszahl: 28

b) Zwischen der Anordnung, ein mündliches Gutachten einzuholen (gerechnet ab Klageerhebung), und dessen Erstattung (1) sowie zwischen der Erstattung des 1. und des 2. Gutachtens (2) bzw. des 2. und 3. Gutachtens (3) lagen folgende Zeiträume:

	1	2	3
bis 3 Monate	79 Fälle (75,2 %)	13 Fälle (92,9 %)	3 Fälle (100 %)
3 - 6 Monate	21 Fälle (20,0 %)	1 Fall (7,1 %)	— —
6 - 12 Monate	4 Fälle (3,8 %)	— —	— —
12 - 24 Monate	1 Fall (1,0 %)	— —	— —
	Basizahl: 105	Basiszahl: 14	Basiszahl: 3

---

8 *Ule*, S. 143 f.

c) Selbst wenn die Werte zu 2 a und b keine repräsentative Bedeutung haben, lassen sie doch erkennen, welchen beachtlichen Einfluß diese Fakten auf die Gestaltung der in Frage kommenden Sozialprozesse und auf deren Laufdauer haben.

C. Das schriftliche Gutachten

1. Gesamtzahl der schriftlichen Gutachten und deren Gruppierung

a) Die Überprüfung von 1 400 Akten hat ergeben, daß die Einholung von schriftlichen Gutachten (auf Grund von Beweisbeschlüssen bzw. Beweisanordnungen des Vorsitzenden) die Laufdauer der sozialgerichtlichen Verfahren stark beeinflußt hat, und zwar sowohl durch die große Zahl der schriftlichen Gutachten als auch durch die Zeiten, die ihre Einholung erforderte. Das ergibt sich aus folgenden Erwägungen:

In

541 Verfahren (38,6 %) ist die Einholung schriftlicher Gutachten angeordnet worden,

67 Verfahren (4,8 %) war dies nicht der Fall,

792 Verfahren (56,6 %) sind Feststellungen nicht getroffen worden.

b) Da die Gerichte in einer Reihe von Verfahren mehrere schriftliche Gutachten pro Verfahren eingeholt haben, sei es als 2., 3. usw. Gutachten oder sei es als 1., 2. usw. Zweitgutachten (d. h. als Gutachten zu einem Beweisthema, zu dem bereits ein Gutachten vom Gericht beigezogen worden war), liegt die Zahl der schriftlichen Gutachten höher als die Zahl der Verfahren, in denen solche Sachverständigenbeweise erhoben wurden.

c) Dafür spricht auch, daß beispielsweise bei 522 Verfahren in

358 Verfahren je 1 Gutachten
99 Verfahren je 2 Gutachten
51 Verfahren je 3 Gutachten
12 Verfahren je 4 Gutachten
2 Verfahren mehr als 4, unterstellt 5 Gutachten, insgesamt also
767 Gutachten

eingeholt worden sind. Das heißt, daß das Verhältnis der Verfahren mit je 1 Gutachten zu den Verfahren mit je mehreren Gutachten 68,6 % zu 31,4 % und das Verhältnis der Gutachtengruppen zueinander 46,7 % zu 53,3 % betragen.

2. Aufgliederung der Zahl der schriftlichen Gutachten

a) Bei der Aufgliederung von 760 schriftlichen Gutachten nach den Gesichtspunkten, ob sie auf Grund von

a) Aktenlage,
b) ambulanter Untersuchung oder
c) stationärer Beobachtung

erstattet wurden, ergeben diese überprüften Gutachten folgende Einzelwerte und den unter d) vermerkten Gesamtwert:

	a)	b)	c)	d)
1. G.	83 F. (61,5 %)	345 F. (70,8 %)	91 F. (65,9 %)	519 F. (68,3 %)
2. G.	31 F. (23,0 %)	97 F. (19,9 %)	32 F. (23,2 %)	160 F. (21,1 %)
3. G.	15 F. (11,1 %)	39 F. (8,0 %)	11 F. (8,0 %)	65 F. (8,6 %)
4. G.	6 F. (4,4 %)	6 F. (1,2 %)	4 F. (2,9 %)	16 F. (2,1 %)
	Basiszahl: 135	Basiszahl: 487	Basiszahl: 138	Basiszahl: 760

Das bedeutet, daß von den Gutachten auf Grund von

1. ambulanter Untersuchung 64,1 %,
2. stationärer Beobachtung 18,2 % und
3. Aktenlage 17,8 %

erstattet wurden, wobei die Reihenfolge nach der zunehmenden Dauer der Berufungsverfahren sein dürfte: 3., 1. und am Schluß die 2. Gruppe.

b) Bei der Aufgliederung von 757 schriftlichen Gutachten nach den Gesichtspunkten, ob sie von Sachverständigen

a) aus der Bundesrepublik Deutschland (einschl. West-Berlin),
b) aus der DDR oder dem europäischen Ausland oder
c) aus dem außereuropäischen Ausland

erstattet wurden, ergeben sich folgende Einzelwerte und der unter d) vermerkte Gesamtwert:

	a)	b)	c)	d)
1. G.	511 F. (68,5 %)	4 F. (100 %)	5 F. (71,4 %)	520 F. (68,7 %)
2. G.	157 F. (21,0 %)	— —	2 F. (28,6 %)	159 F. (21,0 %)
3. G.	64 F. (8,6 %)	— —	— —	64 F. (8,5 %)
4. G.	14 F. (1,8 %)	— —	— —	14 F. (1,8 %)
	Basiszahl: 746	Basiszahl: 4	Basiszahl: 7	Basiszahl: 757

Die Aufstellung ergibt, daß rd. 98,5 % der schriftlichen Gutachten (757 Fälle) von Sachverständigen aus der Bundesrepublik Deutschland (einschl. West-Berlin) eingeholt worden sind; 0,5 % (4 Fälle) stammen von Sachverständigen aus der DDR oder aus dem europäischen Ausland und 0,9 % der Sachverständigen (7 Fälle) waren im außereuropäischen Ausland tätig.

Mehr als zwei Drittel dieser Gutachten (68,7 %) waren 1. Gutachten, 21,0 % waren 2. Gutachten, 8,5 % waren 3. Gutachten und knapp 2 % (1,8 %) waren 4. Gutachten.

Bei der Durchsicht von 1 388 Verfahren sind für 37,5 % (520) der Fälle Angaben über den Aufenthalt der Sachverständigen festgestellt worden, für 62,5 % (868) der Verfahren ist dies nicht geschehen.

Geht man von den 520 Verfahren aus, so wurde das *1. Gutachten* erstattet von Sachverständigen:

in 511 Fällen (98,3 %) aus der Bundesrepublik Deutschland,
in 4 Fällen (0,8 %) aus der DDR oder dem europäischen Ausland,
in 5 Fällen (1,0 %) aus dem außereuropäischen Ausland.

Die entsprechenden Zahlen des *2. Gutachtens* gehen von 1 398 überprüften Verfahren aus, davon waren 88,6 % (1 239) der Verfahren *ohne* Feststellungen und 11,4 % (159) der Verfahren *mit* Feststellungen. Gliedert man diese 159 Verfahren auf, so wurde das *2. Gutachten* erstattet von Sachverständigen:

in 157 Fällen (98,7 %) aus der Bundesrepublik Deutschland,
in 2 Fällen (1,3 %) aus dem außereuropäischen Ausland,
die DDR und das europäische Ausland fielen aus.

Bei der Durchsicht von 1 400 Verfahren hinsichtlich des *3. Gutachtens* sind für 4,6 % (64) Fälle Feststellungen getroffen worden, in 95,4 % (1 336) der Fälle ist dies nicht geschehen.

In diesen 64 (4,6 %) der Verfahren wurde das *3. Gutachten* von Sachverständigen aus der Bundesrepublik Deutschland erstattet.

Bei der Durchsicht von 1 400 Verfahren ergaben die Feststellungen in 14 (1,0 %) der Fälle, daß die *4. Gutachten* aus der Bundesrepublik Deutschland stammen. In 1 386 (99 %) der Fälle sind Feststellungen nicht getroffen worden.

3. Zeitraum zwischen Anordnung und Termin

Zwischen der Anordnung, schriftliche Gutachten einzuholen, und dem Termin zur mündlichen Verhandlung lagen folgende Zeiträume:

	1. G.	2. G.	3. G.	4. G.	insges.:
bis 1 M.	83 F. (16,1 %)	16 F. (10,1 %)	13 F. (21,3 %)	2 F. (14,3 %)	114 F.
1 - 3 M.	51 F. (9,9 %)	19 F. (12,0 %)	5 F. (8,2 %)	— —	75 F.
3 - 6 M.	100 F. (19,3 %)	38 F. (24,1 %)	11 F. (18,0 %)	4 F. (28,5 %)	153 F.
6 - 12 M.	168 F. (32,5 %)	56 F. (35,4 %)	21 F. (34,4 %)	3 F. (21,4 %)	248 F.
über 12 M.	115 F. (22,2 %)	29 F. (18,4 %)	11 F. (18,0 %)	5 F. (35,7 %)	160 F.
	Basiszahl: 517	Basiszahl: 158	Basiszahl: 61	Basiszahl: 14	750

4. Zeitraum zwischen Anordnung und Eingang des Gutachtens

Zwischen der Anordnung, schriftliche Gutachten einzuholen, und dem Eingang dieser Gutachten, lagen folgende Fristen:

	1. G.	2. G.	3. G.	4. G.	insges.:
bis 3 M.	292 F. (57,8 %)	71 F. (47,0 %)	25 F. (41,7 %)	6 F. (42,9 %)	394 F.
3 - 6 M.	135 F. (26,7 %)	39 F. (25,8 %)	26 F. (43,3 %)	4 F. (28,6 %)	204 F.
6 - 12 M.	64 F. (12,7 %)	27 F. (17,9 %)	8 F. (13,3 %)	3 F. (21,4 %)	102 F.
12 - 24 M.	12 F. (2,4 %)	11 F. (7,3 %)	1 F. (1,7 %	1 F. (7,1 %)	25 F.
über 24 M.	2 F. (0,4 %)	3 F. (2,0 %)	— —	— —	5 F.
	Basiszahl: 505	Basiszahl: 151	Basiszahl: 60	Basiszahl: 14	730

Das heißt, daß die Beiziehung dieser Gutachten gedauert hat:

	1. G.	2. G.	3. G.	4. G.
bis 6 M.	427 F. (84,6 %)	110 F. (72,8 %)	51 F. (85,0 %)	10 F. (71,5 %)
6 - 12 M.	64 F. (12,7 %)	27 F. (17,9 %)	8 F. (13,3 %)	3 F. (21,4 %)
12 - 24 M.	12 F. (2,4 %)	11 F. (7,3 %)	1 F. (1,7 %)	1 F. (7,1 %)

5. Absendung des Gutachtenauftrages

Bei 804 Gutachten wurde der Gutachtenauftrag *unmittelbar* nach der Ernennung des Sachverständigen in 490 Fällen (60,9 %) abgesandt, in 314 Verfahren (39,1 %) war dies nicht der Fall.

Es ergab sich folgende Gliederung:

	ja	nein
1. Gutachten:	346 Fälle (70,6 %)	198 Fälle (63,1 %)
2. Gutachten:	95 Fälle (19,4 %)	77 Fälle (24,5 %)
3. Gutachten:	38 Fälle (7,8 %)	30 Fälle (9,6 %)
4. Gutachten:	11 Fälle (2,2 %)	9 Fälle (2,9 %)

Beispielsweise lagen von den 314 Gutachten, bei denen die Gutachtenaufträge *nicht* unmittelbar nach der Ernennung der Sachverständigen abgesandt wurden, in 283 Fällen zwischen beiden Vorgängen folgende Fristen:

		1. G.	2. G.	3. G.	4. G.
bis 2 Wochen	in	141 F. (49,8 %)	47 F. (16,6 %)	19 F. (6,7 %)	6 F. (2,1 %)
2 Wo. - 1 M.	in	24 F. (8,5 %)	16 F. (5,7 %)	4 F. (1,4 %)	1 F. (0,4 %)
über 1 Monat	in	17 F. (6,0 %)	6 F. (2,1 %)	2 F. (0,7 %)	— —

insgesamt bis 2 Wochen	213 Fälle (75,3 %)
insgesamt 2 Wochen - 1 Monat	45 Fälle (15,9 %)
insgesamt über 1 Monat	25 Fälle (8,8 %)

6. Zeitraum zwischen Absendung des Auftrages und Erstattung des Gutachtens

Zwischen der Absendung des Gutachtenauftrages und der Erstattung des Gutachtens lagen folgende Zeiten[9]:

	1. G.	2. G.	3. G.	4. G.	zusammen
bis 1 M.	130 F. (24,9 %)	33 F. (21,0 %)	8 F. (13,1 %)	2 F. (14,3 %)	173 F. (22,9 %)
1 - 3 M.	202 F. (38,7 %)	54 F. (34,4 %)	23 F. (37,7 %)	4 F. (28,6 %)	283 F. (37,5 %)
3 - 6 M.	128 F. (24,5 %)	37 F. (23,6 %)	21 F. (34,4 %)	5 F. (35,7 %)	191 F. (25,3 %)
6 - 9 M.	42 F. (8,0 %)	20 F. (12,7 %)	6 F. (9,8 %)	2 F. (14,3 %)	70 F. (9,3 %)
9 - 12 M.	13 F. (2,5 %)	4 F. (2,5 %)	2 F. (3,3 %)	— —	19 F. (2,5 %)
über 12 M.	7 F. (1,3 %)	9 F. (5,7 %)	1 F. (1,6 %)	1 F. (7,1 %)	18 F. (2,4 %)
	Basisz.: 522	Basisz.: 157	Basisz.: 61	Basisz.: 14	Basisz.: 754

Die Sachverständigen benötigten:

bis 6 M. in	460 F. (88,1 %)	124 F. (79,0 %)	52 F. (85,2 %)	11 F. (78,6 %)
bis 12 M. in	55 F. (10,5 %)	24 F. (15,2 %)	8 F. (13,1 %)	2 F. (14,3 %)
über 12 M. in	7 F. (1,3 %)	9 F. (5,7 %)	1 F. (1,6 %)	1 F. (7,1 %)

7. Dauer der schriftlichen Gutachten, aufgegliedert nach dem Wohnsitz des Sachverständigen

Es ergaben sich folgende Werte bei:

520 1. Gutachten[10]

	Bundesrepublik Deutschland	*DDR und europ. Ausland*	*außereurop. Ausland*
bis 1 Monat	129 Fälle (25,2 %)	— —	— —
1 - 3 Monate	201 Fälle (39,3 %)	— —	— —
3 - 6 Monate	121 Fälle (23,7 %)	1 Fall (25,0 %)	2 Fälle (40.0 %)
6 - 9 Monate	38 Fälle (7,4 %)	3 Fälle (75, %)	1 Fall (20,0 %)
9 - 12 Monate	11 Fälle (2,2 %)	— —	2 Fälle (40,0 %)
über 12 Monate	7 Fälle (1,4 %)	— —	— —
keine Angaben	4 Fälle (0,8 %)	— —	— —
	Basiszahl: 511	Basiszahl: 4	Basiszahl: 5

[9] 867 von 1 389 Akten (1. Gutachten) bzw. 1 241 von 1 398 Akten (2. Gutachten) keine Angaben.

[10] 868 von 1 388 Verfahren waren negativ.

159 *2. Gutachten*[11]

	Bundesrepublik Deutschland	*DDR und europ. Ausland*	*außereurop. Ausland*
bis 1 Monat	32 Fälle (20,4 %)	entfällt	— —
1 - 3 Monate	54 Fälle (34,4 %)		— —
3 - 6 Monate	37 Fälle (23,6 %)		— —
6 - 9 Monate	20 Fälle (12,7 %)		— —
9 - 12 Monate	3 Fälle (1,9 %)		1 Fall (50,0 %)
über 12 Monate	8 Fälle (5,1 %)		1 Fall (50,0 %)
keine Angaben	3 Fälle (1,9 %)		— —
	Basiszahl: 157		Basiszahl: 2

64 *3. Gutachten*[12]

	Bundesrepublik Deutschland	*DDR und europ. Ausland*	*außereurop. Ausland*
bis 1 Monat	8 Fälle (12,5 %)	entfällt	entfällt
1 - 3 Monate	23 Fälle (35,9 %)		
3 - 6 Monate	21 Fälle (32,8 %)		
6 - 9 Monate	6 Fälle (9,4 %)		
9 - 12 Monate	2 Fälle (3,1 %)		
über 12 Monate	1 Fall (1,6 %)		
keine Angaben	3 Fälle (0,2 %)		
	Basiszahl: 64		

14 *4. Gutachten*[13]

	Bundesrepublik Deutschland	*DDR und europ. Ausland*	*außereurop. Ausland*
bis 1 Monat	2 Fälle (14,3 %)	entfällt	entfällt
1 - 3 Monate	4 Fälle (28,6 %)		
3 - 6 Monate	5 Fälle (35,7 %)		
6 - 9 Monate	2 Fälle (14,3 %)		
9 - 12 Monate	— —		
über 12 Monate	1 Fall (7,1 %)		
	Basiszahl: 14		

8. Anmahnung des Gutachtens

Die Erstattung der Gutachten mußte angemahnt werden:

	ja	*nein*	*ohne Feststellungen*
1. Gutachten	68 Fälle (12,5 %)	474 Fälle (87,5 %)	858 Fälle
2. Gutachten	36 Fälle (20,9 %)	136 Fälle (79,1 %)	1228 Fälle
3. Gutachten	14 Fälle (20,3 %)	55 Fälle (79,7 %)	1331 Fälle
4. Gutachten	5 Fälle (31,3 %)	11 Fälle (68,8 %)	1384 Fälle

---

[11] 1 239 von 1 398 Verfahren waren negativ.

[12] 1 336 von 1 400 Verfahren waren negativ.

[13] 1 386 von 1 400 Verfahren waren negativ.

und zwar:

	einmal	*mehrmals*	*ohne Feststellungen*
1. Gutachten	40 Fälle (66,7 %)	20 Fälle (33,3 %)	1334 Fälle
2. Gutachten	21 Fälle (60,0 %)	14 Fälle (40,0 %)	1365 Fälle
3. Gutachten	10 Fälle (90,9 %)	1 Fall (9,1 %)	1389 Fälle
4. Gutachten	5 Fälle (83,3 %)	1 Fall (16,7 %)	1394 Fälle

9. Fristsetzung für die Erstattung von Gutachten

Die Überprüfung der Akten ergab, daß für eine Reihe von schriftlichen Gutachten *Fristen* gesetzt worden sind, und zwar:

	1. G.	2. G.	3. G.	4. G.
bis 1 Monat	in 6 F. (9,7 %)	5 F. (21,7 %)	1 F. (16,7 %)	1 F. (33,3 %)
1 - 3 Monate	in 41 F. (66,1 %)	15 F. (65,2 %)	5 F. (83,3 %)	2 F. (66,7 %)
3 - 6 Monate	in 15 F. (24,2 %)	3 F. (13,0 %)	— —	— —
	Basiszahl: 62	Basiszahl: 23	Basiszahl: 6	Basiszahl: 3

Die Frist wurde bei 107 überprüften Akten in 54 Fällen (50,5 %) eingehalten, in 53 Fällen (49,5 %) war dies nicht der Fall. In 2 Fällen wurde eine Nachfrist (mit Strafandrohung) gesetzt.

10. Fristsetzung bei der Aufforderung, Stellung zum Gutachten zu nehmen

Zwischen dem Eingang von Gutachten bei Gericht und dessen Aufforderung an die Beteiligten zur Stellungnahme lagen folgende Fristen:

	bis 2 Wochen	*2 Wochen bis 1 Monat*	*über 1 Monat*	*zusammen*
1. Gutachten	386 F. (90,6 %)	25 F. (5,9 %)	15 F. (3,5 %)	426 Fälle
2. Gutachten	120 F. (85,1 %)	14 F. (9,9 %)	7 F. (5,0 %)	141 Fälle
3. Gutachten	49 F. (92,5 %)	4 F. (7,5 %)	— —	53 Fälle
4. Gutachten	12 F. (92,3 %)	1 F. (7,7 %)	— —	13 Fälle
				insgesamt 633 Fälle

Zwischen der Aufforderung des Gerichtes an die Beteiligten, zu den Gutachten Stellung zu nehmen, und deren Eingang bei Gericht lagen folgende Zeiten:

	bis 2 Wochen	*2 Wochen bis 1 Monat*	*über 1 Monat*	*zusammen*
1. Gutachten	94 F. (26,0 %)	102 F. (28,2 %)	166 F. (45,9 %)	362 Fälle
2. Gutachten	16 F. (14,2 %)	40 F. (35,4 %)	57 F. (50,4 %)	113 Fälle
3. Gutachten	8 F. (19,0 %)	11 F. (26,2 %)	23 F. (54,8 %)	42 Fälle
4. Gutachten	2 F. (18,2 %)	3 F. (27,3 %)	6 F. (54,5 %)	11 Fälle
				insgesamt 528 Fälle

11. Vernehmung des Sachverständigen nach schriftlichem Gutachten

In einer Reihe der überprüften Verfahren (542) wurde der Sachverständige nach Erstattung seines Gutachtens noch mündlich gehört, und zwar zum

	ja		*nein*		*zusammen*
1. Gutachten	in 41 Fällen	(7,6 %),	in 501 Fällen	(92,4 %)	542 Fälle
2. Gutachten	in 2 Fällen	(1,2 %),	in 169 Fällen	(98,8 %)	171 Fälle
4. Gutachten	in —	—,	in 68 Fällen	(100 %)	68 Fälle
3. Gutachten	in 1 Fall	(6,2 %),	in 15 Fällen	(93,8 %)	16 Fälle

Die mündliche Anhörung des Sachverständigen erfolgte in einer Reihe von Verfahren (42) innerhalb folgender Fristen (gerechnet vom Eingang des Gutachtens bei Gericht):

bis 1 Monat	24 Fälle	(57,1 %)
1 - 3 Monate	7 Fälle	(16,7 %)
3 - 6 Monate	9 Fälle	(21,4 %)
6 - 12 Monate	—	—
über 12 Monate	2 Fälle	(4,8 %)
	Basiszahl: 42	

D. Das Zweitgutachten

1. Zahl der Zweitgutachten

In 55 (9,0 %) von 608 überprüften Verfahren[14] sind sog. Zweitgutachten eingeholt worden. Die Aufgliederung von 55 Verfahren ergab:

in 46 Fällen (83,6 %) 1 Zweitgutachten,
in 7 Fällen (12,7 %) 2 Zweitgutachten,
in 2 Fällen (3,6 %) 3 und mehr Zweitgutachten.

Das heißt, daß insgesamt mindestens 66 Zweitgutachten eingeholt worden sind.

2. Gruppierungen zu Zweitgutachten und deren Sachverständigen

Zwischen dem Eingang der letzten Stellungnahme der Beteiligten zu dem Erstgutachten und der Anordnung, Zweitgutachten einzuholen, lagen in 54 bzw. 8 Fällen folgende Fristen:

---

[14] 792 Akten, für die keine Feststellungen getroffen worden sind, blieben außer Betracht. Die absolute Zahl der Zweitgutachten liegt höher. Wegen des Begriffs „Zweitgutachten" vgl. S. 81.

	1. Zweitgutachten	2. Zweitgutachten
bis 1 Monat	24 Fälle (44,4 %)	3 Fälle (37,5 %)
1 - 3 Monate	14 Fälle (25,9 %)	2 Fälle (25,0 %)
über 13 Monate	16 Fälle (29,6 %)	3 Fälle (37,5 %)
	Basiszahl: 54	Basiszahl: 8

Selbst wenn diese Zahlen nicht repräsentativ sind, sprechen sie doch dafür, daß die Erstattung von Zweitgutachten relativ kurzfristig erfolgte. Das erklärt sich aus der Tatsache, daß bei derartigen Gutachten die strittigen Punkte sich in der Regel auf Grund der Vorgutachten klar ergeben.

Die Zweitgutachten wurden erstattet auf Grund von:

	Aktenlage	ambulanter Untersuchung	stationärer Beobachtung
1. Zweitgutachten	4 Fälle (39,3 %)	26 Fälle (42,6 %)	11 Fälle (18,0 %)
2. Zweitgutachten	4 Fälle (40,0 %)	5 Fälle (50,0 %)	1 Fall (10,0 %)

In 69 Fällen von Zweitgutachten (davon 9 Fälle von 2. Zweitgutachten) wohnten die Sachverständigen in der Bundesrepublik Deutschland.

In 52 überprüften Verfahren mit Zweitgutachten lagen zwischen der Absendung des Gutachtenauftrages und der Erstattung des Zweitgutachtens folgende Zeiten:

bis 1 Monat	11 Fälle (21,2 %)
1 - 3 Monate	20 Fälle (38,5 %)
3 - 6 Monate	12 Fälle (23,1 %)
6 - 9 Monate	3 Fälle (5,8 %)
9 - 12 Monate	— —
über 12 Monate	6 Fälle (11,5 %)

3. Dauer der Einholung von Zweitgutachten

Zwischen der Anordnung, ein Zweitgutachten einzuholen, und dessen Eingang bei Gericht lagen in 55 Fällen (davon 8 Fälle von 2. Zweitgutachten) folgende Zeiten:

	1. Zweitgutachten	2. Zweitgutachten
bis 1 Monat	7 Fälle (14,9 %)	1 Fall (12,5 %)
1 - 3 Monate	16 Fälle (34,0 %)	2 Fälle (25,0 %)
3 - 6 Monate	11 Fälle (23,4 %)	4 Fälle (50,0 %)
6 - 12 Monate	7 Fälle (14,9 %)	1 Fall (12,5 %)
12 - 24 Monate	5 Fälle (10,6 %)	— —
über 24 Monate	1 Fall (2,1 %)	— —
	Basiszahl: 47	Basiszahl: 8

E. Das Gutachten nach § 109 Abs. 1 SGG

1. Zahl der Gutachten — Kostenvorschuß

Bei 608 überprüften Verfahren[15] wurde in 48 Fällen (7,9 %) die Einholung eines Gutachtens nach § 109 Abs. 1 SGG beantragt. In 1 Fall (0,2 %) wurde der Antrag abgelehnt.

In 12 Fällen wurde dem Antragsteller nachgelassen, innerhalb einer vom Gericht bestimmten Frist einen Sachverständigen seiner Wahl zu benennen, in 9 Fällen hat der Beteiligte den Sachverständigen auch fristgemäß benannt.

In 47 Fällen[16] ist die Einholung des Gutachtens nach § 109 Abs. 1 SGG von der fristgemäßen Einzahlung eines Kostenvorschusses durch den Antragsteller abhängig gemacht worden. Die Frist betrug:

in 3 Fällen	(7,7 %)	bis	2 Wochen
in 16 Fällen	(41,0 %)	2 bis	4 Wochen
in 19 Fällen	(48,7 %)	4 bis	8 Wochen
in 1 Fall	(2,6 %)	8 bis	12 Wochen

Basiszahl: 39

In 40 Fällen ist der Vorschuß fristgemäß bei Gericht eingegangen.

Bei 47 nach § 109 Abs. 1 SGG eingeholten schriftlichen Gutachten hat das Gericht die Kosten in 17 Fällen (36,2 %) ganz oder teilweise (im Urteil oder durch Beschluß) auf die Staatskasse übernommen.

Obwohl das Rechtsinstitut des 109er-Gutachtens in der Sozialgerichtsbarkeit eine lange Tradition hat, können mit ihm ungelöste Probleme effektiver Ungleichbehandlung verbunden sein, und zwar sowohl durch die Frage, unter welchen Voraussetzungen der Richter Gutachten von Amts wegen einholt bzw. auf § 109 Abs. 1 SGG verweist als auch durch die Frage, unter welchen Voraussetzungen der Richter von der Vorschußpflicht des Antragstellers Gebrauch macht[17].

2. Art der Gutachten — Wohnsitz der Sachverständigen

Die Aufgliederung von 44 Gutachten ergab, daß erstattet wurden:

---

[15] 792 Akten, für die keine Feststellungen getroffen worden sind, blieben außer Betracht.

[16] 39 Gutachten, 8 Zweitgutachten.

[17] Vgl. *Scherer / van Krüchten*, Dauer der Erstattung ärztlicher Gutachten, in: SGb 1978, S. 7 ff.

	Aktenlage	ambulanter Untersuchung	stationärer Beobachtung
1. Gutachten	9 Fälle (24,3 %)	22 Fälle (59,5 %)	6 Fälle (16,2 %)
2. Gutachten	2 Fälle (28,6 %)	5 Fälle (71,4 %)	— —

Sämtliche Sachverständigen *dieser* Gutachten wohnten in der Bundesrepublik Deutschland.

3. Dauer der Einholung der Gutachten

Bei 42 Gutachten lagen zwischen der *Anordnung,* das Gutachten einzuholen, und dessen Eingang bei Gericht folgende Zeiten:

bis 1 Monat	4 Fälle	(9,5 %)
1 - 3 Monate	12 Fälle	(28,6 %)
3 - 6 Monate	11 Fälle	(26,2 %)
6 - 12 Monate	11 Fälle	(26,2 %)
12 - 24 Monate	3 Fälle	(7,1 %)
über 24 Monate	1 Fall	(2,4 %)

Basiszahl: 42

In 26 (55,3 %) von 47 Verfahren wurde der Gutachtenauftrag *unmittelbar* nach der Ernennung des Sachverständigen abgesandt.

Zwischen *Absendung* des Gutachtenauftrages und der Erstattung des Gutachtens lagen in 41 Fällen folgende Zeiten:

bis 1 Monate	2 Fälle	(4,9 %)
1 - 3 Monate	15 Fälle	(36,6 %)
3 - 6 Monate	11 Fälle	(26,8 %)
6 - 9 Monate	7 Fälle	(17,1 %)
9 - 12 Monate	4 Fälle	(9,8 %)
über 12 Monate	2 Fälle	(4,9 %)

Basiszahl: 41

Es wurden also bei diesen 41 Gutachten benötigt:

bis 3 Monate	in 17 Fällen	(41,5 %)
3 - 6 Monate	in 11 Fällen	(26,8 %)
6 - 12 Monate	in 11 Fällen	(26,8 %),

das heißt, daß über 2/3 dieser Gutachten in bis zu 6 Monaten und damit — verständlicherweise — schneller als sonstige Gutachten erstattet wurden.

4. Anmahnung der Gutachten

In 12 Fällen mußte die Erstattung des Gutachtens angemahnt werden, und zwar in 2 Fällen mehrmals. In 6 Fällen war eine Frist gesetzt, und zwar:

in 2 Fällen bis 1 Monat,
in 4 Fällen 1 bis 3 Monate,

in 5 Fällen wurde die Frist eingehalten.

5. Aufforderung zur Stellungnahme und deren Eingang bei Gericht

In 39 Fällen lagen zwischen dem Eingang des Gutachtens bei Gericht und der Aufforderung an die Beteiligten zur Stellungnahme folgende Zeiten:

in 34 Fällen (87,2 %) bis 2 Wochen,
in 2 Fällen (5,1 %) 2 Wochen bis 1 Monat,
in 3 Fällen (7,7 %) über 1 Monat.

Zwischen der Aufforderung zur Stellungnahme und deren Eingang bei Gericht lagen in 34 Fällen folgende Zeiten:

in 5 Fällen (14,7 %) bis 2 Wochen,
in 9 Fällen (26,5 %) 2 Wochen bis 1 Monat,
in 20 Fällen (58,8 %) über 1 Monat.

Keiner der Sachverständigen von schriftlichen Gutachten nach § 109 Abs. 1 SGG ist nach deren Erstattung noch mündlich vor dem Gericht gehört worden.

IV. Beweis durch Augenschein

Bei 953 überprüften Verfahren[18] hat in 3 Fällen (0,3 %) eine Augenscheinseinnahme stattgefunden, eine war *vor* dem Termin zur mündlichen Verhandlung angeordnet worden, zwei wurden auf Grund von Beweisbeschlüssen durchgeführt.

V. Urkundenbeweis

A. Beweis durch Akten

1. Anordnungen zur Beiziehung von Gerichts- und/oder Verwaltungsakten

In 598 (62,7 %) von 953 Verfahren[19] haben die Gerichte die Beiziehung von Gerichts- und/oder Verwaltungsakten angeordnet.

---

[18] 447 Akten, für die keine Feststellungen getroffen worden sind, blieben außer Betracht.

[19] 447 Akten, für die keine Feststellungen getroffen worden sind, blieben außer Betracht.

Ersuchen um Überlassung von Akten sind in folgenden Zeiträumen von den Gerichten abgesandt worden, gerechnet vom Klageeingang bei Gericht (1) bzw. von Klageeingang bei einer anderen Stelle i. S. von § 91 Abs. 1 SGG (2):

zu 1)

	1. Ersuchen	2. Ersuchen	3. Ersuchen
bis 3 Monate in	393 Fällen (73,5 %)	42 Fällen (33,3 %)	6 Fällen (16,7 %)
3 - 6 Monate in	51 Fällen (9,5 %)	24 Fällen (19,1 %)	3 Fällen (8,3 %)
6 - 12 Monate in	56 Fällen (10,5 %)	27 Fällen (21,4 %)	12 Fällen (33,3 %)
12 - 24 Monate in	28 Fällen (5,2 %)	25 Fällen (19,8 %)	10 Fällen (27,8 %)
über 24 Monate in	7 Fällen (1,3 %)	8 Fällen (6,4 %)	5 Fällen (13,9 %)
	Basiszahl: 535	Basiszahl: 126	Basiszahl: 36

zu 2)

	1. Ersuchen	2. Ersuchen	3. Ersuchen
bis 3 Monate in	29 Fällen (46,0 %)	1 Fall (7,1 %)	— —
3 - 6 Monate in	10 Fällen (15,9 %)	1 Fall (7,1 %)	— —
6 - 12 Monate in	13 Fällen (20,6 %)	7 Fällen (50,0 %)	3 Fällen (50,0 %)
12 - 24 Monate in	11 Fällen (17,4 %)	— —	— —
	Basiszahl: 63	Basiszahl: 14	Basiszahl: 6

2. Dauer des Beiziehungsverfahrens

Zwischen der Absendung der Ersuchen um Überlassung von Akten und dem Eingang der letzten Akten bei dem Prozeßgericht lagen folgende Zeiten:

	1. Ersuchen	2. Ersuchen	3. Ersuchen
bis 1 M. in	346 Fällen (65,8 %)	101 Fällen (80,8 %)	32 Fällen
1 - 3 M. in	141 Fällen (26,8 %)	20 Fällen (16,0 %)	3 Fällen
3 - 6 M. in	27 Fällen (5,1 %)	— —	—
6 - 9 M. in	7 Fällen (1,3 %)	2 Fällen (1,6 %)	—
9 - 12 M. in	2 Fällen (0,4 %)	— —	—
über 12 M. in	3 Fällen (0,6 %)	2 Fällen (1,6 %)	—
	Basiszahl: 526	Basiszahl: 125	Basiszahl: 35

Diesen 686 Ersuchen um Überlassung von Akten wurde in 479 Fällen (69,8 %) innerhalb 1 Monats und in 164 Fällen (23,9 %) innerhalb von 3 Monaten entsprochen.

In 30 Fällen (4,4 %) hat die ersuchte Stelle erklärt, daß die angeforderten Akten vorübergehend nicht entbehrlich seien. In keinem Fall ist die Vorlage der Akten nach § 119 SGG abgelehnt worden.

B. Beweis durch andere Urkunden

1. Vorlage von Urkunden durch Beteiligte

Bei 1 400 überprüften Akten wurden in 123 Verfahren (8,8 %) in 148 Fällen Beweise durch solche Urkunden erhoben.

Die Beteiligten haben die — in ihrem Besitz befindlichen — Urkunden, auf die sie sich bezogen hatten, dem Gericht in folgenden Zeiträumen, gerechnet von der Erhebung der Klage bei Gericht (1) bzw. vom Eingang der Klage bei einer anderen Stelle (§ 91 Abs. 1 SGG) (2), vorgelegt:

1. Urkundenvorlage

	1.	davon 2.
bis 1 Monat	in 47 Fällen (38,2 %)	6 Fällen (22,2 %)
1 - 3 Monate	in 18 Fällen (14,6 %)	6 Fällen (22,2 %)
3 - 6 Monate	in 14 Fällen (11,4 %)	5 Fällen (18,5 %)
über 6 Monate	in 44 Fällen (35,8 %)	10 Fällen (37,0 %)
	Basiszahl: 123	Basiszahl: 27

2. Urkundenvorlage

	1.	davon 2.
bis 1 Monat	in 1 Fall (4,0 %)	— —
1 - 3 Monate	in 3 Fällen (12,0 %)	2 Fällen (22,2 %)
3 - 6 Monate	in 4 Fällen (16,0 %)	1 Fall (11,1 %)
über 6 Monate	in 17 Fällen (68,0 %)	6 Fällen (66,7 %)
	Basiszahl: 25	Basiszahl: 9

Das bedeutet, daß die Urkunden in 48 Fällen (32,4 %) innerhalb 1 Monats und in 21 Fällen (14,2 %) innerhalb von 1 bis 3 Monaten vorgelegt wurden. In 79 Fällen (53,4 %) erfolgte die Vorlage der Urkunden nach mehr als 3 Monaten, gerechnet ab Klageerhebung.

Zwischen der 1. Urkunden- und der 2. Urkundenvorlage wurden in 25 Fällen folgende Zeiträume ermittelt:

bis 1 M.	in 2 Fällen (8,0 %)
1 - 3 M.	in 6 Fällen (24,0 %)
3 - 6 M.	in 5 Fällen (20,0 %)
über 6 M.	in 12 Fällen (48,0 %)
	Basiszahl: 25

2. Vorlage von Urkunden durch Behörden

Bei 1 400 überprüften Akten haben die Gerichte in 32 Verfahren = 35 Fällen (2,5 %) Behörden zur Vorlage *von diesen aufgenommener* Urkunden aufgefordert. Die Behörden entsprachen der Aufforderung in folgenden Zeiträumen, gerechnet ab Klageerhebung:

bis 3 Monate	in 9 Fällen	(25,7 %)
3 - 6 Monate	in 4 Fällen	(11,4 %)
6 - 12 Monate	in 8 Fällen	(22,9 %)
12 - 24 Monate	in 7 Fällen	(20,0 %)
über 24 Monate	in 7 Fällen	(20,0 %)

Basiszahl: 35

Unter den 35 Fällen befinden sich 3 Verfahren, in denen 2mal derartige Urkunden von Behörden beigezogen wurden; in diesen Fällen lagen zwischen dem 1. und dem 2. Mal

je 1mal bis 3, 6 bis 12 und 12 bis 24 Monate.

3. Vorlage von Urkunden gemäß § 142 ZPO

Bei 1 400 überprüften Akten sind Beteiligte in 14 Verfahren (1,0 %) zur Vorlage von Urkunden nach § 142 ZPO aufgefordert worden. Dies geschah in folgenden Zeiträumen, gerechnet ab Klageerhebung:

bis 3 Monate	in 4 Fällen	(28,6 %)
3 - 6 Monate	in 2 Fällen	(14,3 %)
6 - 12 Monate	in 5 Fällen	(35,7 %)
12 - 24 Monate	in 1 Fall	(7,1 %)
über 24 Monate	in 2 Fällen	(14,3 %)

Basiszahl: 14

VI. Beweisaufnahme durch den ersuchten Richter

1. Zahl der Beweisaufnahmen

Bei 953 überprüften Akten[20] hat das Gericht in 31 Verfahren (3,3 %) eine Beweisaufnahme durch den ersuchten Richter oder im Falle einer Beweisaufnahme außerhalb der Bundesrepublik Deutschland durch eine entsprechende Stelle angeordnet, und zwar

in 22 Verfahren 1 Beweisaufnahme,
in 5 Verfahren 2 Beweisaufnahmen,
in 2 Verfahren 3 Beweisaufnahmen,
in 2 Verfahren mehr als 3 Beweisaufnahmen,

insgesamt mindestens 46 Beweisaufnahmen.

---

[20] 447 Akten, für die keine Feststellungen getroffen worden sind, blieben außer Betracht.

2. Dauer zwischen Klageerhebung und Anordnung der Ersuchen

Es lagen in 31 Verfahren zwischen dem Eingang der Klagen bei Gericht (1) bzw. bei einer anderen Stelle (§ 91 Abs. 1 SGG) (2) und den *Anordnungen* der SGe für Beweisaufnahmen durch den ersuchten Richter folgende Zeiträume:

1. Anordnung

	1		davon 2	
bis 3 M.	3 Fälle	(9,7 %)	—	—
3 - 6 M.	6 Fälle	(19,4 %)	1 Fall	(16,7 %)
6 - 12 M.	8 Fälle	(25,8 %)	5 Fälle	(83,3 %)
12 - 24 M.	7 Fälle	(22,6 %)	—	—
über 24 M.	7 Fälle	(22,6 %)	—	—
	Basiszahl: 31		Basiszahl: 6	

2. Anordnung

	1		davon 2
bis 3 M.	1 Fall	(14,3 %)	entfällt
3 - 6 M.	—	—	
6 - 12 M.	1 Fall	(14,3 %)	
12 - 24 M.	2 Fälle	(26,6 %)	
über 24 M.	3 Fälle	(42,9 %)	
	Basiszahl: 7		

Zwischen der 1. und der 2. *Anordnung* lagen in 7 Fällen folgende Zeiträume:

bis 3 M.	3 Fälle	(42,9 %)
3 - 6 M.	1 Fall	(14,3 %)
6 - 12 M.	3 Fälle	(42,9 %)
12 - 24 M.	—	—
über 24 M.	—	—
	Basiszahl: 7	

Zwischen den Anordnungen und den *Urteilen* lagen folgende Zeiträume:

1. Anordnung

bis 3 M.	1 Fall	(3,2 %)
3 - 6 M.	4 Fälle	(12,9 %)
6 - 12 M.	12 Fälle	(38,7 %)
12 - 24 M.	10 Fälle	(32,3 %)
über 24 M.	4 Fälle	(12,9 %)
	Basiszahl: 31	

2. Anordnung

bis 3 M.	—	—
3 - 6 M.	3 Fälle	(42,9 %)
6 - 12 M.	2 Fälle	(28,6 %)
12 - 24 M.	2 Fälle	(28,6 %)
über 24 M.	—	—
	Basiszahl: 7	

3. Sitz der ersuchten Gerichte

Bei 953 überprüften Akten[21] lag das ersuchte Gericht (bzw. die entsprechend befugte Stelle) bei 31 Verfahren

in 27 Fällen (87,1 %) in der Bundesrepublik Deutschland
in 2 Fällen (6,5 %) in der DDR bzw. im europäischen Ausland
in 2 Fällen (6,5 %) im außereuropäischen Ausland.

Bei 953 überprüften Akten[21] gehörte das ersuchte Gericht bei 31 Verfahren

in 25 Fällen (80,6 %) zur Sozialgerichtsbarkeit
in 6 Fällen (19,4 %) zu einer anderen Gerichtsbarkeit.

4. Dauer der Ersuchen

Zwischen dem Absenden des Ersuchens (ohne Prozeßakten) vom Prozeßgericht und dem Eingang des erledigten Ersuchens (bzw. der Mitteilung des ersuchten Richters, daß das Ersuchen nicht erledigt werden könne), lagen folgende Zeiträume:

	1. Ersuchen	2. Ersuchen
bis 1 M.	7 Fälle (31,8 %)	1 Fall (10,0 %)
1 - 3 M.	14 Fälle (63,6 %)	8 Fälle (80,0 %)
über 3 M.	1 Fall (4,6 %)	1 Fall (10,0 %)
	Basiszahl: 22	Basiszahl: 10

Ersuchen, denen die *Prozeßakten* beigefügt wurden, ergaben folgende entsprechende Werte:

	1. Ersuchen	2. Ersuchen
bis 1 M.	1 Fall (14,3 %)	— —
1 - 3 M.	6 Fälle (85,7 %)	— —
über 3 M.	— —	1 Fall (100,0 %)
	Basiszahl: 7	Basiszahl: 1

33 Ersuchen ist in 28 Fällen entsprochen worden, in 5 Fällen (1. Ersuchen) wurde keine Beweiserhebung durchgeführt.

---

[21] 447 Akten, für die keine Feststellungen getroffen worden sind, blieben außer Betracht.

12. Abschnitt

Aufhebung und Verlegung von Terminen
Vertagung von Verhandlungen

I. Aufhebung von Terminen

Bei 1 400 überprüften Verfahren ergab sich, daß in 69 Fällen (4,9 %) Termine aufgehoben wurden, in 61 Fällen je 1 Termin, in 4 Fällen je 2 Termine.

An Gründen waren vermerkt:

Erkrankung des Vorsitzenden	in 8 Fällen (11,6 %)
Verhinderung des Klägers (oder seines gesetzlichen bzw. besonderen Vertreters)	in 21 Fällen (30,4 %)
Verhinderung des Beigeladenen (oder seines gesetzlichen bzw. besonderen Vertreters)	in 1 Fall (1,4 %)
Verhinderung eines Prozeßbevollmächtigten	in 7 Fällen (10,1 %)
Verhinderung eines Zeugen	in 3 Fällen (4,3 %)
neues Vorbringen eines Beteiligten	in 2 Fällen (2,9 %)
Antrag nach § 109 SGG	in 3 Fällen (4,3 %)
Vergleichsverhandlungen oder Verhandlungen über eine außergerichtliche Erledigung der Sache	in 7 Fällen (10,1 %)
andere, in der Person eines Beteiligten liegende Umstände	in 8 Fällen (11,6 %)
keine Angabe	in 9 Fällen (13,0 %)
	Basiszahl: 69

Aus diesen Angaben geht hervor, daß die Verhinderung des Klägers bzw. seines gesetzlichen oder besonderen Vertreters, also dessen, der das Verfahren betreibt, relativ häufig genannt worden ist. Zählt man die Fälle hinzu, in denen die Aufhebung des Termins infolge der Verhinderung des Prozeßbevollmächtigten eines Klägers erfolgt ist, dürfte in mehr als einem Drittel der Fälle die Aufhebung des Termins auf die Klägerseite zurückzuführen sein. Terminsaufhebungen führen zur Verlängerung der Prozeßdauer[1].

---

[1] *Ule*, S. 151, nennt für den Verwaltungsprozeß eine Verlängerung auf 15,7 bzw. 16,3 Monate, für den Finanzprozeß auf 28,3 bzw. 28,8 Monate.

II. Verlegung von Terminen

Bei 1 400 überprüften Verfahren wurden in 22 Verfahren (1,6 %) Termine verlegt. In 1 384 Verfahren wurde der Termin

in 14 Fällen einmal
in 2 Fällen zweimal

verlegt. Für 16 Fälle wurden die Fristen, um die die Termine verlegt wurden angegeben. Sie betrugen:

bis 1 M.	in 10 Fällen
1 - 3 M.	in 4 Fällen
3 - 6 M.	in 1 Fall
6 - 9 M.	in 1 Fall

In 18 Verfahren wurden als Gründe angeführt:

Überlastung des Gerichts mehr als 3mal	in 1 Verfahren
Erkrankung des Vorsitzenden je 1mal	in 6 Verfahren
Verhinderung des Klägers (oder seines gesetzl. oder bes. Vertreters) 1mal	in 1 Verfahren
Verhinderung eines Prozeßbevollmächtigten 1mal	in 1 Verfahren
Verhinderung eines Zeugen je 1mal	in 2 Verfahren
neues Vorbringen eines Beteiligten je 1mal	in 2 Verfahren
Vergleichsverhandlungen (oder Verhandlungen über eine außergerichtliche Erledigung der Sache) 2mal in 1 Fall, je 3mal in 2 Fällen, mehr als 3mal in 1 Fall, insgesamt	in 4 Verfahren
sonstige Gründe	in 1 Verfahren.

Im Verwaltungsprozeß wurden in 100 Fällen (5,0 %) aller Prozesse Termine verlegt; im Finanzprozeß geschah dies in 32 Fällen (3,2 %). Diese Zahlen und damit auch die Zahlen der Sozialgerichtsbarkeit liegen erheblich unter den Zahlen für den Zivilprozeß. Im amtsgerichtlichen Verfahren sind in 16,9 %, im landgerichtlichen Verfahren sogar in 25,7 % aller Verfahren Termine verlegt worden[2].

---

[2] *Ule*, S. 151, unter Bezugnahme auf *Baumgärtel / Mes*, S. 219 Anm. 347.

III. Vertagung von Verhandlungen

1. Zahl der Vertagungen

Bei 1 400 überprüften Verfahren ergab sich, daß die *mündliche Verhandlung* in 206 Verfahren (14,7 %)[3] vertagt wurde, in 1 194 Verfahren (85,3 %) war dies nicht der Fall. 206 Verfahren mit Vertagungen der Verhandlung gruppieren sich wie folgt:

in 176 Fällen (85,4 %) Verhandlung einmal vertagt
in 25 Fällen (12,1 %) Verhandlung zweimal vertagt
in 2 Fällen (1,0 %) Verhandlung dreimal vertagt
in 3 Fällen (1,5 %) Verhandlung mehr als dreimal vertagt, insgesamt also mindestens 244 Vertagungen.

2. Fristen der Vertagung

Die *mündliche Verhandlung* ist bei 248 Vertagungen um folgende Zeiträume vertagt worden:

	1. Vert.	2. Vert.	3. Vert.	4. Vert.	5. Vert.
bis 1 M.	6 F. (3,0 %)	2 F. (5,3 %)	— —	— —	— —
1 - 3 M.	39 F. (19,6 %)	4 F. (10,5 %)	3 F. (50,0 %)	2 F. (66,7 %)	2 F. (100 %)
3 - 6 M.	58 F. (29,1 %)	11 F. (28,9 %)	2 F. (33,3 %)	— —	— —
6 - 9 M.	28 F. (14,1 %)	9 F. (23,7 %)	— —	1 F. (33,3 %)	— —
9 - 12 M.	25 F. (12,6 %)	5 F. (13,2 %)	— —	— —	— —
über 12 M.	43 F. (21,6 %)	7 F. (18,4 %)	1 F. (16,7 %)	— —	— —
	Basisz.: 199	Basisz.: 38	Basisz.: 6	Basisz.: 3	Basisz.: 2

Bei Gruppierung der Gesamtzahl der *Vertagungen* (248) nach den *Zeiträumen* entfallen auf:

bis 1 M.	8 Fälle	(3,2 %)
1 - 3 M.	50 Fälle	(20,2 %)
3 - 6 M.	71 Fälle	(28,6 %)
6 - 9 M.	38 Fälle	(15,3 %)
9 - 12 M.	30 Fälle	(12,1 %)
über 12 M.	51 Fälle	(20,6 %)
	Basiszahl: 248	

3. Gründe für Vertagungen

Aus 211 (92,5 %) von 228 Verfahren (mit Vertagungen) waren Gründe für die Vertagung zu entnehmen; bei 17 Verfahren (7,5 %) war dies nicht der Fall.

[3] Die Zahl der Verfahren liegt nach Ziff. 2 höher.

In 211 Verfahren mit 218 Vertagungen waren als Gründe vermerkt:

Nichterscheinen des Klägers (bzw. seines gesetzl. oder bes. Vertreters) 11 Fälle je 1mal 1 Fall 2mal	in 12 Verfahren (5,7 %)
Nichterscheinen des Beklagten (oder seines Bevollmächtigten i. S. von § 111 Abs. 3 SGG) je 1mal	in 2 Verfahren (1,0 %)
Nichterscheinen eines Beigeladenen (oder seines gesetzl. oder bes. Vertreters) je 1mal	in 3 Verfahren (1,4 %)
Nichterscheinen eines Zeugen 7 Fälle je 1mal 1 Fall 2mal	in 8 Verfahren (3,8 %)
neues Vorbringen in der mündl. Verhandlung 38 Fälle je 1mal 3 Fälle je 2mal	in 41 Verfahren (19,4 %)
Anregung eines in der mündlichen Verhandlung gehörten Sachverständigen, weitere Beweise zu erheben je 1mal	in 11 Verfahren (5,2 %)
Antrag nach § 109 SGG 20 Fälle je 1mal 1 Fall 2mal	in 21 Verfahren (10,0 %)
Übergabe eines Schriftsatzes im Termin durch einen Beteiligten	in 1 Verfahren (0,5 %)
Auflage an einen Beteiligten, sein Vorbringen schriftlich zu ergänzen 27 Fälle je 1mal 1 Fall mehr als 3mal	in 28 Verfahren (13,3 %)
Vertagungsantrag des Klägers 22 Fälle je 1mal	in 22 Verfahren (10,4 %)
Vertagungsantrag des Beklagten je 1mal	in 2 Verfahren (1,0 %)
unrichtige Angabe der Anschrift von Beteiligten oder Zeugen	in 1 Verfahren (0,5 %)
Einräumung einer Frist zum Widerruf eines in der Sitzung geschlossenen Vergleiches 3 Fälle je 1mal	in 3 Verfahren (1,4 %)
andere Gründe 51 Fälle je 1mal 4 Fälle je 2mal 1 Fall 3mal	in 56 Verfahren (26,5 %)

Im Verwaltungsprozeß führte die Hälfte aller Vertagungen zu einer Vertagungsdauer von mehr als 3 Monaten. Diese Vertagungsdauer liegt nach *Ule*[4] in verwaltungsgerichtlichen Verfahren erheblich über der im

[4] *Ule*, S. 153, unter Hinweis auf *Baumgärtel / Mes*, S. 220.

Zivilprozeß, wo sie im amtsgerichtlichen Verfahren in 53,7 % der Vertagungsfälle und im landgerichtlichen Verfahren in 37,3 % dieser Fälle *unter* 3 Monate beträgt. Bei dem Sozialprozeß spielen Gründe wie neues Vorbringen in der mündlichen Verhandlung (41 Fälle), Auflagen an einen Beteiligten, sein Vorbringen schriftlich zu ergänzen (28 Fälle), Vertagungsanträge des Klägers (22 Fälle), Anträge nach § 109 SGG (21 Fälle) usw. eine besondere Rolle. Es liegt in der Natur der Sache, daß Vertagungsanträge im Sozialprozeß — wie auch im Verwaltungsprozeß[5] — zu einer erheblichen Verlängerung der Prozeßdauer[6] führen, in der Regel, ohne daß das SG dies vermeiden oder verhindern kann.

13. Abschnitt

Schriftliches Verfahren

Bei 1 400 überprüften Verfahren wurde in 1 304 Fällen (93,1 %) mündlich verhandelt, in 96 Fällen (6,9 %) — davon in 51 Fällen (53,1 %) auf Anregung des Gerichts — verzichteten die Beteiligten auf mündliche Verhandlung; in 7 Fällen hat ein Beteiligter entgegen der Anregung des Gerichts nicht auf mündliche Verhandlung verzichtet.

Einiges spricht dafür, daß die Zahl der schriftlichen Verfahren über 96 liegt, zumal nicht auszuschließen ist, daß das mündlich begonnene Verfahren als schriftliches beendet worden ist, vgl. auch S. 13.

Zwischen dem (letzten) Verzicht der Beteiligten auf eine mündliche Verhandlung und dem Urteil lagen in 77 Fällen (80,2 %) folgende Zeiträume:

bis 1 M.	22 Fälle	(28,6 %)
1 - 3 M.	25 Fälle	(32,5 %)
3 - 6 M.	12 Fälle	(15,6 %)
6 - 12 M.	10 Fälle	(13,0 %)
über 12 M.	8 Fälle	(10,4 %)

Basiszahl: 77

In 11 Fällen ist *trotz* des Verzichtes der Beteiligten mündlich verhandelt worden.

Das schriftliche Verfahren erfreut sich bei den Rechtssuchenden — wie verständlich — keiner großen Beliebtheit, weil sie im Kampf um ihr Recht, wie sie es sehen, vor dem Gericht auftreten wollen. Selbst wenn

[5] *Ule*, S. 154.

[6] *Ule*, S. 154, erwähnt, daß die Vertagungen im Verwaltungsprozeß die Prozeßdauer auf 21 bzw. 23,5 Monate verlängert.

die Rechtsuchenden weit entfernt vom Sitze des Gerichts wohnen, scheuen sie sich vor einem Verzicht auf die mündliche Verhandlung.

Bei den drei Verwaltungsgerichtsbarkeiten führt das schriftliche Verfahren zu einer Verlängerung der durchschnittlichen Prozeßdauer[1]. *Ule*[2] meint, der Grund könnte darin liegen, daß der Druck auf das Gericht, eine Entscheidung zu treffen, bei einem Verzicht auf die mündliche Verhandlung geringer sei als im Regelfall[3].

14. Abschnitt

Wiedereröffnung der mündlichen Verhandlung

Bei 1 400 überprüften Verfahren ist in 21 Fällen (1,5 %) die mündliche Verhandlung nach § 121 Satz 2 SGG wieder eröffnet worden. Dabei lag nur in 2 Fällen zwischen dem letzten Verhandlungstermin und der wiedereröffneten Verhandlung eine Frist, nämlich von mehr als 3 Monaten.

Diese Fälle haben wegen ihrer geringen Zahl keinen Einfluß auf die durchschnittliche Verfahrensdauer.

15. Abschnitt

Gründe, aus denen das Verfahren zeitweise nicht betrieben wurde

1. Unterbrechung des Verfahrens

Bei 1 400 überprüften Verfahren ergab sich in 46 Fällen (3,3 %), daß das Verfahren einmal unterbrochen wurde. In 6 Fällen (0,4 %) ging die „Unterbrechung" des Verfahrens auf eine Zwischenentscheidung zurück; in 3 Fällen wurden Zwischenentscheidungen angefochten. 1 Fall der „Unterbrechung" betraf die Ablehnung eines Richters. In 11 Fällen wurde das Verfahren durch den Tod einer Partei, den Wegfall des gesetzlichen oder besonderen Vertreters bzw. den Wegfall des Prozeßbevollmächtigten für folgende Zeiträume unterbrochen:

---

[1] Vgl. S. 13 f.

[2] Vgl. *Ule*, S. 155.

[3] Wegen Sozialgerichtsbarkeit vgl. S. 22; 207 ff.

bis 4	Wochen in	5 Fällen	(45,5 %)
4 - 12	Wochen in	3 Fällen	(27,3 %)
12 - 26	Wochen in	1 Fall	(9,1 %)
26 - 52	Wochen in	—	—
52 - 99	Wochen in	2 Fällen	(18,2 %)
		Basiszahl: 11	

2. Aussetzung des Verfahrens nach Art. 100 GG bzw. Art. 177 EG-Vertrag

In 1 Fall wurde das Verfahren nach Art. 100 GG, in 1 anderen Fall nach Art. 177 EG-Vertrag ausgesetzt, die Aussetzung dauerte jeweils nicht länger als 4 Wochen.

3. „Ruhen des Verfahrens"

In 26 (1,9 %) von 1 400 Verfahren hat das Gericht in Übereinstimmung mit den Beteiligten längere Zeit keinen Termin angesetzt, dieses „Ruhen des Verfahrens" fand in 1 Verfahren mehr als 3mal statt.

Bei 21 Fällen dauerte dieses Ruhen des Verfahrens:

in 1 Fall	(4,8 %)	4 - 12	Wochen
in 8 Fällen	(38,1 %)	12 - 26	Wochen
in 4 Fällen	(19,1 %)	26 - 52	Wochen
in 7 Fällen	(33,3 %)	52 - 99	Wochen
in 1 Fall	(4,8 %)	über 99	Wochen

Unter den Gründen für das „Ruhen des Verfahrens" erscheinen abzuwartende Musterpozesse, Vergleichsverhandlungen usw. In 37 Fällen von 27 Verfahren ging der zeitweilige Stillstand des Prozesses auf die Abgabe von Prozeß- oder Beiakten an andere Stellen zurück.

Die Zahl der verschiedenartigen Unterbrechungen der Verfahren scheint zwar nicht groß zu sein[1]; dennoch liegt hier möglicherweise einer der Komplexe vor, die sich auf die durchschnittliche Dauer der Verfahren auswirken können, und zwar dann, wenn der Richter die Fortdauer der Hemmung seines Verfahrens nicht ausreichend kontrolliert.

16. Abschnitt

Richterwechsel

In 260 (18,6 %) von 1 400 überprüften Verfahren hat ein *Wechsel des Vorsitzenden* stattgefunden. Davon gruppieren sich 247 Verfahren mit mindestens 338 Fällen von Richterwechsel wie folgt:

---

[1] 1 291 Akten, die keine einschlägigen Feststellungen enthalten, sind außer Betrachtung gelassen worden.

in 181 Fällen (73,3 %) 1mal
in 45 Fällen (18,2 %) 2mal
in 17 Fällen (6,9 %) 3mal
in 4 Fällen (1,6 %) mehr als 3mal.

Das heißt, daß der Vorsitzende in 66 (26,7 %) dieser Verfahren mehrmals, in 4 Verfahren (1,6 %) sogar mehr als 3mal, gewechselt hat. Das kann einer zügigen Abwicklung des Rechtsstreits nicht dienlich sein.

Grund für den Richterwechsel in den 247 Verfahren war u. a.:

in 91 Verfahren (36,8 %) der *Wechsel in der Zuständigkeit der Kammer* (108 Fälle)
in 10 Verfahren (4,0 %) *Erkrankung des Vorsitzenden* (10 Fälle).

Zwischen der Klageerhebung und dem (ersten) Wechsel des Vorsitzenden (1) und zwischen dem Eintritt des (letzten) Vorsitzenden und dem Urteil (2) lagen folgende Zeiträume:

	1	2
bis 4 W.	13 Fälle (5,6 %)	17 Fälle (7,3 %)
4 - 12 W.	25 Fälle (10,7 %)	37 Fälle (15,9 %)
12 - 26 W.	50 Fälle (21,4 %)	60 Fälle (25,8 %)
26 - 52 W.	67 Fälle (28,6 %)	57 Fälle (24,5 %)
52 - 99 W.	48 Fälle (20,5 %)	43 Fälle (18,5 %)
über 99 W.	31 Fälle (13,3 %)	19 Fälle (8,2 %)
	Basiszahl: 234	Basiszahl: 233

Wenn diese Zahlen auch nicht repräsentativ sind, spricht doch einige Wahrscheinlichkeit dafür, daß ein Richterwechsel infolge veränderter Zuständigkeit der Kammer relativ häufig eingetreten ist. Das kann für die durchschnittliche Dauer der Verfahren von Bedeutung sein.

17. Abschnitt

Erhebungen über die Mitwirkung der Beteiligten

1. Gesamtzahl der vorbereitenden Schriftsätze

Vorbereitende Schriftsätze (einschließlich der Klageschriften) haben insgesamt eingereicht:

	Kläger	*Beklagter*	*Beigeladener*
1 Schriftsatz	297 F. (21,5 %)	590 F. (42,9 %)	17 F. (34,0 %)
2 Schriftsätze	343 F. (24,9 %)	377 F. (27,4 %)	13 F. (26,0 %)
3 Schriftsätze	277 F. (20,1 %)	182 F. (13,2 %)	4 F. (8,0 %)
4 Schriftsätze	165 F. (12,0 %)	96 F. (7,0 %)	5 F. (10,0 %)
5 Schriftsätze	112 F. (8,1 %)	51 F. (3,7 %)	1 F. (2,0 %)
mehr als 5 Schriftsätze	182 F. (13,2 %)	75 F. (5,5 %)	8 F. (16,0 %)
keine Angabe	3 F. (0,2 %)	5 F. (0,4 %)	2 F. (4,0 %)
	Basiszahl: 1379	Basiszahl: 1376	Basiszahl: 50

Diese Zahlen weisen auf die zum Teil sehr unterschiedliche Intensität hin, mit der die Sozialprozesse geführt worden sind, und entsprechen der Tatsache, daß sich bei einem Teil der Prozesse mehrere Phasen, bedingt durch wiederholte Beweiserhebungen, unterscheiden lassen.

2. Zahl der Schriftsätze, 1 Woche vor bzw. nach dem Termin eingereicht oder im Termin übergeben

Bei 109 überprüften Verfahren haben die Beteiligten Schriftsätze bei Gericht noch in der letzten Woche *vor* dem 1. Termin in 78 Fällen (71,6 %) eingereicht, in 31 Fällen (28,4 %) ist dies nicht geschehen[1].

Die entsprechenden Daten für die vor dem 2. bzw. 3. Termin überreichten Schriftsätze sind 24 (22,6 %) zu 82 Fällen (77,4 %) bzw. 5 (4,7 %) zu 101 Fällen (95,3 %), geht man von 106 Verfahren aus.

Die Beteiligten haben *in* den ersten beiden Terminen in 24 Fällen Schriftsätze überreicht bzw. haben *nach* solchen Terminen in 22 Fällen Schriftsätze innerhalb einer Woche eingereicht.

3. Aufforderung zur Stellungnahme mit Fristsetzung

Die Gerichte gaben den Beteiligten bei der Übersendung von 111 Schriftsätzen *unter Fristsetzung* auf, Stellung zu nehmen. Bei 58 überprüften Verfahren sind die Beteiligten in 23 Fällen (39,7 %) der Auflage nachgekommen, in 35 Fällen (60,3 %) ist dies nicht geschehen.

In einer Reihe von 1 400 Verfahren gab das Gericht den Beteiligten auf, sich über *aufklärungsbedürftige Punkte* innerhalb bestimmter Frist zu erklären, und zwar dem

Kläger	in 54 Fällen	(3,9 %),	Frist eingehalten in 30 Fällen (2,1 %)
Beklagten	in 13 Fällen	(0,9 %),	Frist eingehalten in sämtlichen Fällen
Beigeladenem	in 1 Fall	(0,1 %),	Frist nicht eingehalten.

[1] Die Angaben sind lückenhaft.

Es fällt auf, daß die SGe offenbar in relativ wenigen Fällen Fristen bestimmen, in denen die Betroffenen sich aufforderungsgemäß erklären sollen. Das mag dadurch zu erklären sein, daß dieses Mittel zur Beschleunigung des Verfahrens eine „stumpfe Waffe" ist, denn sie versagt, wenn der Aufgeforderte sie nicht beachtet. Bei ihm spricht annehmbar das Bewußtsein mit, daß das SG von Amts wegen verpflichtet ist, die reine Wahrheit zu ermitteln. Ob und wie weit sich der Sozialprozeß durch eine regelmäßige Bestimmung von Erklärungsfristen beschleunigen läßt, muß offen bleiben.

4. Anordnung des persönlichen Erscheinens

Das Gericht hat das *persönliche Erscheinen* angeordnet (§ 111 Abs. 1 SGG):

des Klägers	in 606 Fällen
des Beklagten	in 33 Fällen
des Beigeladenen	in 7 Fällen

Erschienen sind im 1. Termin:

der Kläger	in 636 Fällen
der Beklagte	in 230 Tagen
der Beigeladene	in 14 Fällen

In 5 Fällen mußte der Kläger wiederholt aufgefordert werden.

5. Entsendung eines qualifizierten Bevollmächtigten zum Termin

In 420 Verfahren hat das Gericht einem Beteiligten aufgegeben, einen *Bevollmächtigten i. S. des § 111 Abs. 3 SGG* zur mündlichen Verhandlung zu entsenden. In 392 Fällen (93,3 %) ist der Beteiligte der Auflage nachgekommen.

18. Abschnitt

Bemühungen um gütliche Beilegung des Rechtsstreits durch Vergleich oder Anerkenntnis

1. Zahl der Verfahren

Bei 1 400 überprüften Akten ergab sich aus 70 Verfahren (5,0 %), daß man sich um eine gütliche Beilegung des Rechtsstreits bemüht hat, und zwar in 27 Fällen (1,9 %) auf Vorschlag des Gerichts, in 43 Fällen (3,1 %) auf Wunsch eines Beteiligten.

Daraus ergibt sich, daß Vergleichsbemühungen — entgegen der Erwartung — im Sozialprozeß seltener sind als im Verwaltungsprozeß (7,8 %) und im Zivilprozeß (12,6 % im amtsgerichtlichen und 24,8 % im landgerichtlichen Verfahren)[1]. Nur der Finanzprozeß mit 4,6 % liegt noch niedriger als der Sozialprozeß.

2. Auswirkung auf die Verfahrensdauer

Infolge der Bemühungen um eine gütliche Beilegung des Rechtsstreits sind 38 Verfahren einige Zeit nicht betrieben worden, und zwar

20 Fälle	(52,6 %)	bis	1 Monat
8 Fälle	(21,1 %)	1 -	3 Monate
4 Fälle	(10,5 %)	3 -	6 Monate
6 Fälle	(15,8 %)	über	6 Monate

Basiszahl: 38

Erfolglose Bemühungen um eine gütliche Beilegung des Rechtsstreits führen zwangsläufig zu einer Verlängerung des Verfahrens[2].

3. Vergleichsangebot — Erklärung des Anerkenntnisses

Zwischen der Erhebung der Klage und dem Vergleichsangebot lagen folgende Zeiträume:

bis 1 M.	in 2 Fällen	(5,3 %)
1 - 3 M.	in 3 Fällen	(7,9 %)
3 - 6 M.	in 13 Fällen	(34,2 %)
6 - 12 M.	in 12 Fällen	(31,6 %)
12 - 24 M.	in 8 Fällen	(21,1 %)
über 24 M.	in —	—

Basiszahl: 38

In 12 Fällen ist ein Vergleich widerrufen worden.

In 24 Fällen (1,7 %) von 1 400 Verfahren ist ein Anerkenntnis abgegeben worden; diese Abgabe erfolgte in folgenden Zeiträumen (gerechnet von der Erhebung der Klage):

bis 1 M.	in 1 Fall	(4,2 %)
1 - 3 M.	in 1 Fall	(4,2 %)
3 - 6 M.	in 6 Fällen	(25,0 %)
6 - 12 M.	in 8 Fällen	(33,3 %)
12 - 24 M.	in 4 Fällen	(16,7 %)
über 24 M.	in 4 Fällen	(16,7 %)

Basiszahl: 24

---

[1] *Ule*, S. 163.

[2] Nach *Ule*, S. 163: im Verwaltungsprozeß zu einer Prozeßdauer von 15,9 bzw. 15,7 Monaten, im Finanzprozeß von 26,8 bzw. 23,4 Monaten.

In 4 Fällen ist die Annahme des Anerkenntnisses abgelehnt worden, davon 1 Fall innerhalb von bis zu 2 Wochen, 2 Fälle innerhalb von 2 - 4 Wochen, 1 Fall nach mehr als 4 Wochen.

Zwischen Ablehnung oder Widerruf des Vergleichs bzw. Ablehnung des Anerkenntnisses und dem Urteil des Verfahrens lagen folgende Zeiträume:

bis 4 Wochen	in	12 Fällen	(75,0 %)
4 - 8 Wochen	in	3 Fällen	(18,8 %)
8 - 12 Wochen	in	1 Fall	(6,3 %)

Basiszahl: 16

4. Teilvergleich, Teilanerkenntnis

Soweit ein *Teilvergleich* geschlossen oder ein *Teilanerkenntnis* angenommen wurde, lagen zwischen diesem und dem Urteil folgende Zeiträume:

bis 4 Wochen	in	17 Fällen	(63,0 %)
4 - 8 Wochen	in	—	—
8 - 12 Wochen	in	1 Fall	(3,7 %)
12 - 26 Wochen	in	3 Fällen	(11,1 %)
über 26 Wochen	in	6 Fällen	(22,2 %)

Basiszahl: 27

19. Abschnitt

Teilurteil, Zwischenurteil

In keinem der 1 400 überprüften Verfahren ist ein Teil-, Zwischen- oder Grundurteil ergangen[1].

20. Abschnitt

Urteil

1. Gliederung der Zahl der Urteile

In 1 400 überprüften Verfahren sind

Sachurteile	in	1329 Fällen	(94,9 %),
Urteile nach § 130 SGG	in	222 Fällen	(15,9 %)

ergangen.

---

[1] Vgl. S. 195.

In 34 Fällen (2,4 %) der 1 400 Verfahren lag das Urteil bei *Verkündung* bereits vollständig mit Gründen vor, in 953 Verfahren (68,1 %) war dies nicht der Fall, bei 413 Akten (29,5 %) ist nichts festgestellt worden.

2. Begründung verkündeter Urteile zu den Akten gegeben

Die Begründung des Urteils wurde nach dessen Verkündung in 608 Fällen (43,4 %) in folgenden Zeiträumen zu den Akten gegeben:

bis 4	Wochen	in	456 Fällen	(75,0 %)
4 - 8	Wochen	in	115 Fällen	(18,9 %)
8 - 12	Wochen	in	11 Fällen	(1,8 %)
über 12	Wochen	in	26 Fällen	(4,3 %)

Basiszahl: 608

Die §§ 134, 135 SGG bestimmen zwar, daß das Urteil, das bei der Verkündung noch nicht vollständig schriftlich niedergelegt ist, binnen drei Tagen nach der Verkündung in vollständiger Abfassung der Geschäftsstelle übergeben und binnen zwei Wochen nach seiner Verkündung den Beteiligten zugestellt werden soll. Die Ergebnisse der Untersuchung beweisen aber, daß diesen Soll-Vorschriften häufig nicht entsprochen wird[1]. Dieser Umstand ist nicht selten die Ursache für verallgemeinernde Klagen über lange Laufdauern der Sozialprozesse.

In der Verwaltungsgerichtsbarkeit ist die Zustellung des vollständigen Urteils in mehr als der Hälfte der Fälle innerhalb von 4 Wochen nach Verkündung des Schlußurteils erfolgt[2].

3. Umfang der Urteile und ihre Aufschlüsselung nach Materien

Bei 1 327 überprüften Verfahren umfaßt das Urteil (ohne Rubrum), und zwar

1. der Tatbestand und
2. die Gründe,

an Seiten

	1.	2.
1 Seite	in 147 Fällen (11,1 %),	in 113 Fällen (8,5 %)
2 - 5 Seiten	in 1113 Fällen (83,9 %),	in 1134 Fällen (85,5 %)
6 - 10 Seiten	in 63 Fällen (4,8 %),	in 77 Fällen (5,8 %)
11 - 15 Seiten	in 4 Fällen (0,3 %),	in 3 Fällen (0,2 %)
	Basiszahl: 1327	Basiszahl: 1327

[1] Vgl. dazu S. 22, 113.

[2] Vgl. *Ule*, S. 165.

Das bedeutet, daß 113 (8,5 %) der Urteile 2 Seiten umfassen; 1 113 Urteile (83,9 %) sind 4 - 10 Seiten, 63 Urteile (4,7 %) 12 - 20 Seiten und 3 Urteile (0,2 %) 22 - 30 Seiten lang. 35 Verfahren (2,7 %) konnten nicht zugeordnet werden.

Gruppiert man die Urteile (1. Tatbestand, 2. Gründe) nach Materien, so umfassen sie:

1. *Gesetzliche Rentenversicherung*

(einschl. der knappschaftlichen Rentenversicherung und der Rentenversicherung der Handwerker)

	1.	2.	
1 Seite	in 75 Fällen (10,9 %),	in 45 Fällen (6,6 %)	
2 - 5 Seiten	in 583 Fällen (84,5 %),	in 599 Fällen (86,8 %)	
6 - 10 Seiten	in 31 Fällen (4,5 %),	in 44 Fällen (6,4 %)	
11 - 15 Seiten	in 1 Fall (0,1 %),	in 2 Fällen (0,3 %)	
	Basiszahl: 690	Basiszahl: 690	(51,9 %)

2. *Kriegsopferversorgung*

(einschl. des Soldatenversorgungsgesetzes, § 88 Abs. 1 und 5 SVG)

	1.	2.	
1 Seite	in 20 Fällen (7,9 %),	in 27 Fällen (10,6 %)	
2 - 5 Seiten	in 212 Fällen (83,5 %),	in 213 Fällen (83,9 %)	
6 - 10 Seiten	in 20 Fällen (7,9 %),	in 13 Fällen (5,1 %)	
11 - 15 Seiten	in 2 Fällen (0,8 %),	in 1 Fall (0,4 %)	
	Basiszahl: 254	Basiszahl: 254	(19,1 %)

3. *Gesetzliche Unfallversicherung*

	1.	2.	
1 Seite	in 23 Fällen (9,6 %),	in 22 Fällen (9,2 %)	
2 - 5 Seiten	in 208 Fällen (87,0 %),	in 204 Fällen (85,4 %)	
6 - 10 Seiten	in 7 Fällen (2,9 %),	in 11 Fällen (4,6 %)	
11 - 15 Seiten	in 1 Fall (0,4 %),	in 2 Fällen (0,8 %)	
	Basiszahl: 239	Basiszahl: 239	(18,0 %)

4. *Arbeitslosenversicherung und Arbeitslosenhilfe*

(einschl. der übrigen Aufgaben der Bundesanstalt für Arbeit, insbes. des Kindergeldgesetzes, § 27 Abs. 1 BKGG)

	1.	2.	
1 Seite	in 13 Fällen (20,6 %),	in 11 Fällen (17,5 %)	
2 - 5 Seiten	in 49 Fällen (77,8 %),	in 51 Fällen (81,0 %)	
6 - 10 Seiten	in 1 Fall (1,6 %),	in 1 Fall (1,6 %)	
	Basiszahl: 63	Basiszahl: 63	(4,7 %)

5. *Gesetzliche Krankenversicherung*

(einschl. der knappschaftlichen KV und der KV der NS-Verfolgten)

	1.	2.	
1 Seite	in 8 Fällen (17,0 %),	in 7 Fällen (14,9 %)	
2 - 5 Seiten	in 38 Fällen (80,9 %),	in 35 Fällen (74,5 %)	
6 - 10 Seiten	in 1 Fall (2,1 %),	in 5 Fällen (10,6 %)	
	Basiszahl: 47	Basiszahl: 47	(3,5 %)

6. *Altershilfe für Landwirte* (§§ 30, 46 GAL)

	1.	2.	
1 Seite	in 7 Fällen (30,4 %),	in 1 Fall (4,3 %)	
2 - 5 Seiten	in 15 Fällen (65,2 %)	in 21 Fällen (91,3 %)	
6 - 10 Seiten	in 1 Fall (4,3 %),	in 1 Fall (4,3 %)	
	Basiszahl: 23	Basiszahl: 23	(1,7 %)

7. *Kassenarztrecht*

	1.	2.	
1 Seite	in — —,	— —	
2 - 5 Seiten	in 6 Fällen (85,7 %),	in 5 Fällen (71,4 %)	
6 - 10 Seiten	in 1 Fall (14,3 %),	in 2 Fällen (28,6 %)	
	Basiszahl: 7	Basiszahl: 7	(0,5 %)

8. *Lohnfortzahlung*

	1.	2.	
1 Seite	in — —	— —	
2 - 5 Seiten	in 2 Fällen (100 %),	in 2 Fällen (100 %)	
	Basiszahl: 2	Basiszahl: 2	(0,2 %)

9. *Versorgung der Beschädigten des Zivilschutz-Korps*

(§§ 46, 88 Abs. 1 und 5 SVG)

	1.	2.	
1 Seite	in — —	— —	
2 - 5 Seiten	in 1 Fall (100 %),	in 1 Fall (100 %)	
	Basiszahl: 1	Basiszahl: 1	(0,1 %)

10. *Sonstiges Recht*

	1.	2.	
1 Seite	in 1 Fall (33,3 %),	in — —	
2 - 5 Seiten	in 1 Fall (33,3 %),	in 3 Fällen (100 %)	
6 - 10 Seiten	in 1 Fall (33,3 %),	in — —	
	Basiszahl: 3	Basiszahl: 3	(0,2 %)
		insgesamt 1329	(100 %)

Es ergibt sich, daß rd. 80 % der Urteile der Materien zu 1. bis 6. 4 - 10 Seiten umfassen (nach dem Tatbestand 79,8 %, nach den Gründen 83,8 %).

4. Zustellung des Urteils

Bei 1 232 überprüften Verfahren wurde das vollständige, nach mündlicher Verhandlung gefällte Urteil zugestellt innerhalb von:

	dem Kläger	dem Beklagten	dem Beigeladenen
bis 4 Wochen	703 Fälle (57,1 %)	687 Fälle (55,8 %)	22 Fälle (43.1 %)
4 - 8 Wochen	359 Fälle (29,1 %)	368 Fälle (29,9 %)	22 Fälle (43,1 %)
8 - 12 Wochen	80 Fälle (6,5 %)	95 Fälle (7,7 %)	5 Fälle (9,8 %)
über 12 Wochen	90 Fälle (7,3 %)	82 Fälle (6,7 %)	2 Fälle (3,9 %)
	Basiszahl: 1232	Basiszahl: 1232	Basiszahl: 51

5. Bestätigung der letzten Verwaltungsentscheidung

a) Bei 1 292 überprüften Akten haben die Urteile die letzte Verwaltungsentscheidung in 257 Verfahren (19,9 %) *nicht* bestätigt; das Gegenteil war bei 1 035 Verfahren (80,1 %) der Fall. Das heißt, daß die Urteile in 4/5 der Verfahren die letzte Verwaltungsentscheidung ganz oder teilweise bestätigt und in 1/5 der Verfahren nicht bestätigt haben.

Diese Bestätigung der Verwaltungsentschediung erfolgte in 1 280 Verfahren:

in 199 Fällen (15,5 %) aus *rechtlichen* Gründen
in 243 Fällen (19,0 %) aus *tatsächlichen* Gründen und
in 838 Fällen (65,5 %) aus beiderlei Gründen.

b) Bei 965 durch Urteil bestätigten Verwaltungsentscheidungen hat in 80 Fällen (8,3 %) die Stelle, die den angefochtenen Verwaltungsakt erlassen hat, auch über den Widerspruch entschieden.

In 197 (20,4 %) der Fälle traf dies nicht zu, in 31 (3,2 %) der Fälle war nicht feststellbar, ob dieselbe Stelle den Widerspruch beschieden hat, und in 657 Fällen (68,1 %) fehlen entsprechende Feststellungen.

In 70 (5,2 %) von 1 354 Verfahren hat das Urteil die letzte Verwaltungsentscheidung teilweise bestätigt. Dabei hat in 2 (2,9 %) der Fälle die Stelle, die den angefochtenen Verwaltungsakt erlassen hat, auch über den Widerspruch entschieden. In 15 (21,4 %) der Fälle traf dies nicht zu, in 53 (75,6 %) fehlen entsprechende Feststellungen.

c) In 257 (19,0 %) von 1 354 Verfahren hat das Urteil die letzte Verwaltungsentscheidung nicht bestätigt. Dabei hat in 20 (7,8 %) der Fälle die Stelle, die den angefochtenen Bescheid erlassen hat, auch über den Widerspruch entschieden. In 64 (24,9 %) der Fälle traf dies nicht zu, in 12 (4,7 %) der Fälle fehlen entsprechende Feststellungen.

6. Zulassung der Berufung (§ 150 Nr. 1 SGG)

In 35 (2,5 %) der überprüften 1 400 Verfahren hat das Gericht die Berufung ungeachtet der Ausschlußvorschriften der §§ 144 bis 149 SGG nach § 150 Nr. 1 SGG im Urteil zugelassen.

7. Berichtigung bzw. Ergänzung der Urteile

In 13 (0,9 %) der 1 400 Verfahren ist das Urteil wegen Schreibfehler usw. nach § 138 SGG und in 1 Fall (0,07 %) ist seine Darstellung wegen Unrichtigkeit nach § 139 SGG berichtigt worden. Eine Ergänzung des Urteils nach § 140 SGG hat sich in keinem der 1 400 überprüften Verfahren ergeben.

8. Rechtsmittel gegen die Urteile

Bei 1 400 überprüften Verfahren ist in 489 Fällen (34,9 %), also in reichlich einem Drittel, Rechtsmittel eingelegt worden, in 912 Fällen (65,1 %) ist dies nicht geschehen. Fast ausschließlich war das Rechtsmittel die Berufung (33,4 %), in 21 Fällen (1,5 %) wurde Sprungrevision eingelegt.

Die 489 Rechtsmittel gingen aus vom:

Kläger	in 388 Fällen	(79,3 %)
Beklagten	in 95 Fällen	(19,4 %)
Beigeladenen	in 6 Fällen	(1,2 %)

Bei 718 von 1 400 Verfahren (51,3 %) waren die Kläger durch Prozeßbevollmächtigte vertreten. Davon wurden 276 Verfahren (38,4 %) aufgeschlüsselt mit dem Ergebnis, daß in 217 Fällen (78,6 %) Rechtsmittel eingelegt wurden, in 59 Fällen (21,4 %) traf dies nicht zu[3].

Schlüsselt man von den 682 Klagen *ohne* Prozeßbevollmächtigte (48,7 %) 212 Verfahren (31,1 %) auf, so legten die Kläger in 171 Fällen (80,7 %) Rechtsmittel ein, in 41 Fällen (19,3 %) geschah dies nicht.

Danach wandten sich die Kläger dieser Gruppe in rd. 20 % der Fälle nicht gegen das Urteil.

9. Einlegung von Rechtsmitteln durch Beteiligte oder Prozeßbevollmächtigte

a) In 718 (51,3 %) von 1 400 Verfahren waren die *Kläger* durch Prozeßbevollmächtigte vertreten, in 682 (48,7 %) Verfahren war dies nicht der Fall.

---

[3] Für 442 Klagen mit Prozeßbevollmächtigten (48,5 %) und für 470 Klagen ohne Prozeßbevollmächtigte (51,5 %) sind keine weiteren Feststellungen getroffen worden.

Bei 912 Verfahren (65,1 %) sind keine Feststellungen getroffen worden, ob Rechtsmittel gegen die sozialgerichtlichen Urteile eingelegt worden sind; bei diesen 912 Verfahren waren in 442 Fällen (48,5 %) Prozeßbevollmächtigte beteiligt, in 470 Fällen (51,5 %) traf dies nicht zu.

Bei 488 überprüften Verfahren traten auf in:

276 Verfahren (56,6 %) Prozeßbevollmächtigte,
212 Verfahren (43,4 %) keine Prozeßbevollmächtigten.

In den 276 Verfahren *mit* Prozeßbevollmächtigten legten die Kläger in:

217 Verfahren (78,6 %) Rechtsmittel ein,
59 Verfahren (21,4 %) kein Rechtsmittel ein.

In den 212 Verfahren *ohne* Prozeßbevollmächtigten legten die Kläger in:

171 Verfahren (80,7 %) Rechtsmittel ein,
41 Verfahren (19,3 %) kein Rechtsmittel ein.

Das heißt, daß der Prozentsatz der Kläger, die — sei es *mit* Prozeßbevollmächtigten (78,6 %) oder sei es *ohne* Prozeßbevollmächtigte (80,7 %) — den Weg zum Rechtsmittelgericht gingen, fast gleich hoch ist.

b) Gliedert man die Gruppe der Kläger *mit* Prozeßbevollmächtigten (269 Verfahren) weiter auf, so legten

Verbandsvertreter	in 139 Fällen (76,4 %) Rechtsmittel ein
	in 43 Fällen (23,6 %) kein Rechtsmittel ein[4]
Rechtsanwälte	in 52 Fällen (82,5 %) Rechtsmittel ein
	in 11 Fällen (17,5 %) kein Rechtsmittel ein[5]
Prozeßagenten	in 5 Fällen (71,4 %) Rechtsmittel ein
	in 2 Fällen (28,6 %) kein Rechtsmittel ein[6]
andere Bevollmächtigte	in 15 Fällen (88,2 %) Rechtsmittel ein
	in 2 Fällen (11,8 %) kein Rechtsmittel ein[7]

c) Bei 95 Rechtsmitteln der *Beklagten* war in 1 Fall ein Prozeßbevollmächtigter bestellt. In den übrigen 94 Verfahren traf dies nicht zu.

[4] 628 Akten, für die keine Feststellungen getroffen worden sind, blieben außer Betracht.

[5] 815 Akten, für die keine Feststellungen getroffen worden sind, blieben außer Betracht.

[6] 890 Akten, für die keine Feststellungen getroffen worden sind, blieben außer Betracht.

[7] 875 Akten, für die keine Feststellungen getroffen worden sind, blieben außer Betracht.

d) Bei den 6 Rechtsmitteln der *Beigeladenen* waren 4 Beigeladene durch Rechtsanwälte vertreten, in 2 Fällen traf dies nicht zu.

Anhang

Widerklage

In 2 (0,1 %) von 1 400 Verfahren hat der Beklagte Widerklage erhoben; die Klagen, die zwischen 6 bis 12 Monaten dauerten, sind als unbegründet abgewiesen worden.

Darstellung und Bewertung der Ergebnisse

B. 2. Instanz

1. Der Enquete für die 2. Instanz der Sozialgerichtsbarkeit liegen, wie erwähnt[1], 600 Verfahren zugrunde. Ihre Überprüfung hat folgende *durchschnittliche Verfahrensdauer* bei Berufungen (593) ergeben:

a) bei 496 *mündlichen* Verfahren:	452,4 Tage = 15 Monate 2 Tage[2]
b) bei 97 *schriftlichen* Verfahren:	467,7 Tage = 15 Monate 18 Tage
c) zusammengefaßt:	454,9 Tage = 15 Monate 5 Tage

Für die *allgemeine Verwaltungsgerichtsbarkeit* lassen sich nach *Ule*[3] folgende entsprechende Werte errechnen:

a) *mündliche* Verfahren:	485 Tage = 16 Monate 5 Tage
b) *schriftliche* Verfahren:	563 Tage = 18 Monate 23 Tage
c) zusammengefaßt	531,6 Tage = 17 Monate 22 Tage

Geht man von diesen Zahlen aus, so ist die *Durchschnittsdauer* der Verfahren bei den LSGen um etwa 2 Monate und 17 Tage kürzer als die der Oberverwaltungsgerichte.

2. Zu den Daten der allgemeinen Durchschnittsdauer der Verfahren der LSGe seien in entsprechender Gliederung die Durchschnittswerte *spezieller* Gruppen von Prozessen angemerkt:

Berufungen, eingereicht bei dem SG (§ 151 Abs. 2 SGG)[4]:

a) 452,7 Tage = 15 Monate 3 Tage (31 Fälle)
b) 546,6 Tage = 18 Monate 7 Tage (5 Fälle)

Berufungen von LSGen mit überdurchschnittlicher industrieller Bevölkerung:

a) 458,2 Tage = 15 Monate 8 Tage (429 Fälle)
b) 508,4 Tage = 16 Monate 28 Tage (75 Fälle)

Berufungen von LSGen mit unterdurchschnittlicher industrieller Bevölkerung:

a) 417,7 Tage = 13 Monate 28 Tage (67 Fälle)
b) 329,0 Tage = 10 Monate 29 Tage (22 Fälle)

---

[1] S. 11.
[2] Monat durchweg zu 30 Tagen gerechnet.
[3] *Ule*, S. 170.
[4] § 151 Abs. 2 und § 91 Abs. 1 SGG entsprechen einander nicht.

Berufungen von LSGen von Stadtstaaten:

a) 435,7 Tage = 14 Monate 16 Tage (70 Fälle)
b) 508,9 Tage = 16 Monate 29 Tage (15 Fälle)

Berufungen von LSGen von Flächenstaaten:

a) 455,1 Tage = 15 Monate 5 Tage (427 Fälle)
b) 460,1 Tage = 15 Monate 10 Tage (82 Fälle)

Berufungen über Auslandssachen:

Sozialversicherung

a) 517,6 Tage = 17 Monate 8 Tage (15 Fälle)

Kriegsopferversorgung

a) 488,8 Tage = 16 Monate 9 Tage (5 Fälle)

andere Materien

a) 260,0 Tage = 8 Monate 20 Tage (1 Fall)

Berufungen mit Prozeßbevollmächtigten:

a) 493,8 Tage = 16 Monate 14 Tage (314 Fälle)
b) 518,3 Tage = 17 Monate 8 Tage (42 Fälle)

Berufungen ohne Prozeßbevollmächtigte:

a) 381,3 Tage = 12 Monate 21 Tage (183 Fälle)
b) 429,0 Tage = 13 Monate 9 Tage (55 Fälle)

Die Daten der Verfahren zu a) (mit Prozeßbevollmächtigten = 52,9 %) ergeben aufgeschlüsselt folgende Werte:

Verbandsvertreter:	499,9 Tage = 16 Monate 20 Tage (204 Fälle)
Rechtsanwälte:	509,1 Tage = 16 Monate 29 Tage (80 Fälle)
Prozeßagenten und Rechtsberater:	349,0 Tage = 11 Monate 19 Tage (12 Fälle)
andere Bevollmächtigte:	439,6 Tage = 14 Monate 20 Tage (18 Fälle)

Auch für die Berufungsinstanz erweist sich, daß die Verfahren bei der Mitwirkung von Verbandsvertretern oder Rechtsanwälten als Prozeßbevollmächtigte im Durchschnitt länger dauern als die Verfahren, in denen die Kläger nicht durch solche Prozeßbevollmächtigte vertreten werden[5].

3. Prüft man die *Erledigungsziffern* der LSGe, indem man diese zu „Verfahrensgruppen nach Zeitdauer" zusammenfaßt, so ergeben sich folgende Daten (wobei unter 1. die der LSGe *ungegliedert* und unter 2. bzw. 3. gegliedert nach *mündlichen* bzw. *schriftlichen Verfahren* wiedergegeben werden):

---

[5] Vgl. S. 15 für die 1. Instanz.

	1.	2.	3.
bis 3 Monate	23 Fälle (3,9 %)	21 Fälle (4,2 %)	2 Fälle (2,1 %)
3 - 6 Monate	78 Fälle (13,2 %)	64 Fälle (12,9 %)	14 Fälle (14,4 %)
6 - 12 Monate	148 Fälle (25,0 %)	123 Fälle (24,8 %)	25 Fälle (25,8 %)
12 - 24 Monate	257 Fälle (43,3 %)	217 Fälle (43,8 %)	40 Fälle (41,2 %)
24 - 36 Monate	67 Fälle (11,3 %)	56 Fälle (11,3 %)	11 Fälle (11,3 %)
über 36 Monate	20 Fälle (3,4 %)	15 Fälle (3,0 %)	5 Fälle (5,2 %)
	Basiszahl: 593	Basiszahl: 496	Basiszahl: 97

Daraus folgt, daß die 2. Instanz der Sozialgerichtsbarkeit erledigt hat (1. allgemein, 2. mündliche Verfahren, 3. schriftliche Verfahren):

	1.	2.	3.
in 12 Monaten	41,9 %	41,9 %	42,3 %
in 24 Monaten	85,3 %	85,7 %	83,5 %
in 36 Monaten	96,6 %	97,0 %	94,8 %

Das bedeutet, daß die durchschnittlichen Erledigungsziffern der 2. Instanz, soweit sie *mündliche und schriftliche* Verfahren betreffen, weitgehend übereinstimmen: in *einem* Jahr wurden 41,9 % bzw. 42,3 %, insgesamt 42,1 % der zu beurteilenden Prozesse abgewickelt; in der 1. Instanz waren es in einem Jahr insgesamt 42,4 %[6]. Dabei fällt auf, daß in der 2. Instanz die *schriftlichen* Verfahren im Durchschnitt nicht länger als die *mündlichen* dauerten[7]. Vgl. auch S. B 11.

Für 1 454 Verfahren (1.) der Oberverwaltungsgerichte, davon 585 Verfahren (mit verkündeten Urteilen — 2.) und 869 Verfahren (mit zugestellten Urteilen — 3.), ergaben sich nach *Ule*[8] folgende Erledigungsziffern:

	1.	2.	3.
in 12 Monaten:	32,5 %	37,8 %	29,0 %
in 24 Monaten:	78,4 %	84,4 %	74,3 %
in 36 Monaten:	93,9 %	95,4 %	92,9 %

Ginge man von diesen Daten aus, so würde die Sozialgerichtsbarkeit in 2. Instanz im ersten Jahr der Übersicht insgesamt 9,5 % mehr Verfahren beendet haben als die allgemeine Verwaltungsgerichtsbarkeit.

Ule erwähnt noch, daß der Anteil der Prozesse mit mehr als einem Jahr Dauer beim *landgerichtlichen* Verfahren (2. Instanz) weniger als 10 v. H. und beim *oberlandesgerichtlichen* Verfahren 23,4 % betrage, wobei die

[6] Vgl. S. 16 für die 1. Instanz.

[7] Anders die schriftlichen Verfahren in der 1. Instanz, vgl. S. 16.

[8] *Ule*, S. 171, u. a. unter Hinweis auf *Baumgärtel / Hohmann*, Rechtstatsachen zur Dauer des Zivilprozesses (zweite Instanz), Modell einer Gesetzesvorbereitung mittels elektronischer Datenverarbeitungsanlagen, 1972, S. 13 f., im folgenden abgekürzt: *Baumgärtel / Hohmann*.

Durchschnittsdauer dieser Prozesse von *Baumgärtel / Hohmann* nicht angegeben worden sei[8]. Die zivilgerichtlichen Daten lassen sich *von der Sache her* mit den Werten der Verfahren der Verwaltungsgerichtsbarkeit nicht vergleichen. Jedenfalls sprechen auch die Daten — wie die oben wiedergegebenen Werte der durchschnittlichen Verfahrensdauer — dafür, daß die LSGe ihre Verfahren schneller abwickeln als die OVGe, was rein zeitlich gewertet sei.

1. Abschnitt

Gericht

1. Verfahrensdauer von LSGen — allgemein (ungegliedert) bzw. gegliedert

Die vorangestellten Werte von Verfahrensdauern[1] seien durch folgende Daten ergänzt:

a) Über- und unterdurchschnittliche industrielle Bevölkerung

Von 593 überprüften Akten der LSGe entfallen 85 % auf Gerichte mit *überdurchschnittlicher* und 15 % auf ein LSG mit *unterdurchschnittlicher* industrieller Bevölkerung. Die Erledigungsziffern dieser Gruppen differieren geringfügig, aber doch bemerkenswert sowohl im Verhältnis zu den *allgemeinen* Erledigungsziffern der LSGe als auch untereinander. Beim Vergleich ergeben sich folgende Werte (1. LSGe allgemein; 2. LSGe mit überdurchschnittlicher und 3. LSGe mit unterdurchschnittlicher industrieller Bevölkerung):

	1.	2.	3.
in 12 Monaten	249 Fälle (42,0 %)	199 Fälle (39,5 %)	50 Fälle (56,2 %)
in 24 Monaten	506 Fälle (85,3 %)	428 Fälle (84,9 %)	78 Fälle (87,6 %)
in 36 Monaten	573 Fälle (96,6 %)	486 Fälle (96,4 %)	87 Fälle (97,8 %)
	Basiszahl: 593	Basiszahl: 504	Basiszahl: 89

Die LSGe der Gruppe zu 3. liegen an der Spitze der verglichenen Gruppen, wahrscheinlich nicht deshalb, weil sie eine unterdurchschnittliche industrielle Bevölkerung haben, sondern weil sie Gerichte mittlerer Größe sind und daher besonders effektiv arbeiten.

b) Stadtstaaten

Von 594 Verfahren entfielen rd. 83,7 % auf LSGe von *Flächenstaaten*, der Rest (16,3 %) auf LSGe von *Stadtstaaten*[2]. Auch in der 2. Instanz der

[1] Vgl. S. 117 ff.

Sozialgerichtsbarkeit[3] ist die Erledigungsziffer der LSGe von *Stadtstaaten* günstiger als die der LSGe von *Flächenstaaten.*

Bei der Gegenüberstellung der verschiedenen Gruppen ergeben sich folgende Werte (1. LSGe allgemein, 2. LSGe von Flächenstaaten und 3. LSGe von Stadtstaaten):

	1.	2.	3.
in 12 Monaten	249 Fälle (41,9 %)	215 Fälle (36,4 %)	34 Fälle (40,0 %)
in 24 Monaten	507 Fälle (85,4 %)	434 Fälle (82,3 %)	73 Fälle (85,9 %)
in 36 Monaten	574 Fälle (96,6 %)	490 Fälle (96,3 %)	84 Fälle (98,8 %)
	Gesamtzahl: 594	Gesamtzahl: 509	Gesamtzahl: 85

Bei dieser Aufgliederung der Erledigungsziffern der LSGe wird zugunsten der Werte von Stadtstaaten eine wesentliche Rolle spielen, daß die Rechtssuchenden ihre Prozesse im allgemeinen intensiver führen, weil das Gericht für sie leicht und jederzeit erreichbar ist.

c) LSGe mit Auslandssachen

40 Auslandssachen (aufgegliedert in 1. Sozialversicherung und 2. Kriegsopferversorgung) wurden erledigt:

	1.	2.
bis 3 Monate	— —	— —
3 - 6 Monate	2 Fälle (7,1 %)	2 Fälle (18,2 %)
6 - 12 Monate	12 Fälle (42,9 %)	2 Fälle (18,2 %)
12 - 24 Monate	9 Fälle (32,1 %)	5 Fälle (45,5 %)
24 - 36 Monate	4 Fälle (14,3 %)	1 Fall (9,1 %)
über 36 Monate	1 Fall (3,6 %)	1 Fall (9,1 %)
	Basiszahl: 28	Basiszahl: 11

1 Verfahren, betr. andere Materien, wurde in der Zeitspanne „6 bis 12 Monate" durchgeführt.

Beim Vergleich der Auslandsdaten mit den allgemeinen Erledigungsziffern erweist sich, daß die Auslandssachen kaum länger dauern[4].

2. Gliederung der Landessozialgerichte nach ihrer Größe[5]

a) Gruppiert man die Anzahl der erledigten Verfahren (588) nach der Anzahl der Senate und nach deren Erledigungsziffern in bestimmten Zeiträumen, so ergibt sich folgende Übersicht[6]:

---

[2] Von der allgemeinen Verwaltungsgerichtsbarkeit sind entsprechende Zahlen nicht bekannt, vgl. *Ule,* S. 171.

[3] Vgl oben S. 118.

[4] Vgl. auch S. 130.

[5] Wegen der SGe vgl. S. 19 f.

[6] Die Werte der niedrigen Fallzahlen sind nicht repräsentativ.

Anzahl d. Senate	*in 1 Jahr*	*in 2 Jahren*	*in 3 Jahren*	*in mehr als 3 Jahren*	*Basiszahl*
mündliche Verfahren					
4 - 6	44 F. (53,0 %)	28 F. (33,7 %)	7 F. (8,4 %)	4 F. (4,8 %)	83
7 - 12	43 F. (36,4 %)	58 F. (49,2 %)	11 F. (9,3 %)	6 F. (5,1 %)	118
über 12	120 F. (41,1 %)	129 F. (44,2 %)	38 F. (13,0 %)	5 F. (1,7 %)	292
schriftliche Verfahren					
4 - 6	3 F. (75,0 %)	1 F. (25,0 %)	—	—	4
7 - 12	27 F. (44,3 %)	21 F. (34,4 %)	9 F. (14,8 %)	4 F. (6,6 %)	61
über 12	11 F. (36,7 %)	17 F. (56,7 %)	2 F. (6,7 %)	—	30

Dieser Gruppierung entsprechen folgende *durchschnittliche Verfahrensdauern:*

Anzahl der Senate	*mündliche Verfahren*	*schriftliche Verfahren*
4 - 6	435,7 Tage = 14 M. 16 Tg.	193,9 Tage = 6 M. 14 Tg.
7 - 12	467,9 Tage = 15 M. 18 Tg.	481,5 Tage = 16 M. 10 Tg.
über 12	450,9 Tage = 15 M. 1 Tg.	434,4 Tage = 14 M. 14 Tg.

Die Übersicht sei mit einer *Aufstellung* abgeschlossen, die darauf schließen läßt, mit welchem *Hundertsatz der Verfahren* die einzelnen Gruppen der *Senate* an der Rechtsprechung der LSGe beteiligt sind:

Anzahl d. Senate	*Anzahl d. Verfahren*	*Hundertsatz d. Verfahren*
2 - 6	90 Fälle	15,2 %
7 - 12	181 Fälle	30,5 %
über 12	323 Fälle	54,4 %

Basiszahl: 594

b) Gruppiert man die Anzahl der erledigten Verfahren (593) nach der *Zahl der Berufsrichter* und deren Erledigungsziffern in bestimmten Zeiträumen, so ergibt sich folgende Übersicht[7]:

Anzahl d. Berufsrichter	*in 1 Jahr*	*in 2 Jahren*	*in 3 Jahren*	*in mehr als 3 Jahren*	*Basiszahl*
mündliche Verfahren					
6	2 F. (100 %)	—	—	—	2
7 - 9	—	—	—	—	—
10 - 12	5 F. (83,3 %)	1 F. (16,7 %)	—	—	6
13 - 15	26 F. (51,0 %)	17 F. (33,3 %)	5 F. (9,8 %)	3 F. (5,9 %)	51
16 - 20	32 F. (46,4 %)	35 F. (50,7 %)	1 F. (1,5 %)	1 F. (1,5 %)	69
21 - 25	1 F. (20,0 %)	1 F. (20,0 %)	1 F. (20,0 %)	2 F. (40,0 %)	5
über 25	142 F. (39,1 %)	163 F. (44,9 %)	49 F. (13,5 %)	9 F. (2,5 %)	363

[7] Die Werte der niedrigen Fallzahlen sind nicht repräsentativ.

schriftliche Verfahren

6	—	—	—	—	—
7 - 9	—	—	—	—	—
10 - 12	—	—	—	—	—
13 - 15	2 F. (100 %)	—	—	—	2
16 - 20	6 F. (50,0 %)	5 F. (41,7 %)	1 F. (8,3 %)	—	12
21 - 25	—	—	—	2 F. (100 %)	2
über 25	33 F. (40,7 %)	35 F. (43,2 %)	10 F. (12,3 %)	3 F. (3,7 %)	81

Dieser Gruppierung entsprechen folgende durchschnittliche Verfahrensdauern:

Anzahl der Berufsrichter	*mündliche Verfahren*	*schriftliche Verfahren*
6	155,0 Tage = 5 M. 5 Tg.	—
7 - 9	—	—
10 - 12	282,2 Tage = 9 M. 12 Tg.	—
13 - 15	443,0 Tage = 14 M. 23 Tg.	148,0 Tage = 5 M. 28 Tg.
16 - 20	390,3 Tage = 13 M. 0 Tg.	355,8 Tage = 11 M. 26 Tg.
21 - 25	866,6 Tage = 28 M. 27 Tg.	130,1 Tage = 4 M. 10 Tg.
über 25	464,0 Tage = 15 M. 14 Tg.	471,6 Tage = 15 M. 22 Tg.

Der Überblick sei mit einer *Aufstellung* abgeschlossen, die darauf schließen läßt, mit welchem *Hundertsatz der Verfahren* die einzelnen Gruppen der *Richter* an der Rechtsprechung der LSGe beteiligt sind:

Anzahl d. Richter	*Anzahl d. Verfahren*	*Hundertsatz d. Verfahren*
6	2 Fälle	0,3 %
7 - 9	—	—
10 - 12	6 Fälle	1,0 %
13 - 15	54 Fälle	9,0 %
16 - 20	84 Fälle	14,0 %
21 - 25	7 Fälle	1,2 %
über 25	446 Fälle	74,5 %

Basiszahl: 599

c) Läßt man von den Werten zu 2 b diejenigen, die die Gruppen „6 Richter" und „21 - 25 Richter" betreffen, wegen deren verhältnismäßig niedriger Hundertsätze an den erledigten Verfahren außer Betracht, so erweist sich, daß das Schwergewicht der Sozialgerichtsbarkeit in der 2. Instanz bei den LSGen mit „über 25 Richtern" lag; sie erledigten rd. 75 % der Verfahren, deren Dauer den allgemeinen Durchschnittswerten entsprechen[8]. Es folgen dann die LSGe mit „16 - 20 Richtern" (14,0 %) und die LSGe mit „13 - 15 Richtern" (9,0 %), und zwar mit Laufzeiten, die unter den allgemeinen Durchschnittswerten liegen.

[8] Vgl. S. 117.

Die Ergebnisse der Aufgliederung der Erledigungsziffern nach Senaten sind weniger ergiebig, weil sie nicht erkennen lassen, mit wieviel Berufsrichtern die einzelnen Senate besetzt waren. Wenn die LSGe mit „über 25 Berufsrichtern" mit 74,5 % an den erledigten 599 Berufungen beteiligt waren, so läßt dies darauf schließen, daß diese Gerichte mit wesentlich mehr als 12 Senaten und/oder einzelne Senate mit mehr als 3 Berufsrichtern arbeiteten.

3. Verteilung der Streitsachen auf die Senate

Bei 600 Berufungen waren 99,0 % nach Sachgebieten, darüber hinaus 82,7 % auch nach regionalen und 79,2 % nach anderen Gesichtspunkten auf die Spruchkörper verteilt.

Diese Gesichtspunkte hatten offenbar keinen Einfluß auf die durchschnittliche Dauer der Verfahren[9].

2. *Abschnitt*

Parteien (Hauptbeteiligte)

I. Berufungskläger

1. Angaben betr. die Berufungskläger

a) Bei 600 überprüften Verfahren haben von den erstinstanzlichen Beteiligten Berufung eingelegt:

der Kläger	in 469 Fällen (78,2 %)
der Beklagte	in 128 Fällen (21,3 %)
der Beigeladene	in 7 Fällen (1,2 %)

In 4 Verfahren haben zwei verschiedene Beteiligte von dem Rechtsmittel Gebrauch gemacht.

b) Bei 600 Berufungsverfahren waren *Einzelpersonen:*

der Kläger	in 455 Fällen (75,3 %)
der Beklagte	in 125 Fällen (20,7 %)
der Beigeladene	in 3 Fällen (0,5 %)

[9] Zum gleichen Ergebnis kommt *Ule,* S. 173, für die übrigen Verwaltungsgerichtsbarkeiten. Wegen der SGe vgl. S. 23.

In 21 Fällen waren *Personenmehrheiten* beteiligt, und zwar auf seiten:

der Kläger	in 14 Fällen	(2,3 %)
der Beklagten	in 3 Fällen	(0,5 %)
der Beigeladenen	in 4 Fällen	(0,7 %)

In 462 Fällen (77,0 %) der Berufungsverfahren, die von Klägern der 1. Instanz betrieben wurden, waren diese *Personen des Privatrechts,* davon in 2 Fällen (10,3 %) eine juristische Person. In 7 weiteren Fällen (1,2 %) waren die Kläger eine juristische Person des öffentlichen Rechts oder ein beteiligungsfähiges Sondervermögen (Bundesbahn, Bundespost), in 1 Fall (0,2 %) eine nichtrechtsfähige Personenvereinigung des Privatrechts (§ 70 Nr. 2 SGG) und in 1 Fall (0,2 %) eine — kraft Landesrechts — beteiligungsfähige Behörde (§ 70 Nr. 3 SGG).

c) In 600 Berufungsverfahren wurden die Berufungskläger vertreten:

in 14 Fällen	(2,3 %)	durch einen gesetzlichen Vertreter,
in 2 Fällen	(0,3 %)	durch einen besonderen Vertreter (Prozeßunfähigkeit i. S. des § 72 Abs. 1 SGG),
in 2 Fällen	(0,3 %)	durch einen besonderen Vertreter (weite Entfernung i. S. des § 72 Abs. 3 SGG),
in 361 Fällen	(60,2 %)	durch einen Prozeßbevollmächtigten.

Die Gliederungen zu b) und c) haben Bedeutung für die durchschnittliche Verfahrensdauer und lassen erkennen, daß es in 77 % der Verfahren der Staatsbürger ist, der sein Recht sucht.

2. Vertretung der Berufungskläger durch Prozeßbevollmächtigte

a) Gliederung nach Gerichten

In rd. 60 % der Verfahren[1] waren die Kläger durch Prozeßbevollmächtigte vertreten. Von diesen 361 Verfahren *mit* Prozeßbevollmächtigten betrafen 303 (83,9 %) der Fälle LSGe mit *überdurchschnittlicher* und 58 (16,1 %) der Fälle ein LSG mit *unterdurchschnittlicher* industrieller Bevölkerung bzw. 49 (13,6 %) der Fälle LSGe von Stadtstaaten. Das Verhältnis der *Verfahren* dieser Gruppen zu der Gesamtzahl der Verfahren ist geringfügig anders; von den 600 Verfahren bezogen sich:

508 Verfahren	(84,6 %)	auf LSGe mit *überdurchschnittlicher* und
92 Verfahren	(15,3 %)	auf LSGe mit *unterdurchschnittlicher* industrieller Bevölkerung bzw.
85 Verfahren	(14,2 %)	auf LSGe von *Stadtstaaten* und
515 Verfahren	(85,8 %)	auf LSGe von *Flächenstaaten.*

[1] In der 1. Instanz die entsprechende Zahl 51,3 %, vgl. S. 24.

Das heißt, daß die Bereitschaft der Berufungskläger, einen Prozeßbevollmächtigten in Anspruch zu nehmen, bei dem LSG mit unterdurchschnittlicher industrieller Bevölkerung bzw. bei LSGen von Stadtstaaten geringfügig stärker war als bei den LSGen der Komplementärgruppen.

b) Gliederung nach Gruppen von Prozeßbevollmächtigten

Die 361 Verfahren (60,2 %), in denen die Berufungskläger vertreten waren, gliedern sich wie folgt:

Verbandsvertreter (Gewerkschaften, KO-Verbände)	226 Fälle (62,6 %)
Rechtsanwälte	87 Fälle (24,1 %)
Prozeßagenten	20 Fälle (5,5 %)
andere Bevollmächtigte	28 Fälle (7,8 %)

In den Berufungsverfahren *mit* Prozeßbevollmächtigten traten also auf: wie in den erstinstanzlichen Verfahren in fast zwei Dritteln der Fälle *Verbandsvertreter,* in knapp einem Viertel *Rechtsanwälte* und in den restlichen reichlich 13 % *Prozeßagenten* und *andere Bevollmächtigte.*

In 74 Berufungsverfahren (20,5 %) hat der Kläger seinen Prozeßbevollmächtigten *zwischen* SG und LSG und in 23 Fällen (6,4 %) *während* des Berufungsverfahrens gewechselt. Die durchschnittl. Dauer der 74 Verfahren beträgt 524,2 Tage = 17 Monate 14 Tage, d. h. ein Wechsel des Prozeßbevollmächtigten verlängert das Verfahren.

c) Durchschnittliche Dauer der Verfahren mit Prozeßbevollmächtigten

Die durchschnittliche Dauer der Verfahren vor den LSGen, die allgemein 454,9 Tage = 15 Monate 5 Tage betrug, belief sich bei 358 Verfahren der *Kläger mit Prozeßbevollmächtigten* auf 496,7 Tage = 16 Monate 17 Tage oder *aufgegliedert:* auf 501,2 Tage = 16 Monate 21 Tage bei *Verbandsvertretern* (226 Fälle), 517,8 Tage = 17 Monate 8 Tage bei *Rechtsanwälten* (87 Fälle), 381,7 Tage = 12 Monate 22 Tage bei *Prozeßagenten* (19 Fälle) und 457,0 Tage = 15 Monate 7 Tage bei *anderen Bevollmächtigten* (26 Fälle).

d) Durchschnittliche Dauer der schriftlichen Verfahren mit Prozeßbevollmächtigten

Das Phänomen einer durchschnittlich längeren Dauer der Verfahren, in denen Prozeßbevollmächtigte mitwirkten, wird auch bestätigt, wenn man 97 *schriftliche* Verfahren gesondert überprüft, in denen die Berufungskläger nicht durch Prozeßbevollmächtigte (1.) bzw. durch Prozeßbevollmächtigte (2.) vertreten wurden. Es wurden erledigt:

	1.	2.
bis 3 Monate	1 Fall (1,8 %)	1 Fall (2,4 %)
3 - 6 Monate	9 Fälle (16,4 %)	5 Fälle (11,9 %)
6 - 12 Monate	17 Fälle (30,9 %)	8 Fälle (19,0 %)
12 - 24 Monate	21 Fälle (38,2 %)	19 Fälle (45,2 %)
24 - 36 Monate	5 Fälle (9,1 %)	6 Fälle (14,3 %)
über 36 Monate	2 Fälle (3,6 %)	3 Fälle (7,1 %)
	Basiszahl: 55	Basiszahl: 42

Die *durchschnittliche Laufdauer* dieser schriftlichen Verfahren beträgt:

zu 1. 429,0 Tage = 14 Monate 9 Tage
zu 2. 518,3 Tage = 17 Monate 8 Tage und

zusammengezogen 467,7 Tage = 15 Monate 18 Tage

Das bedeutet, daß diese LSGe Verfahren *ohne* (1.) bzw. *mit* Prozeßbevollmächtigten (2.) *insgesamt* erledigten:

	1.	2.
in 6 Monaten	10 Fälle (18,2 %)	6 Fälle (14,2 %)
in 12 Monaten	27 Fälle (49,0 %)	14 Fälle (33,2 %)
in 24 Monaten	48 Fälle (87,3 %)	33 Fälle (78,6 %)
in 36 Monaten	53 Fälle (96,4 %)	39 Fälle (92,9 %)
	Gesamtzahl: 55	Gesamtzahl: 42

Überprüft man 42 *schriftliche*, von den Berufungsklägern unter Mithilfe von Prozeßbevollmächtigten geführte Verfahren, so ergeben sich bei

Fällen mit Verbandsvertretern (1.),
Fällen mit Rechtsanwälten (2.),
Fällen mit Prozeßagenten bzw. Rechtsberatern (3.) und
Fällen mit anderen Bevollmächtigten (4.)

folgende Erledigungsziffern:

	1.	2.
bis 6 Monate	3 Fälle (15,0 %)	1 Fall (14,3 %)
bis 12 Monate	9 Fälle (45,0 %)	2 Fälle (28,6 %)
bis 24 Monate	15 Fälle (75,0 %)	4 Fälle (57,1 %)
bis 36 Monate	18 Fälle (90,0 %)	7 Fälle (100 %)
	Gesamtzahl: 20	Gesamtzahl: 7

	3.	4.
bis 6 Monate	1 Fall (14,3 %)	2 Fälle (25,0 %)
bis 12 Monate	7 Fälle (100 %)	7 Fälle (87,5 %)
bis 24 Monate	—	8 Fälle (100 %)
bis 36 Monate	—	—
	Gesamtzahl: 7	Gesamtzahl: 8

Ordnet man diesen *schriftlichen* Verfahren ihre *durchschnittliche Verfahrensdauer* zu, so ergeben sich folgende Werte:

zu 1. 514,4 Tage = 17 Monate 4 Tage
zu 2. 617,6 Tage = 20 Monate 18 Tage
zu 3. 442,9 Tage = 14 Monate 23 Tage
zu 4. 507,5 Tage = 13 Monate 18 Tage

3. Berufungen mit Prozeßbevollmächtigten auf beiden Seiten

In 29 Verfahren wurden sowohl die Kläger als auch die Beklagten durch Prozeßbevollmächtigte vertreten. 6 Verfahren (20,7 %) wurden innerhalb von 1 Jahr, 15 Verfahren (51,7 %) innerhalb von 2 Jahren und 6 Verfahren (20,7 %) innerhalb von 3 Jahren abgeschlossen; 2 Verfahren (6,9 %) dauerten über 3 Jahre. Die Durchschnittsdauer dieser Verfahren betrug 623,5 Tage = 20 Monate 24 Tage, also 168,6 Tage = 5 Monate 19 Tage *mehr* als die *allgemeine* Durchschnittsdauer (454,9 Tage = 15 Monate 5 Tage)[2] bzw. 126,8 Tage = 4 Monate 7 Tage *mehr* als die Durchschnittsdauer der Verfahren der Kläger mit Prozeßbevollmächtigten (496,7 Tage = 16 Monate 17 Tage).

Zusammenfassend läßt sich zu 2. und 3. das wiederholen, was zum erstinstanzlichen Verfahren[3] ausgeführt worden ist. Es zeigt sich auch hier das Phänomen, daß die schriftlichen Verfahren im Durchschnitt länger dauern als die mündlichen und daß die Durchschnittsdauer der Verfahren *mit* Prozeßbevollmächtigten (insbesondere wenn auf beiden Seiten Prozeßbevollmächtigte auftreten) höher liegt als die entsprechenden Werte der Verfahren *ohne* Prozeßbevollmächtigten, wenn man die Gruppe der „anderen Bevollmächtigten" außer Betracht läßt.

Dieses Phänomen wirkt sich in der Berufungsinstanz stärker aus als in der 1. Instanz, weil hier der Prozentsatz der Verfahren mit Prozeßbevollmächtigten 60,2 %, also 8,9 % mehr als in der 1. Instanz, beträgt, was möglicherweise mit darauf zurückgeht, daß eine Reihe von Klägern die Schwierigkeiten ihres Berufungsverfahrens erkannt haben oder allein sich diesem nicht gewachsen fühlen. Die gleiche Erscheinung hat *Ule*[4] in der allgemeinen Verwaltungsgerichtsbarkeit festgestellt, wo sich 70,9 % Verfahren der 2. Instanz und 62,7 % der 1. Instanz gegenüberstehen, übrigens auch die Durchschnittsdauer der Verfahren mit Prozeßbevollmächtigten wesentlich über der allgemeinen durchschnittlichen Prozeßdauer liegt (16,9 bzw. 19,4 gegenüber 16 bzw. 18 Monaten).

---

[2] Vgl. S. 26 wegen der gleichen Situation in der 1. Instanz.
[3] Vgl. S. 15, 25 ff.
[4] S. 174.

4. Gruppierung der Kläger nach ihrem Wohnsitz (bzw. Sitz)

Gruppiert man die Kläger von 570 Berufungen (d. h. die Kläger, die eine natürliche oder juristische Person des Privatrechts sind) nach ihrem *Wohnsitz* bzw. *Sitz bei Berufungseinlegung,* und zwar sowohl nach den Gesichtspunkten:

1. am Orte des Gerichts,
2. im Bezirk des Gerichts,
3. in der Bundesrepublik einschließlich West-Berlin,
4. in der DDR oder im europäischen Ausland,
5. im außereuropäischen Ausland,

als auch nach der *Durchschnittsdauer:*

a) der Verfahren insgesamt,
b) der mündlichen Verfahren sowie
c) der *schriftlichen* Verfahren aufgegliedert,

so ergeben sich folgende Daten:

	1.	2.	3.	4.	5.
a)	101 F. (17,7 %)	419 F. (73,5 %)	14 F. (2,5 %)	24 F. (4,2 %)	12 F. (2,1 %)
b)	89 F. (15,6 %)	363 F. (63,7 %)	11 F. (1,9 %)	11 F. (1,9 %)	6 F. (1,05 %)
c)	12 F. (2,1 %)	56 F. (9,8 %)	3 F. (0,6 %)	13 F. (2,3 %)	6 F. (1,05 %)

Das heißt, bei Einlegung der Berufung wohnten von den Klägern

91,2 % am Sitze oder im Bezirk des Gerichts,
2,5 % in der Bundesrepublik Deutschland,
6,3 % in der DDR oder im europ. bzw. außereurop. Ausland.

Diese Tatsachen haben für die Dauer der Berufungsverfahren der Gruppen 1 bis 5 nach deren *durchschnittlicher Verfahrensdauer* nur geringe Bedeutung, denn während die *allgemeine durchschnittliche Verfahrensdauer*

15 Monate 5 Tage insgesamt, aufgegliedert
15 Monate 2 Tage bei *mündlichen* Verfahren und
16 Monate 8 Tage bei *schriftlichen* Verfahren

beträgt, ergeben sich bei einer Gliederung von 570 Berufungen nach den oben näher umschriebenen Ziffern 1 - 5 folgende *spezielle* Verfahrensdauern:

	1.	2.	3.
a)	451,4 T. = 15 M. 1 T.	448,9 T. = 14 M. 29 T.	396,2 T. = 13 M. 6 T.
b)	441,6 T. = 14 M. 22 T.	443,6 T. = 14 M. 24 T.	358,9 T. = 11 M. 29 T.
c)	524,1 T. = 17 M. 14 T.	483,2 T. = 16 M. 3 T.	533,0 T. = 17 M. 13 T.

	4.	5.
a)	472,8 T. = 15 M. 23 T.	431,9 T. = 14 M. 12 T.
b)	579,6 T. = 19 M. 10 T.	450,0 T. = 15 M. 0 T.
c)	382,4 T. = 12 M. 22 T.	413,8 T. = 13 M. 24 T.

Danach lagen die Werte der Gruppen zu 4 und 5, d. h. der Verfahren, deren Kläger in der DDR oder im europäischen Ausland (4) bzw. im außereuropäischen Ausland (5) wohnten, kaum über den entsprechenden allgemeinen Verfahrensdauern, ausgenommen die Dauer von 11 mündlichen Verfahren der Gruppe 4.

Das wird auch durch die folgenden Daten bestätigt, die 570 Berufungsverfahren nach dem erwähnten Schema „a bis c“[5] aufgliedern:

a) *insgesamt:*	*mündliche Verfahren*	*schriftliche Verfahren*
bis 3 Monate	21 Fälle (4,4 %)	2 Fälle (2,2 %)
bis 3 Monate	64 Fälle (13,3 %)	14 Fälle (15,6 %)
6 - 12 Monate	120 Fälle (25,0 %)	22 Fälle (24,4 %)
12 - 24 Monate	210 Fälle (43,8 %)	36 Fälle (40,0 %)
24 - 36 Monate	51 Fälle (10,6 %)	11 Fälle (12,2 %)
über 36 Monate	14 Fälle (2,9 %)	5 Fälle (5,6 %)
	Basiszahl: 480	Basiszahl: 90

b) *aufgegliedert: mündliche Verfahren (480 Fälle)*

	1.	2.	3.	4.	5.
bis 3 M.	2 F. (2,3 %)	18 F. (5,0 %)	1 F. (9,1 %)	— —	— —
3 - 6 M.	9 F. (10,1 %)	51 F. (14,1 %)	3 F. (27,3 %)	— —	1 F. (16,7 %)
6 - 12 M.	24 F. (27,0 %)	85 F. (23,4 %)	4 F. (36,4 %)	5 F. (45,5 %)	2 F. (33,3 %)
12 - 24 M.	44 F. (49,4 %)	160 F. (44,1 %)	2 F. (48,2 %)	3 F. (27,3 %)	1 F. (16,7 %)
24 - 36 M.	8 F. (9,0 %)	38 F. (10,5 %)	1 F. (9,1 %)	2 F. (18,2 %)	2 F. (33,3 %)
über 36 M.	2 F. (2,3 %)	11 F. (3,0 %)	— —	1 F. (9,1 %)	— —
	Basisz.: 89	Basisz.: 363	Basisz.: 11	Basisz.: 11	Basisz.: 6

c) *aufgegliedert: schriftliche Verfahren (90 Fälle)*

	1.	2.	3.	4.	5.
3 - 6 M.	2 F. (16,7 %)	8 F. (14,3 %)	1 F. (33,3 %)	2 F. (15,4 %)	1 F. (16,7 %)
6 - 12 M.	2 F. (16,7 %)	14 F. (25,0 %)	— —	4 F. (30,8 %)	2 F. (33,3 %)
12 - 24 M.	6 F. (50,0 %)	21 F. (37,5 %)	1 F. (33,3 %)	6 F. (46,2 %)	2 F. (33,3 %)
24 - 36 M.	1 F. (8,3 %)	8 F. (14,3 %)	1 F. (33,3 %)	— —	1 F. (16,7 %)
über 36 M.	1 F. (8,3 %)	3 F. (5,4 %)	— —	1 F. (7,7 %)	— —
	Basisz.: 12	Basisz.: 56	Basisz.: 3	Basisz.: 13	Basisz.: 6

Daß die durchschnittliche Dauer der Verfahren, deren Kläger im Ausland wohnen, in der 2. Instanz fast durchweg nicht länger ist als die ent-

---

[5] Vgl. S. 129.

sprechenden Werte der Inlandsverfahren, dürfte u. a. darauf zurückgehen, daß die 2. Instanz sich weitgehend auf erstinstanzliche Gutachten stützen konnte, während die SGe z. T. Gutachten beiziehen mußten, deren Erstellung langwierig war[6].

5. Fremdsprachiger Kläger

Bei 594 überprüften Verfahren bediente sich der Kläger in 7 Fällen (1,2 %) einer anderen als der deutschen Sprache. Davon dauerte 1 Verfahren 3 bis 6 Monate, 3 Verfahren je 6 bis 12 Monate, 2 Verfahren je 12 bis 24 Monate und 1 Verfahren 24 bis 36 Monate. Die durchschnittliche Verfahrensdauer dieser Prozesse betrug 410,3 Tage = 13 Monate 20 Tage, während die übrigen 587 Verfahren im Durchschnitt 455,4 Tage = 15 Monate 5 Tage dauerten.

Das heißt, daß die Tatsache der Fremdsprachigkeit des Klägers, die im Einzelfall für die Dauer seines Verfahrens von Bedeutung sein kann, insgesamt die Durchschnittsdauer der Berufungsverfahren nicht verlängert, ganz abgesehen davon, daß 99 % der Kläger deutsch sprachen.

II. Berufungsbeklagter

1. Gruppierung

Bei 600 Verfahren war der Beklagte in 594 Fällen (99,0 %) eine *juristische Person des öffentlichen Rechts.* Nur in 2 Fällen (0,3 %) war der Beklagte eine *natürliche* bzw. eine *juristische Person des Privatrechts.* In 1 Fall (0,2 %) richtete sich die Berufung gegen einen Berufungsausschuß. Ein Schiedsamt war unter den Beklagten nicht vertreten.

2. Prozeßbevollmächtigte der Beklagten

Bei 497 (83,7 %) *mündlichen* und 97 (16,3 %) *schriftlichen* von insgesamt 594 Verfahren waren die Beklagten in 39 (6,6 %) bzw. in 8 (1,3 %) Fällen, zusammengefaßt also in 47 Fällen (7,9 %), durch Bevollmächtigte vertreten. In 1 Fall hatte der Beklagte seinen Bevollmächtigten *zwischen* SG und LSG, in 2 Fällen *während* des Berufungsverfahrens gewechselt.

Die *durchschnittliche* Dauer der 497 *mündlichen* bzw. der 97 *schriftlichen* Verfahren betrug 452,4 Tage = 15 Monate 2 Tage bzw. 467,7 Tage = 15 Monate 18 Tage, zusammengezogen 454,9 Tage = 15 Monate 5 Tage.

Hingegen belief sich die Dauer der 39 *mündlichen* bzw. 8 *schriftlichen* Verfahren (mit Prozeßbevollmächtigten der Beklagten) auf 588,8 Tage

[6] Vgl. S. 28, aber auch 129 f.

= 18 Monate 19 Tage bzw. 449,6 Tage = 15 Monate, zusammengezogen 565,1 Tage = 18 Monate 25 Tage.

Das heißt, daß die Durchschnittsdauer von Verfahren, in denen die Beklagten durch Prozeßbevollmächtigte vertreten waren, länger war als die Durchschnittsdauer von Verfahren *ohne* Prozeßbevollmächtigte der Beklagten. Dabei muß offen bleiben, ob etwa die Schwierigkeit der Verfahren dafür maßgebend war, daß die Beklagten Bevollmächtigte in Anspruch genommen haben[7].

Schlüsselt man 46 Berufungsverfahren[8] (mit Prozeßbevollmächtigten der Beklagten) weiter auf, so waren tätig:

Verbandsvertreter	in 2 Fällen (4,3 %) durchschnittliche Verfahrensdauer 114,5 Tage = 3 Monate 25 Tage
Rechtsanwälte	in 1 Fall (2,1 %) Verfahrensdauer 684,0 Tage = 22 Monate 24 Tage
Prozeßagenten oder *Rechtsberater*	in 1 Fall (2,1 %) Verfahrensdauer 193,0 Tage = 6 Monate 13 Tage
andere Bevollmächtigte	in 42 Fällen (91,3 %) durchschnittliche Verfahrensdauer 577,6 Tage = 19 Monate 8 Tage

Diese Werte passen sich in den allgemeinen Rahmen ein.

3. Vorverfahren

Bei 600 Verfahren ist der Klage in 226 Fällen (37,7 %) ein Vorverfahren vorausgegangen, in 290 Fällen (48,3 %) traf dies nicht zu, bezüglich 84 Fällen (14,0 %) war nichts feststellbar.

In 198 Fällen (33,0 %) hat der Beklagte bzw. die Behörde, die ihn vertritt, im Vorverfahren entschieden, in 11 Fällen (1,8 %) traf dies nicht zu, in 374 Fällen (62,3 %) war nichts feststellbar[9].

Die Frage, ob der Beklagte oder die Behörde, die ihn vertritt, im Vorverfahren entschieden hat, scheint auch für die Dauer von Berufungsverfahren Bedeutung zu haben.

a) Mündliche Verfahren

Bei 167 Verfahren (93,8 %) war die Frage *positiv* zu beantworten; ihre durchschnittliche Dauer betrug 461,2 Tage = 15 Monate 11 Tage. Bei 11

[7] Vgl. S. 128.
[8] 1 Verfahren fehlt in dieser Statistik.
[9] Siehe auch S. 140.

Verfahren (6,2 %) war keine entsprechende Entscheidung vorausgegangen, sie dauerten durchschnittlich 517,1 Tage = 17 Monate 7 Tage[10].

b) Schriftliche Verfahren

Bei sämtlichen der überprüften 27 Verfahren (100,0 %) war die Frage positiv zu beantworten, ihre durchschnittliche Dauer betrug 570,5 Tage = 19 Monate[11].

Hier überschnitten sich wohl die Tendenzen einerseits zur Verkürzung der Laufdauer derartiger Verfahren und andererseits zur Verlängerung der Laufdauer infolge der Schriftlichkeit der Verfahren.

3. Abschnitt

Beigeladene

1. Gruppierung

An 46 Verfahren (7,7 %) waren teils ein, teils mehrere Beigeladene beteiligt; in 21 Fällen handelte es sich um 1 Beigeladenen, in 14 Fällen um 2 Beigeladene. 1 Beigeladener war eine juristische Person des öffentlichen Rechts, 3 Beigeladene wurden durch Bevollmächtigte vertreten (1 Verbandsvertreter, 1 Rechtsanwalt, 1 anderer Bevollmächtigter).

In 11 Fällen (23,9 %) war der Klage des Berufungsverfahrens 1 Vorverfahren vorausgegangen, und in 1 Fall war der Beigeladene an dem Vorverfahren beteiligt gewesen. In 25 Fällen (54,3 %) hat der Beigeladene an dem sozialgerichtlichen Verfahren mitgewirkt.

2. Zeitpunkt der Beiladung

In 12 Verfahren (2,0 %) mit Beiladung lagen zwischen dem Eingang der Berufung und der Zustellung der Beiladung

an den 1. Beigeladenen:

bis 3 Monate	in 4	Fällen	(33,3 %)
3 - 6 Monate	in 4	Fällen	(33,3 %)
6 - 12 Monate	in 1	Fall	(8,3 %)
12 - 24 Monate	in 2	Fällen	(16,6 %)

[10] In 14 Verfahren mit einer durchschnittlichen Dauer von 544 Tagen = 18 Monaten 4 Tagen war nicht feststellbar, ob eine entsprechende Entscheidung angefallen war.

[11] In 3 Verfahren mit einer durchschnittlichen Dauer von 481,3 Tagen = 16 Monaten 1 Tag war nicht feststellbar, ob eine entsprechende Entscheidung angefallen war.

an den 2. Beigeladenen:

6 - 12 Monate in 1 Fall (8,3 %)

In diesen Verfahren ergibt sich, daß der 1. Beigeladene in einem Drittel der Fälle alsbald nach Eingang der Berufung beteiligt wurde. Warum dies in den übrigen Fällen später geschah, läßt sich nicht feststellen.

Die Beiladung kann zu einer Verlängerung des Verfahrens[1] führen und kann sich dadurch auf die durchschnittliche Laufdauer auswirken, zumal wenn der Beigeladene sich am Verfahren nur zögernd oder gar nicht beteiligt.

4. Abschnitt

Gegenstand des Rechtsstreits in der Berufungsinstanz

1. Die Berufungen nach Art und Häufigkeit

Die überprüften 600 Berufungen gliedern sich nach Art und Häufigkeit der Klagen wie folgt[1]:

1. *Anfechtungs- und (unechte) Leistungsklagen* (§ 54 Abs. 1, 4 SGG)	79,4 %	(491 Fälle)
2. *(verbundene) Anfechtungs- und Verpflichtungsklagen* im engeren Sinne (§§ 54 Abs. 1, 131 Abs. 3 SGG)	7,1 %	(44 Fälle)
3. *Anfechtungsklagen einschl. Aufsichtsklagen* (§ 54 Abs. 1, 3 SGG)	6,8 %	(42 Fälle)
4. *(echte) Leistungsklagen* (§ 54 Abs. 5 SGG)	2,6 %	(16 Fälle)
5. *Feststellungsklagen* (§ 55 SGG)	3,1 %	(19 Fälle)
6. *Untätigkeitsklagen* (§§ 88, 54 SGG)	—	—
7. *Wahlanfechtungsklagen* (§§ 57 b, 131 Abs. 4 SGG)	—	—
8. *andere Klagen*	1,0 %	(6 Fälle)

Die Aufschlüsselung, deren Ergebnisse nur ungefähr dem Anteil der Streitigkeiten in der 1. Instanz entsprechen[2], ergibt, daß es sich in 93,3 % der Fälle um *Anfechtungsklagen* und deren Kombination mit anderen

---

[1] Vgl. wegen der 1. Instanz S. 33.

[1] Die Basiszahl ist 618 Berufungen, da infolge Klagenhäufung einzelne Akten wahrscheinlich zweifach erfaßt worden sind, vgl. S. 33, und *Ule*, S. 110.

[2] Vgl. *Ule*, S. 178. Wegen der 1. Instanz vgl. S. 33.

Klagearten handelt, der Rest (6,7 %) entfällt auf 16 (echte) Leistungsklagen, 19 Feststellungsklagen und 6 andere Klagen.

2. Objektive Klagenhäufung, Klageänderung — internationales Recht

a) In 44 (7,3 %) der 600 überprüften Verfahren machten die Kläger mehrere *Ansprüche* geltend.

Nach der *Anzahl der Ansprüche* verfolgten die Kläger:

2 Ansprüche	in	37 Fällen	(84,1 %),
3 Ansprüche	in	5 Fällen	(11,4 %),
mehr als 3 Ansprüche	in	2 Fällen	(4,6 %).

Es ließ sich nicht feststellen, daß die objektive Klagenhäufung einen meßbaren Einfluß auf die Dauer der Prozesse hat[3].

b) In 18 (3,0 %) der 600 überprüften Verfahren ergab sich, daß die Berufungskläger die Klage in der Berufungsinstanz geändert haben, davon in 15 Fällen (83,3 %) durch *Änderung des Klageantrages*, in 6 Fällen (33,3 %) durch *Änderung des Klagegrundes* und in 3 Fällen (16,7 %) durch einen *Wechsel in der Person des Beklagten*. Die Änderungen erfolgten in folgenden Zeiträumen, gerechnet ab Einlegung der Berufung:

bis 3 Monate	in	2 Fällen	(11,1 %)
3 - 6 Monate	in	2 Fällen	(11,1 %)
6 - 12 Monate	in	2 Fällen	(11,1 %)
12 - 24 Monate	in	12 Fällen	(66,7 %)

Die Dauer dieser Verfahren entsprach der allgemeinen Durchschnittsdauer.

c) In 12 (2,0 %) der 600 überprüften Verfahren machten die Kläger auch ausländisches, internationales oder supranationales Recht geltend. Die durchschnittliche Dauer *dieser* Verfahren betrug 560,9 Tage = 18 Monate 21 Tage, also 106 Tage = 3 Monate 16 Tage mehr als die allgemeine Durchschnittsdauer. Das heißt, daß diese Rechtsmaterien zu einer Verlängerung der Verfahrensdauer führen.

3. Änderung oder Ersetzung des angefochtenen Bescheides — Anschlußberufung

a) In 20 (3,3 %) der überprüften 600 Verfahren ist der angefochtene Verwaltungsakt nach Einlegung der Berufung durch einen neuen Bescheid abgeändert oder ersetzt worden. Dies geschah in folgenden Zeiträumen ab Einlegung der Berufung (1.) und wurde dem Gericht innerhalb folgender Zeiträume mitgeteilt (2.):

---

[3] Ebenso in der allgemeinen Verwaltungsgerichtsbarkeit, vgl. *Ule*, S. 177. Wegen der 1. Instanz des sozialgerichtlichen Verfahrens sei auf S. 34 verwiesen.

	1.		2.
bis 3 Monate	6 Fälle (30,0 %)	bis 1 Woche	3 Fälle (15,0 %)
3 - 6 Monate	2 Fälle (10,0 %)	1 - 2 Wochen	4 Fälle (20,0 %)
6 - 12 Monate	6 Fälle (30,0 %)	2 - 4 Wochen	5 Fälle (25,0 %)
12 - 24 Monate	6 Fälle (30,0 %)	über 4 Wochen	8 Fälle (40,0 %)

Dieser Vorgang kann sich auf die Dauer der Verfahren auswirken, zumal wenn die Verwaltung bei 40 % dieser Bescheide über 4 Wochen benötigt, um das Gericht zu unterrichten.

b) In 8 (1,3 %) der 600 überprüften Verfahren ist *Anschlußberufung* eingelegt worden. Dies geschah in folgenden Zeiträumen, gerechnet ab Einlegung der Berufung (1.) und in folgenden Zeiten vor Erlaß des Urteils (2.):

	1.	2.
bis 1 Monat	2 Fälle (25,0 %)	2 Fälle (25,0 %)
1 - 3 Monate	1 Fall (12,5 %)	2 Fälle (25,0 %)
3 - 6 Monate	2 Fälle (25,0 %)	— —
6 - 12 Monate	— —	2 Fälle (25,0 %)
über 12 Monate	3 Fälle (37,5 %)	2 Fälle (25,0 %)

Die Anschlußberufung, zumal wenn sie als selbständige eingelegt wird, kann eine Verlängerung der Verfahren zur Folge haben. Insgesamt ist die Zahl der Anschlußberufungen zu gering, um sich auf die allgemeine durchschnittliche Verfahrensdauer auszuwirken.

4. Gliederung nach Rechtsmaterien

594 überprüfte Verfahren[4] verteilen sich auf einzelne Rechtsmaterien nach deren Häufigkeit wie folgt:

1. *Gesetzliche Rentenversicherung* (einschl. der knappschaftlichen Rentenversicherung und der Rentenversicherung der Handwerker)	43,8 %	(266 Fälle)
2. *Kriegsopferversorgung* (einschl. des Soldatenversorgungsgesetzes, § 88 Abs. 1 u. 5 SVG)	34,0 %	(207 Fälle)
3. *Gesetzliche Unfallversicherung*	12,5 %	(76 Fälle)
4. *Arbeitslosenversicherung* und *Arbeitslosenhilfe* (einschl. der übrigen Aufgaben der Bundesanstalt für Arbeit, insbes. des Kindergeldgesetzes, § 27 Abs. 1 BKGG)[5] (einschl. der knappschaftlichen Krankenversicherung und der Krankenversicherung der NS-Verfolgten)	3,8 %	(23 Fälle)
5. *Gesetzliche Krankenversicherung*	2,8 %	(17 Fälle)

[4] *Mündliche* Verfahren: 497 (83,7 %); *schriftliche* Verfahren: 97 (16,3 %). Wegen der 1. Instanz vgl. S. 35.

[5] Davon 6 Fälle Kindergeld.

6. *Altershilfe für Landwirte* (§§ 30, 46 GAL)	1,3 %	(8 Fälle)
7. *Kassenarztrecht*	0,7 %	(4 Fälle)
8. *Häftlingshilfe*	0,2 %	(1 Fall)
9. *Sonstiges Recht*	1,0 %	(6 Fälle)
	100 %	(608 Fälle)[6]

Beim Vergleich mit ihrem Anteil in der 1. Instanz[7] liegt die *Kriegsopferversorgung* in der 2. Instanz um 15,3 % höher — sie macht über ein Drittel (34,0 %) der Berufungen aus —, während die übrigen Materien in der 2. Instanz niedrigere Werte als in der 1. Instanz ausweisen, beispielsweise die Rentenversicherung um 8 %, die Unfallversicherung um 5,9 % und die Krankenversicherung um 1,1 %.

Zusammenfassend verteilen sich die Streitigkeiten in der Berufungsinstanz auf zwei *Hauptgruppen*, nämlich 45 % auf die *Rentenversicherung* einschließlich der *Altershilfe für Landwirte* und 34 % auf die *Kriegsopferversorgung*. In Sachen der Lohnfortzahlung, des Zivilen Ersatzdienstes u. der Versorgung der Beschädigten des Zivilschutz-Korps standen keine Berufungen zur Entscheidung.

5. Durchschnittsdauer

Gliedert man die überprüften Verfahren mit einer Durchschnittsdauer von

452,4 Tage = 15 Monate 2 Tage der *mündlichen* Verfahren und
467,7 Tage = 16 Monate 8 Tage der *schriftlichen* Verfahren,
zusammengefaßt: 454,9 Tage = 15 Monate 5 Tage

nach ihren *Materien*, so beträgt ihre *Durchschnittsdauer*[8]:

1. *Kriegsopferversorgung*	530,5 Tage = 17 Monate 21 Tage	(207 Fälle)
mündl. Verfahren:	527,5 Tage = 17 Monate 18 Tage	(177 Fälle)
schriftl. Verfahren:	548,0 Tage = 18 Monate 8 Tage	(30 Fälle)
2. *Krankenversicherung*	496,1 Tage = 16 Monate 16 Tage	(17 Fälle)
mündl. Verfahren:	511,2 Tage = 17 Monate 1 Tag	(16 Fälle)
schriftl. Verfahren:	254,0 Tage = 8 Monate 14 Tage	(1 Fall)
3. *Unfallversicherung*	487,4 Tage = 16 Monate 7 Tage	(76 Fälle)
mündl. Verfahren:	476,4 Tage = 15 Monate 26 Tage	(59 Fälle)
schriftl. Verfahren:	525,5 Tage = 17 Monate 16 Tage	(17 Fälle)

[6] 14 Verfahren sind wahrscheinlich aus Gründen der Klagenhäufung zweimal gezählt worden; vgl. S. 134 FN 1, und *Ule*, S. 110. Die Prozentsätze sind von der Basiszahl 608 berechnet worden.

[7] Vgl. S. 36.

[8] Reihenfolge der Materien (S. 136 f.) hier nach der Länge ihrer Durchschnittsdauer.

4. *Arbeitslosenversicherung*										
(einschl. Kindergeld)[9]	458,0	Tage	=	15	Monate	8	Tage	(23	Fälle)
mündl. Verfahren:	433,4	Tage	=	14	Monate	13	Tage	(21	Fälle)
schriftl. Verfahren:	715,5	Tage	=	23	Monate	26	Tage	(2	Fälle)
5. *Kassenarztrecht*	405,0	Tage	=	13	Monate	15	Tage	(4	Fälle)
mündl. Verfahren:	467,7	Tage	=	15	Monate	18	Tage	(3	Fälle)
schriftl. Verfahren:	217,0	Tage	=	7	Monate	7	Tage	(1	Fall)
6. *Rentenversicherung*	398,0	Tage	=	13	Monate	8	Tage	(266	Fälle)
mündl. Verfahren:	398,3	Tage	=	13	Monate	8	Tage	(221	Fälle)
schriftl. Verfahren:	396,8	Tage	=	13	Monate	7	Tage	(45	Fälle)
7. *Altershilfe für Landwirte*	289,7	Tage	=	9	Monate	20	Tage	(8	Fälle)
mündl. Verfahren:	305,2	Tage	=	10	Monate	5	Tage	(6	Fälle)
schriftl. Verfahren:	243,0	Tage	=	8	Monate	3	Tage	(2	Fälle)
8. *Häftlingshilfe*	1 mündl. Verfahren dauerte 12 - 24 Monate								
9. *Sonstiges Recht*	330,5	Tage	=	11	Monate	1	Tag	(6	Fälle)
mündl. Verfahren:	357,6	Tage	=	11	Monate	28	Tage	(5	Fälle)
schriftl. Verfahren:	195,0	Tage	=	6	Monate	15	Tage	(1	Fall)

Diese Aufgliederung beweist, daß in der *Berufungsinstanz* — anders als in der 1. Instanz, wo nur die Durchschnittsdauer der Verfahren der *Kriegsopferversorgung* mit 3 Monaten 16 Tagen ‚erheblich' über der *allgemeinen* Durchschnittsdauer (16 Monate 2 Tage) lag, — die Durchschnittswerte zu 1. bis 4. *über* und die Durchschnittswerte zu 5. bis 9. *unter* der *allgemeinen* Durchschnittsdauer rangieren; dabei steht die Kriegsopferversorgung mit einem Mehr von 2 Monaten 16 Tagen an der Spitze, also die Materie, deren Anteile in der 1. Instanz 18,7 % und in der 2. Instanz 34 % ausmachen.

6. Gliederung nach Leistungen

In 600 Verfahren handelte es sich um folgende Leistungen:

48mal um einmalige Leistungen (7,7 %)
494mal um laufende Leistungen (78,8 %)
85mal um laufende Leistungen (13,6 %) für abgelaufene Zeiträume

insgesamt 627 Leistungen[10].

---

[9] 6 mündliche Verfahren über Kindergeld mit Durchschnittsdauer 607,3 Tage = 20 Monate und 7 Tage.

[10] Insgesamt 627 Leistungen, da Mehrfachnennung möglich war.

5. Abschnitt

Vorverfahren — Untätigkeit der Verwaltung

1. Zahl der Vorverfahren und ihre Gruppierung

497 mündliche und 97 schriftliche Verfahren sind daraufhin überprüft worden, ob ein Vorverfahren stattgefunden hat. Es ergab sich in den

mündlichen Verfahren

		durchschnittl. Verfahrensdauer
a) positiv:	179 Verfahren	472,5 Tage
b) negativ:	232 Verfahren	428,4 Tage
c) keine Feststellung:	86 Verfahren	475,4 Tage

Es wurden erledigt:

	a)	b)	c)
innerhalb 1 Jahres	35,2 % Verf.	47,8 % Verf.	39,5 % Verf.
innerhalb 2 Jahre	87,7 % Verf.	87,1 % Verf.	77,9 % Verf.
innerhalb 3 Jahre	96,7 % Verf.	97,8 % Verf.	95,4 % Verf.

schriftlichen Verfahren

		durchschnittl. Verfahrensdauer
a) positiv:	29 Verfahren	574,7 Tage
b) negativ:	57 Verfahren	447,1 Tage
c) keine Feststellung:	11 Verfahren	292,1 Tage

Es wurden erledigt:

	a)	b)	c)
innerhalb 1 Jahres	24,1 % Verf.	47,4 % Verf.	63,6 % Verf.
innerhalb 2 Jahre	72,4 % Verf.	86,0 % Verf.	100 % Verf.
innerhalb 3 Jahre	93,1 % Verf.	94,7 % Verf.	— Verf.

2. Die Verwaltung des Vorverfahrens als Beklagte

a) Mündliche Verfahren

179 Verfahren sind daraufhin überprüft worden, ob der Beklagte oder die Behörde, die ihn vertritt, im Vorverfahren entschieden hat. Dies war in 166 Verfahren (92,7 %) der Fall; ihre durchschnittliche Verfahrensdauer betrug 461,8 Tage = 15 Monate 12 Tage. In 10 Verfahren war dies nicht der Fall; ihre durchschnittliche Verfahrensdauer betrug 500,3 Tage = 16 Monate 20 Tage. In 3 Verfahren mit durchschnittlicher Dauer von 964,7 Tagen = 32 Monaten 5 Tagen sind keine Feststellungen getroffen worden.

b) Schriftliche Verfahren

Wie zu 1. sind auch 29 *schriftliche* Verfahren überprüft worden. In 27 Verfahren (93,1 %) wurde eine solche Entscheidung im Vorverfahren erlassen; die durchschnittliche Dauer dieser Verfahren betrug 570,5 Tage = 19 Monate 1 Tag. In 2 Verfahren (6,9 %) mit durchschnittlicher Dauer von 631 Tagen = 21 Monate 1 Tag sind keine Feststellungen getroffen worden.

Es wurden erledigt:

Verfahren zu a)

	positive Verf.	negative Verf.	Verf. ohne Feststellung
innerhalb 1 Jahres	35,6 %	40,0 %	—
innerhalb 2 Jahre	89,2 %	80,0 %	33,3 %
innerhalb 3 Jahre	97,0 %	100 %	66,7 %

Verfahren zu b)

	positive Verf.	negative Verf.	Verf. ohne Feststellung
innerhalb 1 Jahres	22,2 %	—	50,0 %
innerhalb 2 Jahre	74,1 %	—	50,0 %
innerhalb 3 Jahre	92,6 %	—	100 %

3. Dauer des Vorverfahrens

In anderem Zusammenhang ergab sich, daß in 212 (35,3 %) von 503 überprüften Verfahren (83,8 %)[1] ein Vorverfahren der Verwaltung stattgefunden hat.

In 140 Fällen (66,0 %) hat das Vorverfahren *beispielsweise* gedauert:

bis 1 Monat	12 Fälle	(8,6 %)
1 - 3 Monate	34 Fälle	(24,3 %)
3 - 6 Monate	41 Fälle	(29,3 %)
6 - 9 Monate	25 Fälle	(17,9 %)
9 - 12 Monate	12 Fälle	(8,6 %)
über 12 Monate	16 Fälle	(11,4 %)

In den restlichen Fällen ist die Dauer nicht feststellbar.

4. Untätigkeit der Verwaltung

3 Verfahren betrafen Untätigkeitsklagen nach § 88 SGG.

[1] In 97 (16,2 %) der 600 Verfahren ist nichts festgestellt worden. An anderer Stelle wurden 226 Vorverfahren ermittelt, vgl. S. 132.

6. Abschnitt

Zulässigkeit der Berufung und Wiedereinsetzung für gesetzliche Verfahrensfristen

1. Zulässigkeit der Berufung

Von 600 Berufungen waren 553 (92,2 %) zulässig, und zwar weil

a) *kein Ausschließungsgrund* (§§ 144 - 149 SGG) *vorlag:*	505 Fälle (91,3 %)
b) *das SG die Berufung zugelassen hatte* (§ 150 Nr. 1 SGG):	27 Fälle (4,9 %)
c) *ein wesentlicher Mangel des Verfahrens gerügt wurde* (§ 150 Nr. 2 SGG):	3 Fälle (0,5 %)
d) *Fragen des ursächlichen Zusammenhangs streitig waren* (i. S. des § 150 Nr. 3 SGG):	16 Fälle (2,9 %)
e) *eine Gesundheitsstörung i. S. des § 150 Nr. 3 SGG nicht als feststellbar erachtet wurde:*	2 Fälle (0,4 %)

2. Wiedereinsetzung für gesetzliche Verfahrensfristen

In 3 Verfahren ist Wiedereinsetzung bezüglich der Berufungsfrist nach § 67 SGG gewährt worden, davon in 1 Fall in einem Zeitraum von 1 - 3 Monaten und in 1 Fall innerhalb von 3 - 6 Monaten.

7. Abschnitt

Gesamtdauer des Berufungsverfahrens und Terminsübersicht

1. Zur Dauer der Verfahren

Die — bereits aufgeführten — Untersuchungen (S. 117 ff.) zu der Laufdauer der Verfahren seien noch durch folgende Daten ergänzt[1]:

a) Von 496 *mündlichen* Verfahren (mit einer durchschnittlichen Laufdauer von 452,4 Tagen = 15 Monaten 2 Tagen) benötigten:

---

[1] Von 600 Berufungen betrafen: 509 Verfahren (84,8 %) LSGe mit über- und 91 (15,2 %) LSGe mit unterdurchschnittlicher industrieller Bevölkerung und 86 (14,3 %) LSGe von Stadtstaaten. In 97 Verfahren (16,2 %) wurden auswärtige Sitzungen durchgeführt, und in 59 Verfahren (9,8 %) war die Zustädigkeit des Senats auf Bezirke anderer LSGe für bestimmte Gruppen von Verfahren erstreckt worden (§ 31 Abs. 3 SGG). 6 Verfahren (1,0 %) mit einer durchschnittlichen Laufdauer von 433,2 Tagen = 14 Monaten 13 Tagen stammten von LSGen, die Gerichtstage bzw. regelmäßig auswärtige Sitzungen durchführten.

bis 3 Monate	21 Fälle	(4,2 %)
3 - 6 Monate	64 Fälle	(12,0 %)
6 - 12 Monate	123 Fälle	(24,8 %)
12 - 24 Monate	217 Fälle	(43,8 %)
24 - 36 Monate	56 Fälle	(11,3 %)
über 36 Monate	15 Fälle	(3,0 %)

Basiszahl: 496

Von diesen 496 Verfahren waren 31 Berufungen (6,3 %) (mit einer Laufdauer von 452,7 Tagen = 15 Monaten 3 Tagen) beim SG zur Niederschrift des Urkundsbeamten eingelegt worden (§ 151 Abs. 2 SGG). Diese Verfahren dauerten:

bis 3 Monate	—	
3 - 6 Monate	9 Fälle	(29,0 %)
6 - 12 Monate	6 Fälle	(19,4 %)
12 - 24 Monate	10 Fälle	(32,3 %)
24 - 36 Monate	5 Fälle	(16,1 %)
über 36 Monate	1 Fall	(3,2 %)

Basiszahl: 31

b) Von 97 *schriftlichen* Verfahren (mit einer durchschnittlichen Laufdauer von 467,7 Tagen = 15 Monaten 18 Tagen) benötigten:

bis 3 Monate	2 Fälle	(2,1 %)
3 - 6 Monate	14 Fälle	(14,4 %)
6 - 12 Monate	25 Fälle	(25,8 %)
12 - 24 Monate	40 Fälle	(41,2 %)
24 - 36 Monate	11 Fälle	(11,3 %)
über 36 Monate	5 Fälle	(5,2 %)

Basiszahl: 97

Von diesen 97 Verfahren waren 5 (5,2 %) (mit einer Laufdauer von 546,6 Tagen = 18 Monaten 7 Tagen) beim SG zur Niederschrift des Urkundsbeamten eingelegt worden (§ 151 Abs. 2 SGG).

Diese Verfahren benötigten:

bis 3 Monate	—	
3 - 6 Monate	1 Fall	(20,0 %)
6 - 12 Monate	1 Fall	(20,0 %)
12 - 24 Monate	1 Fall	(20,0 %)
24 - 36 Monate	2 Fälle	(40,0 %)
über 36 Monate	—	

Basiszahl: 5

c) In 36 Verfahren, in denen die Berufung nach § 151 Abs. 2 SGG (s. o.) eingelegt wurde, kam diese zum LSG in folgenden Zeiträumen:

bis 1 Woche	in	27 Fällen	(75,0 %)
1 - 2 Wochen	in	7 Fällen	(19,4 %)
2 - 4 Wochen	in	2 Fällen	(5,6 %),

im Durchschnitt in 5,2 Tagen, also so schnell, daß dadurch eine spürbare Verlängerung der Verfahren nicht eingetreten ist.

2. Falscher Beklagter

In 48 (8,1 %) von 590 überprüften Berufungen wurde der Berufungsbeklagte vom Berufungskläger nicht richtig bezeichnet, ein Fehler, durch den der Kläger die Dauer seines Verfahrens, wenn auch nur geringfügig, verlängert haben kann.

3. Begründung der Berufung

In 294 (49,0 %) von 600 Verfahren wurde die Berufung *mit* Begründung eingelegt, in 306 (51,0 %), also in reichlich der Hälfte der Verfahren, war dies nicht der Fall[2].

In 269 (87,9 %) der Berufungen *ohne* Begründung ist diese in der Berufungsschrift in Aussicht gestellt worden. In 110 (40,9 %) dieser Verfahren ist die Berufungsbegründung ein- oder mehrmals angemahnt worden, und zwar in

82	Verfahren	(74,5 %)	1mal
19	Verfahren	(17,2 %)	2mal
9	Verfahren	(8,2 %)	mehr als 2mal

d. h. insgesamt also mindestens 147mal.

In 222 *mündlichen* Verfahren (mit einer durchschnittl. Dauer von 482,7 Tagen = 16 Monaten 3 Tagen) und in 32 *schriftlichen* Verfahren (mit einer durchschnittl. Dauer von 551,8 Tagen = 18 Monaten 12 Tagen) ist die Begründung, sei es auf Veranlassung des Gerichts oder ohne dessen Aufforderung, nachgereicht worden. Dennoch haben auch diese Verfahren wesentlich länger gedauert als die Berufungsverfahren im allgemeinen Durchschnitt.

Gliedert man die 110 Verfahren auf, in denen die Berufungsbegründung ein- oder mehrmals angemahnt worden ist, so ergeben sich folgende Werte:

In 91 *mündlichen Verfahren* ist die Begründung in folgenden Zeiträumen angemahnt worden, (a) zusammengezogen und aufgegliedert in: b) 1mal, c) 2mal und d) mehr als 2mal):

---

[2] Wegen des entsprechenden Hundertsatzes (30,0 %) bei der Klagebegründung vgl. S. 42.

	a)	b)	c)	d)
bis 3 M.	3 F. (3,3 %)	3 F. (4,6 %)	—	—
3 - 6 M.	12 F. (13,2 %)	10 F. (15,2 %)	2 F. (12,5 %)	—
6 - 12 M.	20 F. (22,0 %)	12 F. (18,2 %)	6 F. (37,5 %)	2 F. (22,2 %)
12 - 24 M.	40 F. (44,0 %)	30 F. (45,5 %)	6 F. (37,5 %)	4 F. (44,4 %)
24 - 36 M.	13 F. (14,3 %)	8 F. (12,1 %)	2 F. (12,5 %)	3 F. (33,3 %)
über 36 M.	3 F. (3,3 %)	3 F. (4,6 %)	—	—
	Basisz.: 91	Basisz.: 66	Basisz.: 16	Basisz.: 9

Ordnet man den Gruppen a) bis d) *ihren Mittelwert* zu, so ergeben sich folgende Daten:

a) 478,4 Tage = 15 Monate 28 Tage
b) 475,3 Tage = 15 Monate 25 Tage
c) 426,4 Tage = 13 Monate 6 Tage
d) 592,8 Tage = 19 Monate 22 Tage

In 19 *schriftlichen Verfahren* ist die Begründung in folgenden Zeiträumen angemahnt worden, (a) zusammengefaßt, b) bis d) aufgegliedert):

	a)	b)	c)	d)
				entfällt
bis 3 M.	—	—	—	
3 - 6 M.	2 F. (10,5 %)	1 F. (6,3 %)	1 F. (33,3 %)	
6 - 12 M.	4 F. (21,1 %)	4 F. (25,0 %)	—	
12 - 24 M.	9 F. (47,4 %)	7 F. (43,8 %)	2 F. (66,7 %)	
24 - 36 M.	4 F. (21,1 %)	—	—	
	Basisz.: 19	Basisz.: 16	Basisz.: 3	

Ordnet man diesen Gruppen a) bis c) *ihren arithmetischen Mittelwert* zu, ergeben sich folgende Daten:

a) 527,9 Tage = 17 Monate 18 Tage
b) 561,1 Tage = 18 Monate 21 Tage
c) 351,3 Tage = 11 Monate 21 Tage

Diese Aufstellungen beweisen, welche Bedeutung die Begründung der Berufung für die Dauer der Verfahren hat und welche Zeit und Arbeit ihre Einholung erfordert. Vgl. wegen der nachgereichten Begründung der Klage S. 42 f.

4. Letzter Schriftsatz zur Sache — Dauer der Verfahren

a) Es sei angemerkt, daß zwischen dem letzten Schriftsatz zur Sache und der Verkündung des Urteils nach *mündlicher* Verhandlung folgende Zeiträume lagen:

bis 1 Monat	12 Fälle	(2,4 %)
1 - 3 Monate	142 Fälle	(28,7 %)
3 - 6 Monate	130 Fälle	(26,3 %)
6 - 9 Monate	82 Fälle	(16,6 %)
über 9 Monate	128 Fälle	(25,9 %)

Basiszahl: 494

In 97 *schriftlichen* Verfahren ist der letzte Schriftsatz zur Sache in folgenden Zeiträumen vor der Zustellung des Urteils eingegangen:

bis 1 Monat	11 Fälle	(11,3 %)
1 - 3 Monate	26 Fälle	(26,8 %)
3 - 6 Monate	32 Fälle	(33,0 %)
über 6 Monate	28 Fälle	(28,9 %)

Basiszahl: 97

Vergleicht man die Daten, die sich im Zusammenhang mit dem letzten Schriftsatz zur Sache *insgesamt* (595 Verfahren) ergaben, so sind folgende Zeiträume festzustellen:

bis 3 Monate	146 Fälle	(24,5 %)
3 - 6 Monate	91 Fälle	(15,3 %)
über 6 Monate	354 Fälle	(59,5 %)
keine Angaben	4 Fälle	(0,7 %)

Basiszahl: 595

Von 496 überprüften mündlichen Verfahren fand vor Verkündung des Urteils in 431 Verfahren (86,9 %) nur 1 Termin statt[3]; in 65 Verfahren (13,1 %) war dies nicht der Fall. Gliedert man diese Gruppen a) und b) nach den Erledigungszeiträumen auf und stellt ihnen die zusammengezogenen Erledigungsziffern der 496 mündlichen Verfahren unter c) gegenüber, so ergibt sich folgende Übersicht:

	a)	b)	c)
bis 3 Monate	21 Fälle (4,8 %)	— —	21 Fälle (4,2 %)
3 - 6 Monate	59 Fälle (13,7 %)	5 Fälle (7,7 %)	64 Fälle (12,9 %)
6 - 12 Monate	116 Fälle (26,9 %)	7 Fälle (10,8 %)	123 Fälle (24,8 %)
12 - 24 Monate	186 Fälle (43,2 %)	31 Fälle (47,7 %)	217 Fälle (43,8 %)
24 - 36 Monate	37 Fälle (8,6 %)	19 Fälle (29,2 %)	56 Fälle (11,3 %)
über 36 Monate	12 Fälle (2,8 %)	3 Fälle (4,6 %)	15 Fälle (3,0 %)
	Basiszahl: 431	Basiszahl: 65	Basiszahl: 496

Ordnet man diesen Gruppen ihren *Mittelwert* zu, so benötigten die Verfahren im Durchschnitt:

---

[3] Vgl. S. 147 ff., 166.

a) 424,8 Tage = 14 Monate 5 Tage
b) 636,4 Tage = 21 Monate 6 Tage
c) 452,4 Tage = 15 Monate 2 Tage

Von den Verfahren dieser Gruppen wurden *im 1. Jahr* erledigt:

a) 196 Fälle (45,5 %)
b) 12 Fälle (18,5 %)
c) 208 Fälle (41,9 %)

Das heißt, daß in einem Jahr knapp die Hälfte der Verfahren (45,5 %) mit nur 1 Termin, hingegen knapp ein Fünftel der Verfahren mit mehreren Terminen (18,5 %) erledigt wurden.

5. Gesamtdauer (Verwaltungs- und gerichtliche Verfahren)

a) Zwischen dem Beginn des Verwaltungsverfahrens und dem Urteil in 2. Instanz lagen in 322 Fällen folgende Zeiträume, aufgegliedert nach *mündlichen* (1.) und *schriftlichen* Verfahren (2.) und *zusammengefaßt* (3.):

	1.	2.	3.
bis 18 Monate	9 Fälle (3,5 %)	1 Fall (1,5 %)	10 Fälle (3,1 %)
18 - 24 Monate	21 Fälle (8,2 %)	8 Fälle (11,9 %)	29 Fälle (9,0 %)
24 - 36 Monate	59 Fälle (32,1 %)	13 Fälle (19,4 %)	72 Fälle (22,4 %)
36 - 48 Monate	45 Fälle (17,6 %)	11 Fälle (16,4 %)	56 Fälle (17,4 %)
über 48 Monate	121 Fälle (47,5 %)	34 Fälle (50,8 %)	155 Fälle (48,1 %)
	Basiszahl: 255	Basiszahl: 67	Basiszahl: 322

Das heißt, daß die Gesamtdauer von 322 derartigen Verfahren reichlich die Hälfte der Fälle bis zu 4 Jahren betrug.

b) 92 Verwaltungsverfahren dauerten:

bis 3 Monate	25 Fälle (27,2 %)
3 - 6 Monate	22 Fälle (23,9 %)
6 - 9 Monate	17 Fälle (18,5 %)
9 - 12 Monate	11 Fälle (12,0 %)
12 - 24 Monate	11 Fälle (12,0 %)
über 24 Monate	6 Fälle (6,5 %)
	Basiszahl: 92

Das heißt, daß von 92 Verwaltungsverfahren mehr als die Hälfte (51,1 %) bis zu 6 Monaten dauerten.

c) 561 Verfahren der SGe dauerten:

bis 3	Monate	8 Fälle	(1,4 %)
3 - 6	Monate	57 Fälle	(10,2 %)
6 - 9	Monate	167 Fälle	(29,8 %)
9 - 12	Monate	210 Fälle	(37,4 %)
12 - 24	Monate	75 Fälle	(13,4 %)
über 24	Monate	44 Fälle	(7,8 %)

Basiszahl: 561

Das heißt, daß von 561 Klagen *41,4 % bis zu 9 Monaten* dauerten.

Zur Terminsübersicht

6. Zahl und Art der Termine

a) Die 558 Termine, die in 462 Verfahren vor

1. dem Senat,
2. dem beauftragten Richter,
3. dem ersuchten Richter,

stattgefunden haben, verteilen sich wie folgt:

	1.	2.	3.	
1. Termin:	424 T. (91,8 %)	31 T. (6,7 %)	7 T. (1,5 %)	insg. 462 Termine
2. Termin:	65 T. (87,8 %)	5 T. (6,8 %)	4 T. (5,4 %)	insg. 74 Termine
3. Termin:	10 T. (76,9 %)	—	3 T. (23,1 %)	insg. 13 Termine
4. Termin:	3 T. (68,0 %)	1 T. (20,0 %)	1 T. (20,0 %)	insg. 5 Termine
5. Termin:	2 T. (66,7 %)	—	1 T. (33,3 %)	insg. 3 Termine
6. Termin:	1 T. (100 %)	—	—	insg. 1 Termin
insgesamt:	505 T. (90,5 %)	37 T. (6,6 %)	16 T. (2,9 %)	558 Termine

Die Ergebnisse weisen darauf hin, daß der Verlauf der mündlichen Berufungsverfahren im wesentlichen dem Verlauf der erstinstanzlichen Verfahren entspricht[4]. 9/10 sämtlicher Termine und 9/10 der 1. Termine fanden vor dem Senat statt.

b) 526 Termine in 370 mündlichen Verfahren waren:

1. Erörterungstermine,
2. Verhandlungstermine (mit Darstellung des Sachverhalts durch den Berichterstatter oder den Vorsitzenden und/oder Anträgen der Beteiligten),
3. Beweistermine,
4. Verkündungstermine (nur Beweisbeschlüsse, Urteile),

[4] Vgl. S. 47.

5. Verhandlungs- und Beweistermine (wie 2. und 3.),
6. Verhandlungs- und Verkündungstermine (wie 2. und 4.),
7. Verhandlungs-, Beweis- und Verkündungstermine (wie 2., 3. und 4.)

in folgender Zahl:

	1.	2.	3.	4.
1. Termin:	23 T. (4,4 %)	7 T. (13,9 %)	14 T, (2,7 %)	3 T. (0,6 %)
2. Termin:	1 T. (0,2 %)	9 T. (1,7 %)	8 T. (1,5 %)	3 T. (0,6 %)
3. Termin:	—	—	3 T. (0,6 %)	—
4. Termin:	—	—	2 T. (0,4 %)	1 T. (0,2 %)
5. Termin:	—	—	1 T. (0,2 %)	—
6. Termin:	—	1 T. (0,2 %)	—	—
insgesamt:	24 T. (4,6 %)	82 T. (15,8 %)	28 T. (5,4 %)	7 T. (1,4 %)

	5.	6.	7.
1. Termin:	9 T. (1,7 %)	289 T. (54,9 %)	25 T. (4,8 %)
2. Termin:	1. T. (0,2 %)	40 T. (7,6 %)	9 T. (1,7 %)
3. Termin:	2 T. (0,4 %)	6 T. (1,1 %)	1 T. (0,2 %)
4. Termin:	—	—	2 T. (0,4 %)
5. Termin:	—	—	1 T. (0,2 %)
6. Termin:	—	—	—
insgesamt:	12 T. (2,3 %)	335 T. (63,7 %)	38 T. (7,2 %)

Basiszahl: 526

Die Kombination von Verhandlungs- und Verkündungstermin (63,7 %) steht an der Spitze, es folgt dann die Kombination von Verhandlungs-, Beweis- und Verkündungstermin (7,2 %). Die 1. Termine dieser beiden Kombinationen (373) betragen 70,9 % der 526 Termine; vgl. S. 145, 151.

c) Die Frage, ob in 343 mündlichen Verfahren ein oder mehrere

1. Erörterungstermine,
2. Verhandlungstermine,
3. Beweistermine (ohne mündliche Verhandlung),
4. Beweistermine (mit mündlicher Verhandlung),
5. Beweistermine vor dem beauftragten Richter,
6. Beweistermine vor dem ersuchten Richter,
7. Beweistermine (Ortsbesichtigung),
8. besondere Verkündungstermine (Beweisbeschlüsse, Urteile)

stattgefunden haben, wurde (unter Zugrundelegung von mindestens 387 Terminen) insgesamt wie folgt beantwortet:

Art	ein Termin	zwei Termine	drei Termine	mehr als drei Termine	
1.	24 Verf. (7,0 %)	—	—	—	24 Verf.
2.	238 Verf. (69,4 %)	17 Verf. (5,0 %)	1 Verf. (0,3 %)	—	256 Verf.
3.	6 Verf. (1,7 %)	1 Verf. (0,3 %)	2 Verf. (0,6 %)	1 Verf. (0,3 %)	10 Verf.
4.	23 Verf. (6,7 %)	4 Verf. (1,2 %)	—	—	27 Verf.
5.	5 Verf. (1,5 %)	2 Verf. (0,6 %)	1 Verf. (0,3 %)	—	8 Verf.
6.	6 Verf. (1,7 %)	3 Verf. (0,9 %)	—	1 Verf. (0,3 %)	10 Verf.
7.	2 Verf. (0,6 %)	—	1 Verf. (0,3 %)	—	3 Verf.
8.	4 Verf. (1,2 %)	1 Verf. (0,3 %)	—	—	5 Verf.
insges.	308 Verf. (89,8 %)	28 Verf. (8,2 %)	5 Verf. (1,5 %)	2 Verf. (0,6 %)	= 343 Verf.

Das ergibt 387 Termine, wenn man in den beiden Verfahren mit „mehr als drei Termine" je vier Termine unterstellt[5].

7. Zeiträume zwischen den Terminen

Insgesamt hat bei 463 Verfahren in 389 Fällen (84,0 %) vor dem Erlaß des Urteils nur *1 Termin* stattgefunden[6]; in den 463 Verfahren fanden insgesamt 558 Termine statt.

Die Frage nach dem Zeitraum zwischen der *Einlegung der Berufung* und dem *1. Termin*, und zwar

a) bei 496 Berufungen (ungegliedert), davon
b) bei 33 Berufungen i. S. des § 151 Abs. 2 SGG[7],

beantwortet folgende Übersicht:

	a)	b)
bis 3 Monate	32 Fälle (6,7 %)	1 Fall (3,0 %)
3 - 6 Monate	67 Fälle (15,5 %)	10 Fälle (30,3 %)
6 - 12 Monate	123 Fälle (28,8 %)	5 Fälle (15,2 %)
über 12 Monate	241 Fälle (52,0 %)	17 Fälle (51,5 %)
	Basiszahl: 463	Basiszahl: 33

Das bedeutet, daß in (rd.) der Hälfte dieser Verfahren der 1. Termin innerhalb *eines Jahres* seit Einlegung der Berufung stattgefunden hat

[5] Das hat zur Folge, daß die Hundertsätze nur Annäherungswerte darstellen.

[6] Vgl. S. 145, 166.

[7] Die Berufungsfrist ist auch gewahrt, wenn die Berufung innerhalb der Frist bei dem Sozialgericht schriftlich oder zur Niederschrift des Urkundsbeamten der Geschäftsstelle eingelegt wird. In diesem Falle legt das Sozialgericht die Berufungsschrift oder die Niederschrift mit seinen Akten unverzüglich dem Landessozialgericht vor.

(51,0 % bzw. 48,5 %). Die Differenzen zwischen den Werten zu a) und zu b) sind nur geringfügig[8].

b) Überprüft man die Zeiträume, die jeweils zwischen den Terminen liegen, so ergeben sich folgende Daten:

	2. Termin	*3. Termin*	*4. Termin*	*5. Termin*	*6. Termin*
bis 3 M.	24 F. (32,4 %)	4 F. (30,8 %)	3 F. (60,0 %)	—	—
3 - 6 M.	17 F. (23,0 %)	4 F. (30,8 %)	2 F. (40,0 %)	—	—
6 - 12 M.	24 F. (32,4 %)	4 F. (30,8 %)	—	2 F. (100 %)	—
über 12 M.	9 F. (12,2 %)	1 F. (7,7 %)	—	—	1 F. (100 %)
	Basisz.: 74	Basisz.: 13	Basisz.: 5	Basisz. 2	Basisz.: 1

Das bedeutet, daß bei 463 Verfahren stattfanden:

1 Termin in	376 Fällen	(81,2 %)
2 Termine in	66 Fällen	(14,6 %)
3 Termine in	13 Fällen	(2,8 %)
4 Termine in	5 Fällen	(1,1 %)
5 Termine in	2 Fällen	(0,4 %)
6 Termine in	1 Fall	(0,2 %)
	Basiszahl: 463	

Das heißt, daß auf 463 Verfahren insgesamt 583 Verhandlungstermine entfielen.

Damit ergibt sich, daß in mehr als der Hälfte (56,8 %) dieser Verfahren, in denen 2 oder mehr Termine stattfanden, zwischen dem 1. und dem 2. Termin, dem 2. und dem 3. Termin usw. *bis zu 6 Monaten* lagen, d. h. in 2,3 % mehr Verfahren als in der 1. Instanz[9], die restlichen Verfahren wiesen längere Zeiträume auf.

c) Ordnet man den Verfahren der Übersichten zu a) und b) noch die *arithmetischen Mittelwerte* zu, so ergeben sich folgende Daten:

Gruppe 463 Verfahren:	422,9 Tage	= 14 Monate	3 Tage, davon	
Gruppe 33 Verfahren:	412,7 Tage	= 13 Monate	23 Tage	
Gruppe 2. Termin:	197,0 Tage	= 6 Monate	17 Tage	(74 Fälle)
Gruppe 3. Termin:	163,2 Tage	= 5 Monate	12 Tage	(13 Fälle)
Gruppe 4. Termin:	64,2 Tage	= 2 Monate	4 Tage	(5 Fälle)
Gruppe 5. Termin:	96,5 Tage	= 3 Monate	7 Tage	(2 Fälle!)
Gruppe 6. Termin:	563,0 Tage	= 18 Monate	23 Tage	(1 Fall!)

d) Zusammenfassend ist zu 7 a) bis c) zu bemerken, daß in der 2. Instanz verhältnismäßig weniger 2. und folgende Termine als in der 1. Instanz stattgefunden haben. In der 1. Instanz entfielen auf 958 Verfahren 362 (38,8 %) weitere Termine, in der 2. Instanz waren es bei 463 Ver-

[8] Vgl. S. 141 f.

[9] S. 45.

fahren 95 (25,5 %)[10]. Das erklärt sich u. a. dadurch, daß in der 2. Instanz verhältnismäßig weniger Gutachten eingeholt worden sind.

Auch in der 2. Instanz können sowohl die Zahl der weiteren Termine als auch die Zeiträume zwischen diesen durch Faktoren bedingt sein, die dem Einfluß des Gerichts nicht oder nur begrenzt unterliegen, ohne daß das Ausmaß dieses Einflusses näher ermittelt werden kann. In diesem Zusammenhang ist die Beweiserhebung, insbesondere die Einholung von schriftlichen Gutachten, als der bedeutsamste Faktor zu berücksichtigen, zumal wenn neu anfallendes Vorbringen zu beachten ist oder der Rechtsuchende einen Antrag nach § 109 Abs. 1 SGG stellt. Vgl. im übrigen S. 46.

e) Bezieht man die Übersicht auf 593 Verfahren, so ergeben sich folgende Daten:

In 86,9 % (431 Fälle) der 496 *mündlichen* Verfahren (mit einer Durchschnittsdauer von 452,4 Tagen = 15 Monaten 2 Tagen) und in 57,7 % (56 Fälle) der 97 *schriftlichen* Verfahren (mit einer Durchschnittsdauer von 467,7 Tagen = 15 Monaten 18 Tagen)[11] hat vor Erlaß bzw. der Zustellung des Schlußurteils nur 1 Termin stattgefunden. Diese Verfahren dauerten durchschnittlich 429,8 Tage = 14 Monate 10 Tage bzw 451,4 Tage = 15 Monate 1 Tag.

Hingegen betrugen die Durchschnittsdauern der Verfahren mit *mehreren Terminen* 639,4 Tage = 21 Monate 9 Tage bzw. 489,9 Tage = 16 Monate 10 Tage.

Es wurden erledigt:

mündliche Verfahren

	mit 1 Termin	mit mehreren Terminen
innerhalb 1 Jahres	45,5 %	18,5 %
innerhalb 2 Jahre	88,6 %	66,2 %
innerhalb 3 Jahre	97,2 %	95,4 %

schriftliche Verfahren

	mit 1 Termin	mit mehreren Terminen
innerhalb 1 Jahres	44,7 %	39,0 %
innerhalb 2 Jahre	83,9 %	82,9 %
innerhalb 3 Jahre	98,2 %	90,3 %

---

[10] S. 149.

[11] Das weist darauf hin, daß 41 schriftliche Verfahren als mündliche begonnen haben können.

8. Abschnitt

Vorbescheid

8 (1,3 %) der 600 Berufungen sind durch Vorbescheid zurückgewiesen worden, und zwar

6 Fälle	innerhalb von	3 - 6 Monaten
1 Fall	innerhalb von	6 - 12 Monaten
1 Fall	innerhalb von	12 - 24 Monaten

In 6 Verfahren wurde die Berufung für unzulässig, in 2 Verfahren für unbegründet erklärt. In 3 Fällen wurde mündliche Verhandlung beantragt, davon in 2 Fällen fristgemäß. In 2 Fällen hatte der Kläger in der Sache Erfolg, das LSG bestätigte nicht das Urteil des SG. Im übrigen sei auf das verwiesen, was zum Vorbescheid in der 1. Instanz angemerkt worden ist[1].

9. Abschnitt

Vorbereitung der Verhandlung[1]

I.

1. Eingang der Akten

Die Akten gingen beim LSG ein 1.) bei Berufungen, die beim LSG erhoben wurden, bei denen also die Akten vom SG angefordert werden mußten, und 2.) bei Berufungen, die beim SG eingelegt wurden und mit Akten an das LSG übersandt wurden, in folgenden Zeiträumen:

	1.	2.
bis 2 W.	307 Fälle (58,9 %)	30 Fälle (83,3 %)
2 - 4 W.	150 Fälle (28,8 %)	6 Fälle (16,7 %)
4 - 8 W.	48 Fälle (9,2 %)	—
über 8 W.	16 Fälle (3,1 %)	—
	Basiszahl: 521	Basiszahl: 36

Das heißt, daß die Akten der Berufungen beim LSG in 493 Fällen (88,5 %) innerhalb von 4 Wochen eingingen.

[1] S. 53.

[1] Vgl. wegen der 1. Instanz S. 54 ff.

2. Pflichten des Berufungsklägers nach §§ 93 Satz 1, 153 Abs. 1 SGG bei Einlegung der Berufung

a) Bei 599 Verfahren haben 451 Berufungskläger (75,3 %) ihrer vorgenannten Verpflichtung durch die Beifügung von *Abschriften der Berufungsschrift* entsprochen; 89 Kläger (14,9 %) haben dies nicht getan, in 59 Fällen (9,8 %) ist nichts festgestellt worden[2].

In 361 Verfahren (60,3 %) waren die Kläger durch *Bevollmächtigte* vertreten, diese haben in 306 Fällen (84,8 %) *Abschriften von der Berufungsschrift* beigefügt, in 28 Fällen (7,8 %) ist dies unterblieben, in 27 Fällen (7,5 %) ist insoweit nichts festgestellt worden.

Gliedert man die 361 Verfahren *mit* Bevollmächtigten auf, so haben der Verpflichtung entsprochen (1.) bzw. nicht entsprochen (2.):

	1.	2.	ohne Angabe
Verbandsvertreter	197 F. (54,6 %)	16 F. (4,4 %)	14 F. (3,9 %)
Rechtsanwälte	72 F. (19,9 %)	6 F. (1,7 %)	9 F. (2,5 %)
Prozeßagenten und Rechtsberater	19 F. (5,3 %)	1 F. (0,3 %)	—
andere Bevollmächtigte	18 F. (5,0 %)	5 F. (1,4 %)	4 F. (1,3 %)
insgesamt	306 F.	28 F.	27 F.

Das heißt, daß von den 89 Klägern, die keine Abschriften von der Berufungsschrift bei Einlegung ihres Rechtsmittels eingereicht haben, mindestens 28 (31,5 %) Kläger *mit* Bevollmächtigten waren.

b) Das Problem setzt sich bei der *schriftlichen Begründung* der Berufung fort:

Bei 599 Berufungen haben 546 Kläger (91,2 %) ihre Berufung schriftlich begründet. In 155 (28,4 %) von 546 Fällen haben sich die Kläger auf *Unterlagen* bezogen, in 56 Fällen (36,1 %) waren *Abschriften* (bzw. Fotokopien) beigefügt.

3. Akteneinsicht (§ 120 SGG)

In 38 (6,3 %) der 600 Verfahren hat ein Beteiligter oder sein Bevollmächtigter Akteneinsicht beantragt, davon in 31 Fällen (5,2 %) der Kläger durch seinen Prozeßbevollmächtigten.

In 1 Fall war die Akteneinsicht durch die Behörde, die die Akten übersandt hatte, ausgeschlossen worden, in 2 Fällen wurde sie vom Vorsitzenden versagt oder nur eingeschränkt gewährt.

In 14 Fällen hat der Prozeßbevollmächtigte beantragt, ihm die Akten zur Einsichtnahme in seinem Büro zu überlassen, in 10 Fällen ist dem

[2] Bei dieser Aufstellung ist außer Betracht geblieben, daß die Berufung in 36 Fällen der 599 Verfahren nach § 151 Abs. 2 SGG eingelegt worden ist.

Antrag entsprochen worden, in je 2 Fällen hatte die übersendende Behörde bzw. der Vorsitzende eine Einsichtnahme im Büro ausgeschlossen bzw. grundsätzlich versagt, die Betroffenen haben dagegen den Senat nicht angerufen.

4. Aufschiebende Wirkung der Berufung

Die Berufung hatte in 70 Fällen (11,7 %) *kraft Gesetzes* aufschiebende Wirkung, und zwar

in 11 Fällen (1,8 %) nach § 154 Abs. 1 SGG,
in 59 Fällen (9,8 %) nach § 154 Abs. 2 SGG,

nur in 27 Fällen (4,5 %) ist die Vollziehung der Entscheidung des SG einstweilen ausgesetzt worden (§ 199 Abs. 2, 3 SGG).

5. Einlegung der Berufung nur zur Fristwahrung — Ankündigung späterer Begründung der Berufung

a) Bei 26 (4,3 %) der Berufungen hat der Kläger erklärt, daß er das Rechtsmittel nur *zur Fristwahrung* einlege und von der Anberaumung eines Termins zunächst abgesehen werden solle. In 21 (3,5 %) dieser Fälle lagen zwischen Einlegung der Berufung und dem 1. Termin folgende Zeiträume:

bis 1 Jahr	9	Fälle	(42,9 %)
1 - 2 Jahre	11	Fälle	(52,4 %)
über 2 Jahre	1	Fall	(4,8 %)

Der Kläger war in 20 (95,2 %) dieser Fälle durch einen Prozeßbevollmächtigten vertreten.

b) In 269 (44,8 %) der 600 Berufungen hat der Kläger die Begründung seines Rechtsmittels durch einen *späteren Schriftsatz* in Aussicht gestellt. In 205 (34,2 %) der Verfahren war der Kläger durch einen Prozeßbevollmächtigten vertreten, und zwar

in 150 Fällen (73,2 %) durch einen Verbandsvertreter,
in 33 Fällen (16,1 %) durch einen Rechtsanwalt,
in 11 Fällen (5,4 %) durch einen Prozeßagenten oder Rechtsberater,
in 11 Fällen (5,4 %) durch einen anderen Bevollmächtigten.

c) In 178 Fällen (86,8 %) hat das Gericht den Kläger zur *Begründung* seines Rechtsmittels bzw. zu deren Ergänzung oder zur Einreichung von Unterlagen aufgefordert, 126 (70,8 %) der betroffenen Kläger waren durch Prozeßbevollmächtigte vertreten, und zwar:

in 84 Fällen (66,7 %) durch einen Verbandsvertreter,
in 28 Fällen (22,2 %) durch einen Rechtsanwalt,

in 7 Fällen (5,6 %) durch einen Prozeßagenten oder Rechtsberater,
in 7 Fällen (5,6 %) durch einen anderen Bevollmächtigten.

d) Die Berufungen sind später noch in folgenden Zeiträumen, gerechnet ab ihrer Einlegung, *begründet* worden, und zwar 1. in Fällen, in denen dies in Aussicht gestellt worden war, und 2. in Fällen, in denen dies nicht geschehen ist:

	1.	2.
bis 1 M.	57 Fälle (23,3 %)	13 Fälle (27,1 %)
1 - 3 M.	87 Fälle (35,5 %)	14 Fälle (29,2 %)
3 - 6 M.	56 Fälle (22,9 %)	6 Fälle (12,5 %)
6 - 12 M.	35 Fälle (14,3 %)	6 Fälle (12,5 %)
nicht feststellbar	10 Fälle (4,1 %)	9 Fälle (18,8 %)
	Basiszahl: 245	Basiszahl: 48

e) Die Begründung bzw. Ergänzung der Berufung bzw. die Einreichung von Unterlagen ist später noch in folgenden Zeiträumen erfolgt, und zwar 1. nach Aufforderung des Gerichts und 2. ohne Aufforderung:

	1.	2.
bis 1 M.	32 Fälle (18,9 %)	38 Fälle (30,6 %)
1 - 3 M.	51 Fälle (30,2 %)	50 Fälle (40,3 %)
3 - 6 M.	36 Fälle (21,3 %)	26 Fälle (21,0 %)
6 - 12 M.	34 Fälle (20,1 %)	7 Fälle (5,6 %)
nicht feststellbar	16 Fälle (9,5 %)	3 Fälle (2,4 %)
	Basiszahl: 169	Basiszahl: 124

6. Übersendung der Berufungsschrift an den Beklagten

In 593 Verfahren wurde die Berufungsschrift an die Beklagten in folgenden Zeiträumen übersandt, und zwar 1. bei Berufungen, die beim LSG, und 2. bei Berufungen, die beim SG eingelegt wurden:

	1.	2.
bis 2 W.	296 Fälle (53,1 %)	18 Fälle (50,0 %)
2 - 4 W.	171 Fälle (30,7 %)	18 Fälle (50,0 %)
4 - 8 W.	65 Fälle (11,7 %)	— —
über 8 W.	25 Fälle (4,5 %)	— —
	Basiszahl: 557	Basiszahl: 36

Das heißt, daß die Übersendung der Berufungsschrift an den Beklagten in 503 Fällen (84,8 %) innerhalb von 4 Wochen erfolgte.

7. Frist zur Stellungnahme zur Berufung

In 351 (58,5 %) von 600 Berufungsverfahren hat das LSG dem Beklagten bei der Übersendung der Berufungsschrift oder der Begründung der Berufung eine *Frist zur Berufungserwiderung* gesetzt, in 249 Fällen (41,5 %) geschah dies nicht. In 24 (6,8 %) dieser Fristfälle waren die Beklagten durch Prozeßbevollmächtigte vertreten[3].

In 351 Verfahren betrug die Frist:

bis 1 M.	in 61 Fällen	(17,3 %)
1 - 2 M.	in 272 Fällen	(77,5 %)
über 2 M.	in 16 Fällen	(4,6 %)
nicht feststellbar	in 2 Fällen	(0,6 %)

In 239 Fällen (68,1 %) ist die *Frist eingehalten* worden, in 112 Fällen (31,9 %) geschah dies nicht; die entsprechenden Daten der 24 Fälle *mit* Prozeßbevollmächtigten sind 19 (79,2 %) zu 5 (20,8 %).

In 20 (17,9 %) der Fälle, in denen die Frist nicht eingehalten wurde, ist diese *verlängert* worden, die verlängerte Frist wurde in 12 Fällen (10,7 %) gewahrt.

8. Eingang der Antwort des Beklagten auf die Berufung

a) In 516 (86,3 %) der Verfahren hat der Beklagte auf die Berufung noch *vor* dem 1. Termin geantwortet, in 82 (13,7 %) Verfahren war dies nicht der Fall. Dabei ist der Beklagte in 145 Verfahren (28,1 %) auf das Berufungsbegehren eingegangen, in 455 Verfahren (71,9 %) war dies nicht der Fall; in 141 (27,3 %) dieser Fälle hat der Beklagte formblattmäßig lediglich die Zurückweisung der Berufung beantragt.

b) In 539 Verfahren (89,8 %) ging der *1. Schriftsatz* der Beklagten bei Gericht in folgenden Zeiträumen ein (gerechnet ab Übersendung der Berufungsschrift):

bis 1 M.	in 227 Fällen	(42,1 %)
1 - 3 M.	in 193 Fällen	(35,8 %)
über 3 M.	in 119 Fällen	(22,1 %)

In 291 Verfahren (48,5 %) benötigte der Beklagte zur Erwiderung auf die Berufungs*begründung* folgende Zeiträume (gerechnet ab Übersendung der Berufungsschrift):

[3] Die Komplementärzahl, d. h. die Zahl der Beklagten *mit* Prozeßbevollmächtigten, aber *ohne* Fristsetzung, beträgt 23 (9,2 %) von 249 Berufungsfällen, in denen den Beklagten keine Frist gesetzt worden ist.

bis 1 M.	in 68 Fällen	(23,4 %)
1 - 3 M.	in 116 Fällen	(39,9 %)
über 3 M.	in 107 Fällen	(36,8 %)

9. Antwort des Klägers auf die Berufungserwiderung (Replik)

a) In 81 (13,5 %) Verfahren wurde dem Kläger eine Frist zur Antwort auf die Berufungserwiderung des Beklagten gesetzt; die Frist betrug:

bis 1 M.	in 18 Fällen	(22,2 %)
1 - 3 M.	in 61 Fällen	(75,3 %)
über 3 M.	in 2 Fällen	(2,5 %)

Der Kläger hat die Frist in 37 Verfahren (45,7 %) eingehalten, in 44 Verfahren (54,3 %) war dies nicht der Fall.

In diesen 44 negativen Verfahren waren die Kläger in 31 Fällen (70,5 %) durch Prozeßbevollmächtigte vertreten, in 13 Fällen (29,5 %) traf dies nicht zu. Bei den 31 Klägern *mit* Prozeßbevollmächtigten handelte es sich

in 17 Fällen	(54,8 %)	um Verbandsvertreter,
in 12 Fällen	(38,7 %)	um Rechtsanwälte,
in 1 Fall	(3,2 %)	um einen Prozeßagenten oder Rechtsberater,
in 1 Fall	(3,2 %)	um einen anderen Bevollmächtigten.

b) In 240 Verfahren (40,1 %) hat der Kläger *vor* dem 1. Termin auf die Berufungserwiderung des Beklagten geantwortet, in 359 Verfahren (59,9 %) war dies nicht der Fall. In 20 Verfahren (3,3 %) hatte ihm das Gericht eine Frist gesetzt, in 580 Verfahren (96,7 %) traf dies nicht zu; diese Frist hat er in 13 Fällen (65 %) eingehalten.

In 213 Fällen (88,8 %) ging die Antwort des Klägers auf die Berufungserwiderung des Beklagten *vor* dem 1. Termin in folgenden Zeiträumen ein:

bis 2 W.	in 22 Fällen	(10,3 %)
2 - 4 W.	in 4 Fällen	(1,9 %)
4 - 8 W.	in 16 Fällen	(7,5 %)
8 - 12 W.	in 16 Fällen	(7,5 %)
über 12 W.	in 155 Fällen	(72,8 %)

Das heißt, daß der Kläger in 42 Fällen (19,7 %) bis zu 8 Wochen, in 171 Fällen (80,3 %) über 8 Wochen vor dem 1. Termin antwortete.

10. Antwort des Beklagten (Duplik)

a) In 20 (3,3 %) der 600 Verfahren hat das Gericht dem Beklagten *fristgebunden* aufgegeben, sich zu der Antwort des Klägers (auf die Berufungserwiderung des Beklagten) zu erklären; diese Frist betrug in 6 Fällen bis zu 1 Monat, in 14 Fällen 1 bis 2 Monate. In 13 dieser Verfahren waren die Kläger durch Prozeßbevollmächtigte vertreten.

Diese Frist ist in 15 Fällen eingehalten worden.

b) In 89 (14,8 %) von 600 Verfahren hat der Beklagte *vor* dem 1. Termin geantwortet.

II.

1. Termine

In 537 Verfahren (89,5 %) hat der Vorsitzende den 1. Termin zur mündlichen Verhandlung innerhalb folgender Zeiträume *anberaumt*, gerechnet ab Berufungseingang[4]:

bis 1 M.	9 Fällen	(1,7 %)
1 - 3 M.	34 Fällen	(6,3 %)
3 - 6 M.	79 Fällen	(14,7 %)
6 - 9 M.	65 Fällen	(12,1 %)
9 - 12 M.	88 Fällen	(16,4 %)
12 - 24 M.	202 Fällen	(37,6 %)
über 24 M.	60 Fällen	(11,2 %)
	Basiszahl: 537	

Das heißt, daß bis zur *Anberaumung* des 1. Termins zur mündlichen Verhandlung durch den Vorsitzenden verstrichen sind:

bis zu 6 M.	122 Fälle	(22,7 %)
von 6 - 12 M.	153 Fälle	(28,5 %)
von 12 - 24 M.	202 Fälle	(37,6 %)
über 24 M.	60 Fälle	(11,2 %)

Das *Datum* des anberaumten 1. Termins lag innerhalb folgender Zeiträume (gerechnet ab Einlegung der Berufung a) insgesamt, b) davon Berufungen i. S. des § 151 Abs. 2 SGG):

	a)		b)	
bis 3 M.	27 Fälle	(5,0 %)	—	—
3 - 6 M.	80 Fälle	(14,9 %)	11 Fälle	(31,4 %)
6 - 12 M.	140 Fälle	(26,1 %)	7 Fälle	(20,0 %)
12 - 24 M.	225 Fälle	(41,9 %)	11 Fälle	(31,4 %)
über 24 M.	65 Fälle	(12,1 %)	6 Fälle	(17,1 %)
	Basiszahl: 537		Basiszahl: 35	

[4] In den 537 Verfahren sind annehmbar eine Anzahl von Berufungsverfahren enthalten, die als mündliche begonnen, aber als schriftliche beendet worden sind.

In 28 (4,7 %) der 600 Verfahren wurde von Beteiligten beantragt, den 1. Termin zur mündlichen Verhandlung früher anzuberaumen. In 16 Fällen (2,7 %) wurde der Antrag abgelehnt, in 12 Fällen (2,0 %) wurde ihm entsprochen. Als Gründe für die Ablehnung wurde angegeben:

in	10 Fällen	(62,5 %)	Überlastung des Gerichts,
in	2 Fällen	(12,5 %)	Beweise seien noch zu erheben,
in	—	—	Erkrankung des Vorsitzenden,
in	—	—	Wechsel des Vorsitzenden,
in	4 Fällen	(25,0 %)	andere Gründe.

III.

1. Allgemeines

Bei 600 Verfahren sind vorbereitende Maßnahmen nach §§ 106, 153 Abs. 1 SGG in 500 Verfahren (83,3 %) getroffen worden, und das hat mit zur Folge, daß in 86,9 % der 496 mündlichen Verfahren nur 1 Termin stattfand; in 13,1 % der Verfahren mußten mehrere Termine durchgeführt werden.

In 582 Verfahren (97,0 %) hat der Vorsitzende die Akten dem Berichterstatter in folgenden Zeiträumen zugeschrieben[5]:

bis 1 M.	in	8 Fällen	(1,4 %)
1 - 3 M.	in	409 Fällen	(70,3 %)
3 - 6 M.	in	30 Fällen	(5,2 %)
6 - 12 M.	in	135 Fällen	(23,2 %)
12 - 24 M.	in	—	—

In 523 Verfahren lagen zwischen der Verfügung der Akten an den Berichterstatter und der Festsetzung des 1. Termins folgende Zeiträume[6]:

bis 3 M.	99 Fälle	(18,9 %)
3 - 6 M.	108 Fälle	(20,7 %)
6 - 12 M.	121 Fälle	(23,1 %)
12 - 24 M.	149 Fälle	(28,5 %)
über 24 M.	46 Fälle	(8,8 %)

2. Versendung von Aktenauszügen

In 8 (1,3 %) der 600 Verfahren sind den ehrenamtlichen Richtern vor dem Termin, zu dem sie einberufen wurden, *Aktenauszüge* übersandt

[5] Gerechnet von der Erhebung der Berufung an.

[6] In den 523 Verfahren sind annehmbar eine Anzahl von Berufungsverfahren enthalten, die als mündliche begonnen, aber als schriftliche beendet worden sind. Vgl. S. 158 FN 4.

worden; in 490 Fällen (81,7 %) ist dies nicht geschehen[7]. Dazu seien die Ausführungen auf S. 64 FN 9 wiederholt.

Nicht bekannt ist, ob LSGe sich um eine Information der zur Sitzung einberufenen ehrenamtlichen Richter vor der mündlichen Verhandlung *auf andere Weise* bemühen, etwa durch Übersendung von Abdrucken des angefochtenen Urteils.

3. Anordnungen an die Beteiligten

1. Bei 500 Verfahren (33,3 %) ergingen in 199 Fällen Anordnungen, die die Ergänzung oder Erläuterung der vorbereitenden Schriftsätze oder die Vorlage von Urkunden usw. (§ 106 Abs. 1, 3 Nr. 1 u. 2 SGG) betrafen.

2. 308 Anordnungen vorbezeichneten Inhalts ergingen in folgenden Zeiträumen, gerechnet ab Einlegung der Berufung:

a) *an Kläger*

	1. Anordnung	2. Anordnung
bis 3 M.	47 Fälle (46,1 %)	5 Fälle (27,8 %)
3 - 6 M.	18 Fälle (17,7 %)	1 Fall (5,6 %)
6 - 12 M.	24 Fälle (23,5 %)	9 Fälle (50,0 %)
12 - 24 M.	12 Fälle (11,8 %)	3 Fälle (16,7 %)
über 24 M.	1 Fall (1,0 %)	— —
	Basiszahl: 102	Basiszahl: 18

b) *an Beklagte*

	1. Anordnung	2. Anordnung
bis 3 M.	118 Fälle (80,5 %)	4 Fälle (21,1 %)
3 - 6 M.	18 Fälle (7,3 %)	4 Fälle (21,1 %)
6 - 12 M.	21 Fälle (8,5 %)	4 Fälle (21,1 %)
12 - 24 M.	7 Fälle (2,9 %)	7 Fälle (36,8 %)
über 24 M.	2 Fälle (0,8 %)	— —
	Basiszahl: 166	Basiszahl: 19

c) *an Beigeladene*

	1. Anordnung	2. Anordnung entfällt
bis 3 M.	2 Fälle (66,7 %)	
3 - 6 M.	—	
6 - 12 M.	—	
12 - 24 M.	1 Fall (33,3 %)	
über 24 M.	—	
	Basiszahl: 3	

[7] Für 102 Verfahren (17,0 %) sind keine Feststellungen getroffen worden — zur Problematik vgl. *Großmann*, Rechtstatsachenforschung zur Tätigkeit der ehrenamtlichen Richter in der Sozialgerichtsbarkeit, und *Lattreuter*, Aktenauszüge für den ehrenamtlichen Richter im sozialgerichtlichen Verfahren?, in: Festschrift für Rohwer-Kahlmann, ZSR 1978 S. 523 ff. bzw. 557 ff. Wegen der 1. Instanz siehe S. 64.

3. 360 Anordnungen ist in folgenden Zeiträumen entsprochen worden, gerechnet ab Aufforderung:

a) *von Klägern*

	1. Anordnung	2. Anordnung
bis 3 M.	88 Fälle (93,6 %)	13 Fälle (92,9 %)
3 - 6 M.	4 Fälle (4,3 %)	— —
6 - 12 M.	1 Fall (1,1 %)	1 Fall (7,1 %)
12 - 24 M.	1 Fall (1,1 %)	— —
über 24 M.	— —	— —
	Basiszahl: 94	Basiszahl: 14

b) *von Beklagten*

	1. Anordnung	2. Anordnung
bis 3 M.	210 Fälle (90,1 %)	15 Fälle (88,2 %)
3 - 6 M.	15 Fälle (6,4 %)	— —
6 - 12 M.	5 Fälle (2,2 %)	1 Fall (5,9 %)
12 - 24 M.	1 Fall (0,4 %)	1 Fall (5,9 %)
über 24 M.	2 Fälle (0,9 %)	— —
	Basiszahl: 233	Basiszahl: 17

c) *von Beigeladenen*

	1. Anordnung	2. Anordnung
bis 3 M.	2 Fälle (100 %)	entfällt

Die Zahl der Anordnungen des Vorsitzenden (bzw. des Berichterstatters) spricht für eine umfangreiche und intensive Vorbereitung der mündlichen Verhandlung.

4. Stellungnahme der Beteiligten zu Rechtsfragen

In 24 (4,8 %) von 498 Verfahren[8] sind Beteiligte aufgefordert worden, zu Rechtsfragen Stellung zu nehmen. Dem haben diese in folgenden Zeiträumen entsprochen:

	1. Aufforderung	2. Aufforderung
bis 3 M.	21 Fälle (87,5 %)	3 Fälle (100 %)
3 - 6 M.	1 Fall (4,2 %)	— —
6 - 12 M.	1 Fall (4,2 %)	— —
12 - 24 M.	1 Fall (4,2 %)	— —

Diese Art des Rechtsgesprächs fällt zahlenmäßig nicht ins Gewicht.

[8] Bei 102 Verfahren sind keine Feststellungen getroffen worden.

5. Ersuchen um Übersendung von Urkunden und/oder Akten an öffentliche Stellen oder Privatpersonen (§§ 106 Abs. 3 Nr. 1 - 2, 153 Abs. 1 SGG)

In 351 Verfahren sind derartige Ersuchen in folgenden Zeiträumen ab Einlegung der Berufung gestellt worden (1.), und derartigen Ersuchen ist in 331 Verfahren in folgenden Zeiträumen entsprochen worden (2.):

	1.	2.
bis 1 M.	— —	3 Fälle (0,9 %)
1 - 3 M.	157 Fälle (44,7 %)	302 Fälle (91,2 %)
3 - 6 M.	53 Fälle (15,1 %)	15 Fälle (4,5 %)
6 - 12 M.	72 Fälle (20,5 %)	7 Fälle (2,1 %)
12 - 24 M.	54 Fälle (15,4 %)	3 Fälle (0,9 %)
über 24 M.	15 Fälle (4,3 %)	1 Fall (0,3 %)
	Basiszahl: 351	Basiszahl: 331

Es wurde entsprochen:

354 Ersuchen (99,2 %) aus der Bundesrepublik Deutschland einschl. West-Berlin,

3 Ersuchen (0,8 %) aus der DDR oder dem europäischen Ausland,

— Ersuchen aus dem außereuropäischen Ausland.

Derartige Ersuchen sind regelmäßig relativ kurzfristig erledigt worden.

6. Beiziehung amtlicher Auskünfte (§§ 106 Abs. 3 Nr. 3, 153 Abs. 1 SGG)

In 63 (12,6 %) von 499 überprüften Verfahren sind amtliche Auskünfte eingeholt worden.

In 61 Fällen (96,8 %) wurden die Ersuchen in folgenden Zeiträumen gestellt, gerechnet ab Einlegung der Berufung (1.), und ihnen wurde in folgenden Zeiträumen entsprochen (2.):

	1.	2.
bis 3 M.	8 Fälle (13,1 %)	57 Fälle (93,4 %)
3 - 6 M.	12 Fälle (19,7 %)	1 Fall (1,6 %)
6 - 12 M.	12 Fälle (19,7 %)	— —
12 - 24 M.	18 Fälle (29,5 %)	1 Fall (1,6 %)
über 24 M.	11 Fälle (18,0 %)	2 Fälle (3,3 %)
	Basiszahl: 61	Basiszahl: 61

Es wurde entsprochen:

35 Ersuchen (57,4 %) aus der Bundesrepublik Deutschland einschl. West-Berlin,

13 Ersuchen (21,3 %) aus der DDR oder dem europäischen Ausland,

13 Ersuchen (21,3 %) aus dem außereuropäischen Ausland.

Derartige Ersuchen sind regelmäßig relativ kurzfristig erledigt worden.

7. Beiziehung von schriftlichen Auskünften von Zeugen oder sachverständigen Zeugen

In 77 (15,4 %) von 499 überprüften Verfahren sind derartige schriftliche Auskünfte angefordert worden.

Die Anforderung geschah in folgenden Zeiträumen, gerechnet ab Einlegung der Berufung (1.), und ihr wurde in folgenden Zeiträumen entsprochen (2.):

	1.	2.
bis 3 M.	15 Fälle (19,5 %)	74 Fälle (96,1 %)
3 - 6 M.	13 Fälle (16,9 %)	2 Fälle (2,6 %)
6 - 12 M.	22 Fälle (28,6 %)	1 Fall (1,3 %)
12 - 24 M.	23 Fälle (29,9 %)	— —
über 24 M.	4 Fälle (5,2 %)	— —
	Basiszahl: 77	Basiszahl: 77

8. Vernehmung von Zeugen und/oder Sachverständigen durch den ersuchten Richter (§§ 106 Abs. 3 Nr. 4, 153 Abs. 1 SGG)

In 16 (3,2 %) von 498 überprüften Verfahren wurden derartige Vernehmungen durch den ersuchten Richter durchgeführt.

Die Ersuchen wurden in folgenden Zeiträumen gestellt, gerechnet ab Einlegung der Berufung (1.), und sie wurden in folgenden Zeiträumen erledigt (2.):

	1.	2.
bis 3 M.	2 Fälle (12,5 %)	10 Fälle (62,5 %)
3 - 6 M.	2 Fälle (12,5 %)	5 Fälle (31,3 %)
6 - 12 M.	5 Fälle (31,3 %)	1 Fall (6,3 %)
12 - 24 M.	6 Fälle (37,5 %)	— —
über 24 M.	1 Fall (6,3 %)	— —
		Basiszahl: 16

Diese Ersuchen beanspruchten regelmäßig relativ wenig Zeit.

9. Einholung schriftlicher Gutachten (§§ 106 Abs. 3 Nr. 5, 153 Abs. 1 SGG)

a) In 107 (21,4 %) von 500 Verfahren wurden *schriftliche Gutachten* eingeholt, und zwar insgesamt 144.

b) Die Erteilung des Auftrages für vier Gruppen von Gutachten erfolgte ab Einlegung der Berufung in folgenden Zeiträumen:

	1. Gutachten	2. Gutachten	3. Gutachten	4. Gutachten
bis 3 M.	11 F. (10,3 %)	—	—	—
3 - 6 M.	29 F. (27,1 %)	2 F. (7,1 %)	—	—
6 - 12 M.	37 F. (34,6 %)	7 F. (25,0 %)	1 F. (12,5 %)	—
12 - 24 M.	26 F. (24,3 %)	13 F. (46,4 %)	1 F. (12,5 %)	1 F. (100 %)
über 24 M.	4 F. (3,7 %)	6 F. (21,4 %)	6 F. (75,0 %)	—
	Basiszahl: 107	Basiszahl: 28	Basiszahl: 8	Basiszahl: 1

c) Zwischen der Erteilung des Gutachtenauftrages und dem Eingang des Gutachtens lagen bei 136 Gutachten folgende Zeiträume:

	1. Gutachten	2. Gutachten	3. Gutachten	4. Gutachten
bis 3 M.	39 F. (38,6 %)	14 F. (53,9 %)	6 F. (75,0 %)	—
3 - 6 M.	38 F. (37,6 %)	6 F. (23,1 %)	1 F. (12,5 %)	1 F. (100 %)
6 - 12 M.	17 F. (16,8 %)	5 F. (19,2 %)	1 F. (12,5 %)	—
12 - 24 M.	7 F. (6,9 %)	1 F. (3,9 %)	—	—
über 24 M.	—	—	—	—
	Basiszahl: 101	Basiszahl: 26	Basiszahl: 8	Basiszahl: 1

d) Von den 144 schriftlichen Gutachten sind 11 (7,6 %) auf Grund von § 109 Abs. 1 SGG eingeholt worden, davon in 9 Verfahren je 1 Gutachten, in 1 Verfahren 2 Gutachten.

e) Insgesamt benötigten die Sachverständigen für 136 schriftliche Gutachten

bis 6 M.	in 105 Fällen	(77,2 %)
bis 12 M.	in 23 Fällen	(16,9 %)
bis 24 M.	in 8 Fällen	(5,9 %)

10. Ladung von Zeugen und Sachverständigen zur mündlichen Verhandlung

In 499 überprüften Verfahren[9] sind in:

18 Verfahren (3,6 %) Zeugen
34 Verfahren (6,8 %) Sachverständige

geladen worden, und zwar

Zeugen[10] in:

12 Verfahren je	1 Zeuge	(2,4 %)
2 Verfahren je	2 Zeugen	(0,4 %)
3 Verfahren je	3 - 5 Zeugen	(0,6 %)
1 Verfahren je	6 - 10 Zeugen	(0,2 %)

[9] Bei 101 Verfahren sind keine Feststellungen getroffen worden.

[10] Bezogen auf 499, insgesamt *mindestens* 35 Zeugen.

Sachverständige[11] in:

31 Verfahren je 1 Sachverständiger (6,2 %)
2 Verfahren je 2 Sachverständige (0,4 %)
1 Verfahren je 3 Sachverständige (0,2 %)

11. Anordnung des persönlichen Erscheinens eines oder der Beteiligten zur mündlichen Verhandlung bzw. der Entsendung eines über die Sach- und Rechtslage ausreichend unterrichteten Bevollmächtigten (§§ 111 Abs. 1, 3, 151 Abs. 1 SGG)

In 499 überprüften Verfahren ist in:

92 Verfahren (18,4 %) das persönliche Erscheinen Beteiligter,
125 Verfahren (25,0 %) die Entsendung eines derartigen Bevollmächtigten

angeordnet worden.

12. Augenscheinseinnahme (§§ 106 Abs. 3 Nr. 5, 153 Abs. 1 SGG)

In 499 überprüften Verfahren ist in:

2 Verfahren (0,4 %) eine Augenscheinseinnahme

durchgeführt worden.

13. Erörterungstermin (§§ 106 Abs. 2 Nr. 7, 153 Abs. 1 SGG)

In 22 (4,4 %) von 497 überprüften Verfahren ist ein Erörterungstermin *vor* dem 1. Termin zur mündlichen Verhandlung durchgeführt worden.

In diesen 22 Fällen fand der Erörterungstermin in folgenden Zeiträumen statt, gerechnet von der Einlegung der Berufung:

bis 3 M.	in 4 Fällen	(18,2 %)
3 - 6 M.	in 6 Fällen	(27,3 %)
6 - 12 M.	in 7 Fällen	(31,8 %)
12 - 24 M.	in 4 Fällen	(18,2 %)
mehr als 24 M.	in 1 Fall	(4,6 %)

In 1 Fall wurde ein *weiterer* Erörterungstermin in dem Zeitraum „12 - 24 Monate" durchgeführt.

14. Hinzuziehung eines Dolmetschers

In 1 Fall ist von Amts wegen ein Dolmetscher zu der mündlichen Verhandlung hinzugezogen worden.

[11] Insgesamt 38 Sachverständige.

10. Abschnitt

Ausgestaltung des ersten Termins zur mündlichen Verhandlung

1. Ort des Termins

Bei 600 Verfahren fand der 1. Termin zur mündlichen Verhandlung in 11 Verfahren (1,8 %) außerhalb des Gerichtes statt[1].

2. Auflagen

In einer Reihe von Verfahren (600) wurde *im* 1. Termin eine *Auflage* gemacht oder die Einreichung eines Schriftsatzes angeregt, und zwar gegenüber dem

	Auflage	Fristsetzung
Kläger	in 8 Fällen (61,5 %)	in 5 Fällen (71,4 %)
Beklagten	in 4 Fällen (30,8 %)	in 2 Fällen (28,6 %)
Beigeladenen	in 1 Fall (7,7 %)	in — —
	Basiszahl: 13	Basiszahl: 7

Die Frist, die in 6 Fällen 2 - 4 Wochen und in je 1 Fall 8 - 12 Wochen bzw. 12 - 26 Wochen lief, wurde nur in 2 Fällen eingehalten, die in 2 Fällen verlängerte Frist wurde nicht gewahrt.

Die Übersicht beweist, daß auch die LSGe diese Möglichkeit, Auflagen unter Fristsetzung zu machen, wenig nutzen, weil sie sich als ein „stumpfes Schwert" darstellt, das keine Sanktionen des Gerichts auslösen kann[2].

3. Ergebnis des 1. Termins

Nach einer Aufschlüsselung von 515 Verfahren (85,8 %)[3] endete der *1. Termin* zur mündlichen Verhandlung mit:

einem *Endurteil*	in 468 Fällen (90,9 %)
einem *Beweisbeschluß*	in 23 Fällen (4,5 %)
der *Bestimmung eines neuen Verhandlungstermins*	in 3 Fällen (0,6 %)
der *Bestimmung eines Verkündungstermins*	in 3 Fällen (0,6 %)
der *„Vertagung"* ohne Bestimmung eines neuen Verhandlungstermins	in 18 Fällen (3,5 %)[4]

---

[1] Vgl. S. 72.

[2] Vgl. S. 72 f.

[3] Bei den restlichen 85 Verfahren handelt es sich offenbar um schriftliche.

[4] Hier handelt es sich annehmbar um Verfahren, die als mündliche begonnen, aber als schriftliche weitergeführt worden sind.

Das bedeutet, daß nach *dieser* Aufgliederung in 468 Fällen (90,9 %) der 1. Termin zugleich der letzte Termin des Prozesses war. Unterstellt man, daß der in 3 Fällen bestimmte Verkündungstermin ein Endurteil betraf, so erhöhen sich 90,9 % auf 91,5 %.

Der Prozentsatz der Verfahren der 2. Instanz, die nach dem 1. Termin zur mündlichen Verhandlung mit einem Urteil endeten, schwankt zwar zwischen 84,0 und 91,5 %[5]. Diese Zahlen lassen aber doch darauf schließen, daß die Konzentration der Prozesse in der 2. Instanz etwas stärker war als in der 1. Instanz, wo in 82,5 % der Verfahren der 1. Termin auch der letzte war[6]. Daß diese Konzentration in der Sozialgerichtsbarkeit stärker ist als in der allgemeinen Verwaltungsgerichtsbarkeit und in der Zivilgerichtsbarkeit, wie auf S. 73 dargelegt ist, gilt auch für die 2. Instanz.

Angemerkt sei, daß die Frage, wieviel Zeit zwischen dem 1. Termin zur mündlichen Verhandlung und dem neuen Verhandlungstermin lag, für 40 Fälle wie folgt beantwortet ist:

bis 1 M.	4 Fälle	(10,0 %)
1 - 3 M.	7 Fälle	(17,5 %)
3 - 6 M.	11 Fälle	(27,5 %)
6 - 12 M.	13 Fälle	(32,5 %)
über 12 M.	5 Fälle	(12,5 %)
	Basiszahl: 40	

11. Abschnitt

Beweisverfahren

I. Allgemeines

1. Zahl der Beweisaufnahmen

In 312 (52,0 %) der 600 Verfahren haben Beweisaufnahmen stattgefunden, in 288 Verfahren (48,0 %) war dies nicht der Fall. Dem Verhältnis der beiden Gruppen (52 % zu 48 %) steht das Verhältnis der 1. Instanz mit 68,1 % zu 31,9 % gegenüber. Daraus ergibt sich, daß die 1. Instanz der Sozialgerichtsbarkeit mehr Ermittlungsarbeit als die 2. Instanz zu leisten hatte[1].

In 56 (17,9 %) der 312 Verfahren beruhte die Beweisaufnahme auf *Beweisbeschlüssen*, in 256 Verfahren (82,1 %) wurde die Beweisaufnahme ohne Beweisbeschluß (§ 106 Abs. 2 SGG) durchgeführt.

[5] Vgl. S. 149, 151.
[6] Vgl. S. 73.
[1] Vgl. S. 74.

2. Zeiträume zwischen Einlegung der Berufung und Beweisbeschluß bzw. Beweisanordnung

a) In 233 mündlichen Verfahren lagen zwischen der Einlegung der Berufung und dem *1.* Beweisbeschluß bzw. der *1.* Beweisanordnung folgende Zeiträume:

bis 3 M.	57 Fälle (24,5 %)
3 - 6 M.	34 Fälle (14,6 %)
6 - 12 M.	56 Fälle (24,0 %)
12 - 24 M.	48 Fälle (20,6 %)
über 24 M.	18 Fälle (7,7 %)
ohne Angabe	20 Fälle (8,6 %)

Gliedert man *256* Verfahren auf, betreffend:

a) Verfahren von LSGen mit *überdurchschnittlicher* industrieller Bevölkerung,

b) Verfahren von LSGen mit *unterdurchschnittlicher* industrieller Bevölkerung und

c) Verfahren von LSGen von *Stadtstaaten*,

so ergeben sich zu Ziff. 2 folgende Daten:

	a)	b)	c)
bis 3 M.	43 Fälle (22,9 %)	13 Fälle (54,2 %)	10 Fälle (22,7 %)
3 - 6 M.	32 Fälle (17,0 %)	2 Fälle (8,3 %)	6 Fälle (13,6 %)
6 - 12 M.	50 Fälle (26,6 %)	6 Fälle (25,0 %)	12 Fälle (27,3 %)
12 - 24 M.	47 Fälle (25,0 %)	1 Fall (4,2 %)	13 Fälle (29,5 %)
über 24 M.	16 Fälle (8,5 %)	2 Fälle (8,3 %)	3 Fälle (6,8 %)
	Basiszahl: 188	Basiszahl: 24	Basiszahl: 44

3. Zahl der Beweisbeschlüsse (Beweisanordnungen) im einzelnen Verfahren

In 120 Verfahren (20,0 %)[2] sind *mehrere* Beweisbeschlüsse (Beweisanordnungen) ergangen, und zwar

2 Beweisbeschlüsse bzw. Anordnungen	in 64 Fällen (53,3 %)
3 Beweisbeschlüsse bzw. Anordnungen	in 20 Fällen (16,7 %)
mehr als 3 Beweisbeschlüsse bzw. Anordnungen	in 36 Fällen (30,0 %)[3]

Dabei lagen in 120 Verfahren zwischen dem ersten und dem letzten Beweisbeschluß (Beweisanordnung) folgende Zeiten:

[2] Basiszahl: 600.

[3] Insgesamt also in den Verfahren *mit* mehreren Beweisbeschlüssen (Beweisanordnungen) *mindestens* 332 Beweisbeschlüsse bzw. Beweisanordnungen.

bis	1 M.	in 19 Fällen	(15,8 %)
1 -	3 M.	in 17 Fällen	(14,2 %)
3 -	6 M.	in 17 Fällen	(14,2 %)
6 -	9 M.	in 21 Fällen	(17,5 %)
9 -	12 M.	in 14 Fällen	(11,7 %)
über	12 M.	in 32 Fällen	(26,7 %)

Basiszahl: 120

Das heißt, in 44,2 % dieser Verfahren lagen zwischen dem ersten und dem letzten Beweisbeschluß (Beweisanordnung) bis zu 6 Monaten, in 35,0 % der Verfahren bis zu 12 Monaten, und ein reichliches Fünftel der Verfahren fiel in den Zeitraum „über 12 Monate".

4. Zusammenfassung

Es sei festgestellt, daß die Zahl der Verfahren mit Beweisaufnahme (312), die nur einen Anhalt für das Ausmaß der — in den Verfahren zur Ermittlung des Sachverhalts geleisteten — Arbeit gibt, doch beweist, wie sehr diese Aufgabe auch das zweitinstanzliche Verfahren und damit dessen Dauer bestimmt. Daran ändert auch nichts, daß bereits im Vorverfahren einer Reihe von Prozessen der Sachverhalt ermittelt worden war oder auch Sachverhaltsermittlungen, die außerhalb des Vorverfahrens stattgefunden haben, berücksichtigt worden sind. Nur die Sachverhaltsermittlung in der 1. Instanz wirkt sich nachweisbar auf das Berufungsverfahren aus: In der 1. Instanz fanden in 68,1 % (953 Verfahren) Beweisaufnahmen statt[4], während es in der 2. Instanz bei 52,0 % (312 Verfahren) der Fall war. Hier hat offensichtlich die Sachverhaltsermittlung der 1. Instanz auf die 2. Instanz ausgestrahlt. Damit wird auch dargetan, daß eine sorgfältige Beweiserhebung in der 1. Instanz zu einer kürzeren Verfahrensdauer in der 2. Instanz führen kann, wenn sie den Betroffenen schon nicht davon abhält, von seinem Rechtsmittel Gebrauch zu machen.

Einen nicht unerheblichen Rückgang der Rechtsstreitigkeiten, in denen eine Beweisaufnahme durchgeführt wurde, hat *Ule*[5] auch bei der allgemeinen Verwaltungsgerichtsbarkeit festgestellt: Dort fand in der 1. Instanz in 28,1 % aller Fälle eine Beweisaufnahme statt, in der 2. Instanz war dies in 24,3 % der Fall. Für die Auswirkung der Beweisaufnahme auf die allgemeine Durchschnittsdauer der Verfahren erwähnt *Ule*[6], daß diese sich bei Verfahren mit Beweisaufnahme von 16 Monaten 5 Tagen (mündliche Verfahren) bzw. 19 Monaten 3 Tagen (schriftliche Verfahren) auf 17 Monate bzw. 21 Monate erhöht.

---

[4] Vgl. S. 74.
[5] Vgl. S. 195.
[6] Vgl. S. 196.

Der Sozialprozeß liegt hinsichtlich der Beweiserhebung auch wesentlich über dem Zivilprozeß. Dort ist im landgerichtlichen Berufungsverfahren in 31,5 % aller Fälle und im oberlandesgerichtlichen Verfahren in 34 % aller Fälle zumindest *ein* Beweis erhoben worden.

II. Zeugenbeweis

1. Zahl der Verfahren mit Zeugenvernehmung — Anordnung von Beweisterminen

a) In 44 (14,1 %) von 312 überprüften Verfahren[7] wurden Zeugen vernommen. In 3 dieser Verfahren waren die Zeugen schon in 1. Instanz gehört worden.

Die Vernehmung von Zeugen wurde in 12 Fällen durch mehrere Beweisbeschlüsse (Beweisanordnungen) angeordnet.

b) Bei der Prüfung der Frage, welche Zeiträume zwischen dem 1. Beweisbeschluß (Beweisanordnung) und dem Beweistermin (1.) bzw. zwischen diesem Termin und dem zweiten Beweistermin (2.) bzw. zwischen diesem Termin und dem dritten Beweistermin (3.) lagen, ergaben sich in 43 Verfahren folgende Daten:

	1.	2.	3.
bis 1 M.	19 Fälle (57,6 %)	1 Fall (12,5 %)	1 Fall (50,0 %)
1 - 3 M.	6 Fälle (18,2 %)	— —	—
3 - 6 M.	2 Fälle (6,1 %)	6 Fälle (75,0 %)	1 Fall (50,0 %)
über 6 M.	6 Fälle (18,2 %)	1 Fall (12,5 %)	—
	Basiszahl: 33	Basiszahl: 8	Basiszahl: 2

Das heißt, daß Beweistermine stattfanden:

der *1. Beweistermin* ab Beweisbeschluß (Beweisanordnung) innerhalb von 3 Monaten in 25 Fällen (75,8 %), innerhalb von 3 - 6 Monaten in 2 Fällen (6,1 %) und in „über 6 Monaten" in 6 Fällen (18,2 %).

Der *2. und 3. Beweistermin,* jeweils bis 1 Monat später, in je 1 Fall, und jeweils 3 - 6 Monate später in 6 Fällen bzw. 1 Fall; in 1 Fall lagen zwischen dem 1. und dem 2. Beweistermin „über 6 Monate".

2. Falsch geladene Zeugen

Bei 44 Verfahren sind in 2 Fällen (4,5 %) Zeugen falsch geladen worden, in 1 Fall konnte der Zeuge noch rechtzeitig zum vorgesehenen Termin geladen werden.

---

[7] Für 288 Verfahren sind keine Angaben gemacht worden. — Wegen der 1. Instanz vgl. S. 76.

3. Beweisaufnahme mit Zeugen — gegliedert

In 25 Verfahren (89,3 %) wurden die Zeugen vor dem *Prozeßgericht* im 1. Termin vernommen, in 3 Verfahren (10,7 %) waren mehrere Termine notwendig.

In 15 Verfahren wurden die Zeugen durch den *ersuchten Richter* vernommen, wobei in je 50 % der Fälle ein oder mehrere Termine notwendig waren[8].

4. Nichterscheinen von Zeugen — Zeugnisverweigerungsrecht

a) In 5 (11,4 %) der Verfahren mit Zeugenvernehmung sind Zeugen zum Termin nicht erschienen. In 2 Fällen (4,5 %) ist beim ersten Fernbleiben eine Ordnungsstrafe verhängt worden. Die Straffestsetzung wurde in 1 Fall (2,3 %) wieder aufgehoben.

b) In 1 Fall (2,3 %) hat sich ein Zeuge auf ein Zeugnisverweigerungsrecht aus persönlichen Gründen (§ 118 Abs. 1 SGG i. V. mit § 383 ZPO) berufen.

III. Beweis durch Sachverständige

A. Zur Bestellung der Sachverständigen

a) In 312 überprüften Verfahren (52,0 %)[9] ist in 128 (21,3 %) mündlich oder schriftlich Beweis durch Sachverständige erhoben worden, in 184 Verfahren (30,7 %) ist dies nicht geschehen. Das heißt, daß rd. zu jedem 5. *dieser* Verfahren Sachverständige herangezogen worden sind. Die Zahl der erstatteten Gutachten liegt etwas höher, weil in einer Reihe von Verfahren mehrere Sachverständige gehört worden sind.

In 47 (36,7 %) der 128 Verfahren mit Sachverständigenbeweis haben sich Verfahrensbeteiligte auf diese Beweismittel berufen; von diesen Verfahrensbeteiligten waren 35 (74,5 %) durch Prozeßbevollmächtigte vertreten, und zwar 19 (40,4 %) durch Verbandsvertreter und 16 (34,1 %) durch Rechtsanwälte.

b) Die 312 Verfahren mit Gutachten gliedern sich auf in:

42,9 % (111 Fälle)[10] von 259 *mündlichen* Verfahren (mit einer Durchschnittsdauer von 525,9 Tagen = 17 Monaten 16 Tagen) und in 30,8 %

---

[8] Vgl. S. 183.

[9] Wegen der 1. Instanz vgl. S. 78.

[10] Ausfall: 1 Verfahren.

(16 Fälle) von 52 *schriftlichen* Verfahren (mit einer Durchschnittsdauer von 566,7 Tagen = 18 Monaten 27 Tagen).

Die Verfahren *mit* Sachverständigenbeweis dauerten durchschnittlich 600,3 Tage = 20 Monate bzw. 717 Tage = 23 Monate 27 Tage, die Verfahren *ohne* Sachverständigenbeweis 470,1 Tage = 15 Monate 20 Tage bzw. 499,6 Tage = 16 Monate 20 Tage.

Es wurden erledigt

mündliche Verfahren:

	mit bzw.	ohne Sachverständigenbeweis
innerhalb 1 Jahres	28,8 %	35,8 %
innerhalb 2 Jahre	69,4 %	85,1 %
innerhalb 3 Jahre	91,0 %	99,3 %

schriftliche Verfahren

	mit bzw.	ohne Sachverständigenbeweis
innerhalb 1 Jahres	12,5 %	41,7 %
innerhalb 2 Jahre	56,3 %	83,3 %
innerhalb 3 Jahre	88,0 %	94,5 %

Von diesen Verfahren dauerten die *mit* Sachverständigenbeweis länger als die Verfahren *ohne* einen solchen Beweis und die schriftlichen Verfahren länger als die mündlichen. Hier bestätigt sich wieder die *entscheidende* Bedeutung des schriftlichen Gutachtens im Sozialprozeß.

c) In 48 (37,5 %) von 128 Verfahren hat sich ein Beteiligter auf den Beweis durch Gutachten bezogen (in 80 Verfahren [62,5 %] war dies nicht der Fall). Dies geschah bei 42 Verfahren in folgenden Zeiträumen:

beim *1. Gutachten* a) ab Einlegung der Berufung

b) vor der Schlußentscheidung

	a)	b)
bis 3 M.	13 Fälle (31,0 %)	1 Fall (2,3 %)
3 - 6 M.	13 Fälle (31,0 %)	1 Fall (2,3 %)
6 - 12 M.	4 Fälle (9,5 %)	11 Fälle (26,2 %)
12 - 24 M.	—	17 Fälle (40,5 %)
über 24 M.	—	9 Fälle (21,4 %)
nicht feststellbar	12 Fälle (28,5 %)	3 Fälle (7,1 %)
	Basiszahl: 42	Basiszahl: 42

beim 2. *Gutachten* a) ab Vorgutachten
b) vor der Schlußentscheidung

	a)	b)
bis 3 M.	1 Fall (20,0 %)	—
3 - 6 M.	—	1 Fall (20,0 %)
6 - 12 M.	1 Fall (20,0 %)	—
12 - 24 M.	—	1 Fall (20,0 %)
über 24 M.	—	—
nicht feststellbar	3 Fälle (60,0 %)	3 Fälle (60,0 %)
	Basiszahl: 5	Basiszahl: 5

beim 3. *Gutachten* a) ab Vorgutachten
b) vor der Schlußentscheidung

	a)	b)
bis 3 M.	—	—
3 - 6 M.	—	—
6 - 12 M.	—	—
12 - 24 M.	—	1 Fall (100 %)
über 24 M.	—	—
nicht feststellbar	1 Fall (100 %)	—
	Basiszahl: 1	Basiszahl: 1

beim 4. *Gutachten* a) ab Vorgutachten
b) vor der Schlußentscheidung

	a)	b)
bis 3 M.	1 Fall (100 %)	—
3 - 6 M.	—	—
6 - 12 M.	—	—
12 - 24 M.	—	1 Fall (100 %)
über 24 M.	—	—
nicht feststellbar	—	—
	Basiszahl: 1	Basiszahl: 1

d) Beteiligte haben *Sachverständige* benannt:

1. Gutachten: 18 (40,9 %) von 44 Fällen
2. Gutachten: 5 (100 %) von 5 Fällen
3. Gutachten: 1 (100 %) von 1 Fall
4. Gutachten: 1 (100 %) von 1 Fall

e) Gleichzeitig wurden Sachverständige bei der Anordnung der Gutachten *ernannt:*

1. Gutachten:	13 (29,5 %)	von 44	Fällen
2. Gutachten:	3 (60,0 %)	von 5	Fällen
3. Gutachten:	—	von 1	Fall
4. Gutachten:	—	von 1	Fall

B. Das mündliche Gutachten

Anzahl der mündlichen Gutachten

Bei 600 überprüften Akten sind in 39 Verfahren (6,2 %) 44 *mündliche* Gutachten erstattet worden. Dabei wurde die Einholung von Gutachten *angeordnet,* gerechnet vom Eingang der Berufung an, in:

3 - 6 M.	in 8 Verfahren	(20,5 %)
6 - 12 M.	in 12 Verfahren	(30,8 %)
12 - 24 M.	in 10 Verfahren	(25,6 %)
über 24 M.	in 9 Verfahren	(23,1 %)

Basiszahl: 39

An Gutachten wurden eingeholt:

in 35 Verfahren	1 Gutachten	(79,5 %)
in 3 Verfahren	2 Gutachten	(13,6 %)
in 1 Verfahren	3 Gutachten	(6,8 %)

insgesamt also 44 Gutachten

In 39 Verfahren wurden die Gutachten in folgenden Zeiträumen erstattet, gerechnet ab Einlegung der Berufung:

3 - 6 M.	8 Verfahren	(20,5 %)
6 - 12 M.	12 Verfahren	(30,8 %)
12 - 24 M.	10 Verfahren	(25,6 %)
mehr als 24 M.	9 Verfahren	(23,1 %)

Die 44 Gutachten wurden in folgenden Zeiträumen erstattet, gerechnet von der *Anordnung,* sie einzuholen:

weniger als 1 M.	24 Fälle	(54,5 %)
1 - 3 M.	5 Fälle	(11,4 %)
3 - 6 M.	1 Fall	(2,3 %)
mehr als 6 M.	1 Fall	(2,3 %)
ohne Angaben	13 Fälle	(29,5 %)

Basiszahl: 44

Gliedert man diese Werte auf, so ergibt sich folgende Übersicht:

Es wurden benötigt:

	1. Gutachten	2. Gutachten	3. Gutachten
weniger als 1 M.	22 Fälle (56,4 %)	2 Fälle (50,0 %)	— —
1 - 3 M.	5 Fälle (12,8 %)	— —	— —
3 - 6 M.	1 Fall (2,6 %)	— —	— —
mehr als 6 M.	1 Fall (2,6 %)	— —	— —
ohne Angaben	10 Fälle (25,6 %)	2 Fälle (50,0 %)	1 Fall (100 %)
	Basiszahl: 39	Basiszahl: 4	Basiszahl: 1

C. Das schriftliche Gutachten

1. Gesamtzahl der schriftlichen Gutachten und deren Gruppierung

a) In 74,1 % (83 Fälle) von 112 *mündlichen* Verfahren (mit einer Durchschnittsdauer von 600,8 Tagen = 20 Monaten 1 Tag) und in 16 *schriftlichen* Verfahren (mit einer Durchschnittsdauer von 716,75 Tagen = 23 Monaten 27 Tagen) wurden *schriftliche* Gutachten eingeholt[11]. Die Verfahren *mit* solchen Gutachten dauerten durchschnittlich 658, 4 Tage = 21 Monate 28 Tage bzw. 716,75 Tage = 23 Monate 27 Tage; die Verfahren *ohne* schriftliche Gutachten dauerten 436,0 Tage = 14 Monate 16 Tage.

Es wurden erledigt

mündliche Verfahren

	mit	bzw. ohne Gutachten
innerhalb 1 Jahres	20,7 %	51,7 %
innerhalb 2 Jahre	64,6 %	82,7 %
innerhalb 3 Jahre	89,0 %	96,5 %

schriftliche Verfahren

	mit Gutachten[12]
innerhalb 1 Jahres	12,5 %
innerhalb 2 Jahre	56,3 %
innerhalb 3 Jahre	88,0 %

Die schriftlichen Verfahren dauerten länger als die mündlichen und von diesen die *mit* Gutachten länger als die *ohne*.

b) In 97 (62,6 %) von 128 überprüften Verfahren[13] ist die Einholung *schriftlicher* Gutachten angeordnet worden. Bei 97 Verfahren handelte es sich in:

---

[11] In 148 mündlichen und 81 schriftlichen Verfahren (409,9 bzw. 418,5 Tage) wurden keine Feststellungen getroffen.

[12] ‚*Ohne* Gutachten' entfällt.

[13] Bei 472 Verfahren sind keine Feststellungen getroffen worden.

66 Fällen um 1 Gutachten (68,0 %)
21 Fällen um 2 Gutachten (21,6 %)
8 Fällen um 3 Gutachten (8,2 %)
2 Fällen um 4 Gutachten (2,1 %)

d. h. *insgesamt* um 140 einzelne Gutachten.

c) Es wurden erstattet auf Grund von:

	1. Gutachten	2. Gutachten	3. Gutachten	4. Gutachten
Aktenlage	29 F. (29,9 %)	8 F. (25,8 %)	3 F. (33,3 %)	— —
ambulanter Untersuchung	47 F. (48,5 %)	18 F. (58,1 %)	5 F. (55,6 %)	2 F. (75,0 %)
stationärer Beobachtung	21 F. (21,7 %)	5 F. (16,1 %)	1 F. (11,1 %)	1 F. (25,0 %)
	Basiszahl: 97	Basiszahl: 31	Basiszahl: 9	Basiszahl: 3

Zwei *4. Gutachten* sind auf Grund *ambulanter Untersuchung* und ein *4. Gutachten* auf Grund *stationärer Beobachtung* eingeholt worden.

2. Aufgliederung der Zahl der schriftlichen Gutachten

Bei 600 überprüften Akten wurden 140 schriftliche Gutachten erstattet von Sachverständigen

a) aus der Bundesrepublik Deutschland (einschließlich West-Berlin)
b) aus der DDR oder dem europäischen Ausland
c) aus dem außereuropäischen Ausland

in folgender Anzahl:

	a)		b)		c)	
1. Gutachten	96 Fälle	(68,6 %)	—	—	1 Fall	(0,7 %)
2. Gutachten	30 Fälle	(21,4 %)	1 Fall	(0,7 %)	—	—
3. Gutachten	10 Fälle	(7,1 %)	—	—	—	—
4. Gutachten	2 Fälle	(1,4 %)	—	—	—	—
insgesamt		98,3 %		0,7 %		0,7 %

Die Aufstellung ergibt, daß über 98 % der schriftlichen Gutachten (140 Fälle) von Sachverständigen aus der Bundesrepublik Deutschland (einschl. West-Berlin) eingeholt worden sind, je 0,7 % (je 1 Fall) stammen von Sachverständigen aus der DDR oder aus dem europäischen Ausland bzw. aus dem außereuropäischen Ausland.

3. Anmahnung der Gutachten

Die Erstattung von schriftlichen Gutachten (142 Fälle) ist angemahnt worden:

1. Gutachten in 29 Fällen (20,4 %)
2. Gutachten in 11 Fällen (7,7 %)
3. Gutachten in 1 Fall (0,7 %)

d. h. 41 (28,9 %) der Sachverständigen mußten gemahnt werden, davon 25 Sachverständige (61,0 %) einmal, 16 Sachverständige (39,0 %) mehrmals.

Es wurden auch für die Erstattung der schriftlichen Gutachten in 19 Fällen Fristen gesetzt

	1. Gutachten	2. Gutachten
bis 1 M.	5 Fälle (26,3 %)	— —
1 - 3 M.	10 Fälle (52,6 %)	3 Fälle (15,8 %)
3 - 6 M.	1 Fall (5,3 %)	— —

In 5 Fällen (26,3 %) wurde die Frist eingehalten, in 14 Fällen (73,7 %) war dies nicht der Fall. In 2 Fällen ist eine Nachfrist unter Strafandrohung gesetzt worden (§§ 118 Abs. 1 SGG, 411 Abs. 2 ZPO), aber eine Ordnungsstrafe ist in keinem Fal verhängt worden.

4. Zeitraum zwischen Anordnung und Eingang des Gutachtens

Die Sachverständigen erstatteten die 140 schriftlichen Gutachten in folgenden Fristen[14]:

	bis 3 M.	bis 6 M.	bis 12 M.	über 12 M.
die 1. Gutachten:	46 F. (47,4 %)	78 F. (80,4 %)	92 F. (94,8 %)	97 F. (100 %)
die 2. Gutachten:	16 F. (51,6 %)	19 F. (61,3 %)	29 F. (93,5 %)	31 F. (100 %)
die 3. Gutachten:	6 F. (60,0 %)	8 F. (80,0 %)	10 F. (100 %)	— —
die 4. Gutachten:	1 F. (50,0 %)	2 F. (100 %)	— —	— —

Davon waren mehr als zwei Drittel dieser Gutachten (69,2 %) 1. Gutachten, etwas über 20 % (22,1 %) 2. Gutachten, 7,1 % waren 3. Gutachten und 1,4 % waren 4. Gutachten.

Diese Daten ergeben, ebenso wie in der 1. Instanz, daß Gutachten von Sachverständigen, die außerhalb der Bundesrepublik Deutschland oder von West-Berlin leben, nur ganz ausnahmsweise beigezogen wurden.

---

[14] Gerechnet von Absendung des Gutachtenauftrages bis zum Eingang des Gutachtens bei Gericht.

5. Aufforderung zur Stellungnahme zum Gutachten

In 131 überprüften Fällen (92,3 %) schriftlicher Gutachten ist die Aufforderung an die Beteiligten zur Stellungnahme in folgenden Fristen ergangen, gerechnet vom Eingang der Gutachten bei Gericht:

bis 2 Wochen:	120 Fälle (91,6 %)
2 Wochen bis 1 Monat:	7 Fälle (5,4 %)
über 1 Monat:	4 Fälle (3,1 %)

In 112 Fällen ging die letzte Stellungnahme in folgenden Fristen ein, gerechnet von der Aufforderung an:

bis 2 Wochen:	14 Fälle (12,5 %)
2 Wochen bis 1 Monat:	31 Fälle (27,7 %)
über 1 Monat:	67 Fälle (59,8 %)

In 45 Fällen (40,2 %) haben Beteiligte sich in einer Frist bis zu 1 Monat geäußert, in 67 Fällen (59,8 %) geschah dies in einer Frist über 1 Monat.

6. Mündliche Anhörung des Sachverständigen nach Erstattung des Gutachtens

In 2 (1,4 %) der 140 schriftlichen Gutachten wurde der Sachverständige noch mündlich gehört. Die Anhörung erfolgte innerhalb 1 Monats bzw. von 3 Monaten nach Eingang des Gutachtens bei Gericht.

D. Das Zweitgutachten

In 3 Fällen (2,3 %) sind schriftliche *Zweitgutachten*[15] eingeholt worden, dabei handelte es sich in 1 Fall um ein Gutachten nach Aktenlage, in 2 Fällen wurden die Gutachten auf Grund ambulanter Untersuchung erstattet.

Zwischen Absendung des Gutachtenauftrages und der Erstattung der Zweitgutachten lagen folgende Fristen:

in je 1 Fall bis 1 Monat, 1 - 3 Monate und „über 12 Monate". Sämtliche Gutachten kamen aus der Bundesrepublik Deutschland (einschl. West-Berlin). 1 Gutachten mußte mehrmals angemahnt werden, es wurde schließlich eine Frist gestellt, diese wurde eingehalten.

---

[15] Ein schriftlich oder mündlich erstattetes Zweitgutachten behandelt dieselbe Beweisfrage, die das Gericht bereits durch ein Gutachten hat beantworten lassen, ohne durch dieses Erstgutachten überzeugt worden zu sein, vgl. S. 81.

E. Das Gutachten nach § 109 Abs. 1 SGG

In 16 (2,7 %) der 600 überprüften Verfahren ist die *Einholung eines Gutachtens* nach § 109 Abs. 1 SGG *beantragt* worden. Bezüglich 15 Gutachten hat das Gericht dem Antrag stattgegeben, in 1 Fall hat das Gericht den Antrag abgelehnt. Es handelte sich nur um schriftliche Gutachten.

Bei 5 Anträgen hat das Gericht dem Antragsteller nachgelassen, den Sachverständigen seiner Wahl innerhalb der vom Gericht *bestimmten Frist* zu benennen; der Antragsteller ist in sämtlichen Fällen fristgemäß verfahren.

Bei 13 (86,7 %) der beantragten 15 Gutachten hat das Gericht die Einholung des Gutachtens von der Leistung eines *Kostenvorschusses* durch den Antragsteller abhängig gemacht, bei 2 Anträgen (13,3 %) war dies nicht der Fall. Die Frist zur Einzahlung des Kostenvorschusses betrug regelmäßig 2 bis 4 bzw. 4 bis 8 Wochen, in 1 Fall lief sie länger als 12 Wochen. In 53,3 % der Fälle hat der Antragsteller die Frist eingeholten.

Zwischen Absendung der Gutachtenaufträge an die Sachverständigen und dem Eingang der Gutachten bei Gericht lagen folgende Zeiträume:

bis 3 M.	bis 6 M.	bis 12 M.	über 12 M.
1 Fall (6,7 %)	5 Fälle (33,3 %)	4Fälle (26,7 %)	5 Fälle (33,3 %)

In 4 (26,7 %) der 15 Verfahren hat das Gericht die Kosten des Gutachtens auf die Staatskasse übernommen.

Die 15 Gutachten wurden erstattet auf Grund von:

Aktenlage:	9 Fälle (60,0 %)
ambulanter Untersuchung:	4 Fälle (26,7 %)
stationärer Beobachtung:	2 Fälle (13,3 %)

Sämtliche Sachverständigen wohnten in der Bundesrepublik Deutschland (einschl. West-Berlin).

Zwischen der Anordnung der 15 Gutachten und ihrem Eingang bei Gericht lagen folgende Fristen:

bis 1 M.	1 Fall (6,7 %)
1 - 3 M.	2 Fälle (13,3 %)
3 - 6 M.	4 Fälle (26,7 %)
6 - 12 M.	4 Fälle (26,7 %)
über 12 M.	4 Fälle (26,7 %)

In 6 Fällen (40,0 %) mußte die Erstattung des Gutachtens angemahnt werden.

Eine knappe Hälfte der Sachverständigen (46,7 %) benötigte für ihr Gutachten bis zu 6 Monaten, der Rest über 6 Monate. Das bedeutet, daß die Begutachtung nach § 109 Abs. 1 SGG das Verfahren in der Regel um 9 Monate und mehr verlängert.

In 13 Fällen (86,8 %) wurden die Beteiligten aufgefordert, zu dem Gutachten innerhalb von 2 Wochen *Stellung* zu nehmen, in 2 Fällen (13,3 %) betrug die Äußerungsfrist 1 Monat. In sämtlichen Fällen ging die Stellungnahme der Beteiligten *fristgemäß* bei Gericht ein.

Kein Sachverständiger wurde vom Gericht noch mündlich gehört.

Wegen der Problematik der 109er-Gutachten sei auf S. 90 und andererseits auf S. 211 f. verwiesen. Der Hundertsatz des zweitinstanzlichen Verfahrens mit 2,4 % erscheint relativ niedrig; in der 1. Instanz beträgt er 7,9 % der Verfahren. Wahrscheinlich erweist sich hier der Kostenvorschuß, der regelmäßig gefordert wird, als eine Bremse zum Nachteil des wirtschaftlich Schwächeren.

IV. Beweis durch Augenschein

In 3 Fällen (1,0 %) der überprüften 312 Verfahren fand eine Augenscheinseinnahme statt, 2 davon *vor* dem ersten Termin zur mündlichen Verhandlung auf Grund eines Beweisbeschlusses, 1 Augenscheinseinnahme wurde später angeordnet, und zwar mehr als 24 Monate nach Eingang der Berufung. Die übrigen beiden Augenscheinseinnahmen fanden 6 bis 12 Monate bzw. 12 bis 24 Monate nach Eingang der Berufung statt. In sämtlichen Fällen lag zwischen Anordnung der Augenscheinseinnahme und ihrer Durchführung eine Frist von bis zu 1 Monat.

V. Urkundenbeweis

A. Beweis durch Akten

1. Anordnungen über Beiziehung von Gerichts- und/oder Verwaltungsakten

In 222 Verfahren (32,0 %) haben die Gerichte 353mal die Beiziehung von Gerichts- und/oder Verwaltungsakten angeordnet.

Die Ersuchen um Überlassung von derartigen Akten sind in folgenden Zeiträumen abgesandt worden, gerechnet ab Einlegung der Berufung:

	1. Ersuchen	2. Ersuchen	3. Ersuchen
bis 3 M.	124 Fälle (55,9 %)	— —	— —
3 - 6 M.	29 Fälle (13,1 %)	38 Fälle (36,9 %)	3 Fälle (10,7 %)
6 - 12 M.	34 Fälle (15,3 %)	18 Fälle (17,5 %)	4 Fälle (14,3 %)
12 - 24 M.	30 Fälle (13,5 %)	25 Fälle (24,3 %)	13 Fälle (46,4 %)
über 24 M.	4 Fälle (1,8 %)	15 Fälle (14,6 %)	5 Fälle (17,9 %)
keine Angaben	1 Fall (0,5 %)	7 Fälle (6,8 %)	3 Fälle (10,7 %)
	Basiszahl: 222	Basiszahl: 103	Basiszahl: 28

2. Dauer des Beiziehungsverfahrens

In 219 Verfahren (36,5 %) lagen in 347 Fällen zwischen Absendung der Ersuchen und dem Eingang der letzten Akten beim Berufungsgericht folgende Zeiten:

	1. Ersuchen	2. Ersuchen	3. Ersuchen
bis 1 M.	179 Fälle (81,7 %)	77 Fälle (77,8 %)	24 Fälle (82,8 %)
1 - 3 M.	33 Fälle (15,1 %)	19 Fälle (19,2 %)	2 Fälle (6,9 %)
3 - 6 M.	4 Fälle (1,8 %)	1 Fall (1,0 %)	2 Fälle (6,9 %)
6 - 9 M.	2 Fälle (0,9 %)	1 Fall (1,0 %)	— —
9 - 12 M.	— —	1 Fall (1,0 %)	— —
über 12 M.	1 Fall (0,5 %)	— —	1 Fall (3,5 %)
	Basiszahl: 219	Basiszahl: 99	Basiszahl: 29

In 3 Verfahren (0,5 %) erklärte die ersuchte Stelle, daß die angeforderte Akte vorübergehend nicht entbehrlich sei. In keinem Fall ist die Vorlage der Akte nach § 119 SGG abgelehnt worden.

Das heißt, daß diesen Ersuchen um Überlassung von Akten in 280 Fällen (80,7 %) innerhalb 1 Monats bzw. in 334 Fällen (96,3 %) innerhalb von 3 Monaten entsprochen wurde.

B. Beweis durch andere Urkunden

Vorlage von Urkunden

a) In 80 (25,6 %) von 312 überprüften Verfahren wurde ein Urkundenbeweis erhoben, in 61 Verfahren (19,6 %) haben sich Beteiligte in vorbereitenden Schriftsätzen auf Urkunden bezogen.

Die Beteiligten legten in 56 Verfahren (70,0 %) in ihrem Besitz befindliche Urkunden in folgenden Zeiträumen vor[16]:

[16] Die Tatsache, daß 7 bzw. 8 Fälle ohne Zeitangaben erfaßt worden sind, erklärt, daß in 5 Fällen zwischen der 1. und der 2. Vorlage von Urkunden bis 1 Monat verstrichen sein kann.

	1. Vorlage	*2. Vorlage*
bis 1 M.	2 Fälle (3,6 %)	— —
1 - 3 M.	14 Fälle (25,0 %)	1 Fall (6,7 %)
3 - 6 M.	9 Fälle (16,1 %)	2 Fälle (13,3 %)
über 6 M.	24 Fälle (42,9 %)	4 Fälle (26,7 %)
keine Angaben	7 Fälle (12,5 %)	8 Fälle (53,3 %)
	Basiszahl: 56	Basiszahl: 15

Dabei ergaben sich zwischen der 1. und der 2. Vorlage von Urkunden folgende Zeiträume:

bis 1 M.	5 Fälle (33,3 %)
1 - 3 M.	3 Fälle (20,0 %)
3 - 6 M.	2 Fälle (13,3 %)
über 6 M.	5 Fälle (33,3 %)
	Basiszahl: 15

b) In 24 (7,7 %) von 312 überprüften Verfahren hat das Gericht eine Behörde aufgefordert, eine von ihr aufgenommene Urkunde vorzulegen.

In 21 Verfahren (6,7 %) erfolgte die Aufforderung innerhalb folgender Fristen, gerechnet ab Einlegung der Berufung:

1. Anordnung

bis 3 M.	6 Fälle (28,6 %)
3 - 6 M.	4 Fälle (19,1 %)
6 - 12 M.	6 Fälle (28,6 %)
12 - 24 M.	5 Fälle (23,8 %)
	Basiszahl: 21

2. Anordnung

1 Fall innerhalb von „über 24 Monaten" ab Einlegung der Berufung, wobei zwischen beiden Anordnungen 12 - 24 Monate lagen.

c) In 15 Verfahren (4,8 %) wurden Beteiligte, die nicht Behörde waren, vom Gericht zur Vorlage einer Urkunde gemäß § 142 ZPO[17] aufgefordert. Dies geschah in folgenden Zeiträumen, gerechnet ab Einlegung der Berufung:

[17] § 142 Anordnung der Urkundenvorlegung: I. Das Gericht kann anordnen, daß eine Partei die in ihren Händen befindlichen Urkunden, auf die sie sich bezogen hat, sowie Stammbäume, Pläne, Risse und sonstige Zeichnungen vorlege. II. Das Gericht kann anordnen, daß die vorgelegten Schriftstücke während einer von ihm zu bestimmenden Frist auf der Geschäftsstelle verbleiben. III. Das Gericht kann anordnen, daß von den in fremder Sprache abgefaßten Urkunden eine Übersetzung beigebracht werde, die ein nach den Richtlinien der Landesjustizverwaltung hierzu ermächtigter Übersetzer angefertigt hat.

1. Anordnung

bis 3 M.	4 Fälle	(26,7 %)
3 - 6 M.	6 Fälle	(40,0 %)
6 - 12 M.	4 Fälle	(26,7 %)
12 - 24 M.	1 Fall	(6,7 %)
über 24 M.	—	—

Basiszahl: 15

2. Anordnung

1 Fall innerhalb von 3 Monaten ab Einlegung der Berufung, wobei zwischen beiden Anordnungen bis 3 Monate lagen.

VI. Beweisaufnahme durch den ersuchten Richter

In 15 (2,5 %) der 600 überprüften Verfahren ordneten die Gerichte 20 Beweisaufnahmen durch den ersuchten Richter an, es handelte sich in 10 Fällen um je 1 Ersuchen, in 5 Fällen um je 2 Ersuchen, und zwar in 6 Verfahren (1,0 %) unter Beifügung der Prozeßakten. In 13 Verfahren (2,2 %) gehörte das ersuchte Gericht zur Sozialgerichtsbarkeit.

Gerechnet vom *Eingang der Berufung* bis zur *Anordnung* des Gerichts, Beweisaufnahmen durch den ersuchten Richter durchzuführen, lagen in 15 Fällen folgende Zeiträume:

bis 3 M.	in 2 Fällen	(13,3 %)
3 - 6 M.	in 1 Fall	(6,7 %)
6 - 12 M.	in 6 Fällen	(40,0 %)
12 - 24 M.	in 5 Fällen	(33,3 %)
über 24 M.	in 1 Fall	(6,7 %)

Basiszahl: 15

Zwischen der *Anordnung* der Beweisaufnahme und der *Verkündung* des Urteils nach *mündlicher* Verhandlung lagen folgende Zeiträume:

bis 3 M.	in 2 Fällen	(13,3 %)
3 - 6 M.	in 1 Fall	(6,7 %)
6 - 12 M.	in 6 Fällen	(40,0 %)
12 - 24 M.	in 5 Fällen	(33,3 %)
über 24 M.	in 1 Fall	(6,7 %)

Basiszahl: 15

In 1 der *schriftlichen* Verfahren lagen zwischen der Anordnung der Beweisaufnahme durch den ersucheten Richter und der Zustellung des Urteils

12 bis 24 Monate.

In 5 Verfahren lagen zwischen der *Anordnung* des 1. und des 2. Ersuchens folgende Zeiträume:

bis	3 M. in	2 Fällen	(40,0 %)
3 -	6 M. in	1 Fall	(20,0 %)
6 -	12 M. in	2 Fällen	(40,0 %)
12 -	24 M. in	—	—
über	24 M. in	—	—

Basiszahl: 5

Bei diesen 5 Verfahren betrug der Zwischenraum

a) zwischen dem *Eingang der Berufung* und der *Anordnung* des *2. Ersuchens* folgende Zeiten:

bis	3 M. in	—	—
3 -	6 M. in	2 Fällen	(40,0 %)
6 -	12 M. in	—	—
12 -	24 M. in	3 Fällen	(60,0 %)
über	24 M. in	—	—

Basiszahl: 5

b) zwischen der *Anordnung des 2. Ersuchens* und der *Verkündung* des Urteils nach mündlicher Verhandlung:

bis	3 M. in	—	—
3 -	6 M in	2 Fällen	(40,0 %)
6 -	12 M. in	—	—
12 -	24 M. in	3 Fällen	(60,0 %)
über	24 M. in	—	—

Basiszahl: 5

Von den Gerichten, die auf Veranlassung der LSGe Beweisaufnahmen durchführten, lagen

5 Gerichte (33,3 %) im Bezirk des ersuchenden LSGs,
10 Gerichte (66,7 %) in der Bundesrepublik Deutschland (einschließlich West-Berlin).

Zwischen der Absendung des Ersuchens und dem Eingang der Niederschrift über die Zeugenvernehmung (bzw. der Mitteilung, daß das Ersuchen nicht erledigt werden konnte) lagen folgende Zeiträume:

a) *Bei den Verfahren, in denen die Prozeßakten dem Ersuchen beigefügt waren:*

	1. Ersuchen		2. Ersuchen	
bis 1 M.	1 Fall	(16,7 %)	—	—
1 - 3 M.	3 Fälle	(50,0 %)	1 Fall	(33,3 %)
über 3 M.	2 Fälle	(33,3 %)	2 Fälle	(66,7 %)

b) *Bei dem Verfahren, in denen die Prozeßakten dem Ersuchen nicht beigefügt waren:*

	1. Ersuchen	2. Ersuchen
bis 1 M.	2 Fälle (22,2 %)	— —
1 - 3 M.	5 Fälle (55,6 %)	— —
über 3 M.	2 Fälle (22,2 %)	2 Fälle (100 %)

Zusammenfassung zum 11. Abschnitt

Wie in der 1. Instanz, zeigt sich auch im Berufungsverfahren die entscheidende Bedeutung, die der Beweisaufnahme für die Dauer der Verfahren zukommt, und das gilt vor allem für die *schriftlichen Gutachten,* zumal wenn davon mehrere im Verlaufe des Verfahrens *nacheinander* eingeholt werden müssen. Selbst wenn die Enquete insoweit nur Wahrscheinlichkeitsberechnungen gestattet, ist die Aufgliederung der 140 Gutachten in 128 Verfahren[18] hinsichtlich ihres Zeitraumes zwischen Anordnung und Eingang bei Gericht doch insofern aufschlußreich, als

69 Gutachten (49,3 %) bis zu 3 Monate,
38 Gutachten (27,1 %) zwischen 3 und 6 Monate,
26 Gutachten (18,6 %) zwischen 6 und 12 Monate,
7 Gutachten (5,0 %) über 12 Monate

benötigt haben. Wenn dabei fast die Hälfte der Gutachten in einem Zeitraum „bis zu 3 Monate", also relativ schnell erstattet worden sind, so bleibt doch bestehen, daß die Begutachtung in 45,7 % der Verfahren „zwischen 3 - 12 Monate" gedauert hat; die restlichen 5 % können besondere Fälle betreffen, die deshalb außer Betracht bleiben sollen. Hier ist eine Beschleunigungsreserve vorhanden, die genutzt werden könnte; ob und wieweit entsprechende Bemühungen Erfolg versprechen, muß hier offen bleiben, denn es handelt sich um ein vielschichtiges, sehr subtiles Problem[19].

Angemerkt sei noch, daß die 2. Instanz der allgemeinen Verwaltungsgerichtsbarkeit in 24 Fällen (2,4 %) Beweis durch Sachverständige erhoben hat. In diesen Fällen betrug die durchschnittliche Dauer 18 Monate 18 Tage bzw. 21 Monate 15 Tage, also wesentlich mehr als ihre allgemeinen Durchschnittszahlen.

---

[18] Vgl. S. 177.

[19] *Scherer / van Krüchten,* vgl. S. 90 FN 17, behandeln diese Frage; ihre Ausführungen lassen aber erkennen, wie schwierig eine Antwort ist, wenn weder die Unabhängigkeit der im Gesundheitswesen tätigen Ärzte noch die Belange der Rechtsuchenden oder die Unabhängigkeit der Richter tangiert werden sollen. Es sei noch auf S. 208 ff. verwiesen.

[20] *Ule,* S. 200.

12. Abschnitt

Aufhebung und Verlegung von Terminen Vertagung von Verhandlungen

I. Aufhebung von Terminen

In 23 Verfahren (3,8 %) wurden Termine aufgehoben, in 20 Verfahren 1mal und in 3 Verfahren 2mal. In 26 Fällen wurden als Gründe angegeben:

1. Überlastung des Gerichts:	in 1 Fall (3,8 %)
2. Erkrankung des Berichterstatters:	in 3 Fällen (11,5 %)
3. Verhinderung des Berufungsklägers oder seines gesetzlichen bzw. bes. Vertreters:	in 3 Fällen (11,5 %)
4. Verhinderung eines Prozeßbevollmächtigten:	in 4 Fällen (15,4 %)
5. Verhinderung eines Zeugen:	in 1 Fall (3,8 %)
6. Neues Vorbringen eines Beteiligten:	in 3 Fällen (11,5 %)
7. Antrag nach § 109 SGG:	in 3 Fällen (11,5 %)
8. Andere Gründe:	in 8 Fällen (30,8 %)

Die Zahl der Aufhebungsfälle liegt zwar unter den entsprechenden Hundertsätzen der allgemeinen Verwaltungsgerichtsbarkeit (5,9 %), des landgerichtlichen Berufungsverfahren (4,1 %) und des oberlandesgerichtlichen Verfahrens (6,6 %). Sie verlängert aber regelmäßig die Prozeßdauer wesentlich. Dabei ist bemerkenswert, daß 50,0 % (13) der Fälle auf den Verantwortungsbereich der Prozeßbeteiligten zurückgehen. Die 6 Fälle (23,1 %), in denen neues Vorbringen oder Anträge nach § 109 Abs. 1 SGG zu einer Aufhebung des Termins führten, erschöpfen nicht den Einfluß dieser Umstände auf die allgemeine Durchschnittsdauer der Verfahren.

II. Verlegung von Terminen

In 13 Verfahren (2,2 %)[1] sind je 1mal Termine verlegt worden, und zwar um folgenden Zeiträume:

bis 1 M.	11 Fälle (84,6 %)
1 - 3 M.	1 Fall (7,7 %)
3 - 6 M.	1 Fall (7,7 %)

Folgende Gründe wurden in 8 Fällen (61,5 %) für die Verlegung von Terminen angeführt:

[1] Von 600 Verfahren.

1.	Verhinderung eines Prozeßbevollmächtigten:	1mal
2.	Verhinderung eines Zeugen:	1mal
3.	Verhinderung eines Sachverständigen:	1mal
4.	sonstige Gründe:	5mal

III. Vertagung von Verhandlungen

In 33 (5,5 %) von 600 überprüften Verfahren ist die Verhandlung unter Angaben von Gründen 36mal vertagt worden. Dies geschah in 33 Verfahren 1mal, in 3 Verfahren 2mal.

Die Verhandlungen wurden um folgende Zeiträume vertagt:

	1. Vertagung	2. Vertragung
bis 1 M.	2 Fälle (6,1 %)	— —
1 - 3 M.	6 Fälle (18,2 %)	1 Fall (33,3 %)
3 - 6 M.	9 Fälle (27,3 %)	— —
6 - 9 M.	10 Fälle (30,3 %)	1 Fall (33,3 %)
9 - 12 M.	2 Fälle (6,1 %)	1 Fall (33,3 %)
über 12 M.	4 Fälle (12,1 %)	— —
	Basiszahl: 33	Basiszahl: 3

Bei 30 Vertagungen (83,3 %) waren folgende Gründe ersichtlich:

1.	Nichterscheinen des Berufungsklägers oder seines gesetzlichen bzw. bes. Vertreters (insbes. im Fall der Anordnung des persönlichen Erscheinens):	in 4 Fällen	(13,3 %)
2.	Nichterscheinen eines Zeugen:	in 1 Fall	(3,3 %)
3.	Neues Vorbringen in der mündlichen Verhandlung:	in 5 Fällen	(16,6 %)
4.	Antrag nach § 109 SGG:	in 3 Fällen	(10,0 %)
5.	Auflage an einen Beteiligten zur schriftlichen Ergänzung seines Vorbringens:	in 1 Fall	(3,3 %)
6.	Vertagungsantrag des Berufungsklägers:	in 4 Fällen	(13,3 %)
7.	andere Gründe:	in 12 Fällen	(40,0 %)

Von den 30 Vertagungen gingen 17 (56,7 %) auf die Prozeßbeteiligten zurück.

13. Abschnitt

Schriftliches Verfahren

Bei 77 (12,8 %) der überprüften 600 Verfahren ist festgestellt worden, daß die Beteiligten auf eine mündliche Verhandlung verzichtet haben[1].

[1] Diese Zahl erfaßt nicht sämtliche schriftlichen Verfahren, vgl. S. 117.

In 9 Fällen (1,5 %) haben eine oder mehrere Beteiligte *trotz Anregung des Gerichts* auf die mündliche Verhandlung *nicht* verzichtet.

Zwischen dem Verzicht auf die mündliche Verhandlung und dem *Urteil* lagen in den 77 Fällen folgende Zeiträume:

bis 1 M.	21 Fälle (27,3 %)
1 - 3 M.	19 Fälle (24,7 %)
3 - 6 M.	15 Fälle (19,5 %)
6 - 9 M.	6 Fälle (7,8 %)
9 - 12 M.	9 Fälle (11,7 %)
über 12 M.	7 Fälle (9,1 %)
	Basiszahl: 77

Es fällt auf, daß in 40 Fällen (32,0 %) zwischen dem Verzicht auf mündliche Verhandlung und dem Urteil nur bis zu 3 Monate lagen. Das spricht dafür, daß in diesen Fällen der Verzicht erst erklärt worden ist, nachdem mündlich verhandelt worden war. Das wird auch dadurch bestätigt, daß in 47 Verzichtsverfahren (61,0 %) eine mündliche Verhandlung stattgefunden hat.

14. Abschnitt

Wiedereröffnung der mündlichen Verhandlung

In 8 Fällen (1,3 %) der 600 überprüften Verfahren ist die mündliche Verhandlung nach § 121 Satz 2 SGG[1] wieder eröffnet worden; in 7 Fällen geschah dies 1mal, in 1 Fall 2mal; in keinem Fall wurde ein neuer Termin anberaumt, d. h. es wurde sofort mündlich verhandelt.

Diese Wiedereröffnungsfälle haben annehmbar nicht zu einer Verlängerung der Verfahren geführt.

---

[1] § 121 SGG: Nach genügender Erörterung der Streitsache erklärt der Vorsitzende die mündliche Verhandlung für geschlossen. Das Gericht kann die Wiedereröffnung beschließen.

15. Abschnitt

Gründe, aus denen das Verfahren zeitweise nicht betrieben wurde

1. Unterbrechung und Aussetzung von Verfahren

In keinem der 600 Verfahren ist ein Zwischenurteil über die Zulässigkeit der Klage bzw. Berufung mit der Revision angegriffen worden (§§ 275, 203 ZPO), das Verfahren also „unterbrochen" worden.

Aus anderen Gründen sind 10 Berufungsverfahren (1,7 %) unterbrochen worden, und zwar 9 Verfahren 1mal und 1 Verfahren 2mal[1].

In 5 Fällen (0,8 %) wurde das Verfahren durch den Tod einer Partei, den Wegfall des gesetzlichen oder des besonderen Vertreters, den Wegfall des Prozeßbevollmächtigten oder durch entsprechende Ereignisse i. S. von § 68 SGG unterbrochen. Die Unterbrechung dauerte in 2 Fällen (40,0 %) 4 bis 12 Wochen, in 3 Fällen (60,0 %) 12 bis 24 Wochen.

In 6 Fällen wurden die Verfahren nach Art. 100 GG bzw. Art. 177 EG-Vertrag jeweils 4 bis 12 Wochen ausgesetzt.

Eine Aussetzung nach § 114 SGG kam nicht vor.

2. „Ruhen des Verfahrens"[2]

In 9 Verfahren (1,5 %) hatten die LSGen in Übereinstimmung mit den Beteiligten längere Zeit keinen Termin anberaumt. Dieser Stillstand der Verfahren dauerte in je 3 Fällen 12 bis 26 bzw. 26 bis 52 Wochen, d. h. bis zu einem halben bzw. bis zu einem Jahr.

In den 9 Verfahren ergibt sich aus den Akten, daß die Gerichte das „Ruhen" des Berufungsverfahrens angeordnet oder das Verfahren haben ruhen lassen aus folgenden Gründen:

Musterprozeß	in 3 Fällen	(33,3 %)
Vergleichsverhandlungen	in 3 Fällen	(33,3 %)
andere Gründe	in 3 Fällen	(33,3 %)

---

[1] Als Gründe kamen in Frage: § 60 Abs. 1 SGG (Richterablehnung), § 380 ZPO (Bestrafung eines Zeugen wegen Ausbleibens), § 406 ZPO (Ablehnung eines Sachverständigen), § 409 ZPO (Bestrafung eines Sachverständigen), §§ 383, 384 ZPO (Zeugnisverweigerung), §§ 383, 384 ZPO (Gutachtenverweigerung); von diesen Gründen ist einmal „Ablehnung eines Sachverständigen" genannt worden, in 3 Fällen waren „andere Rechtsvorschriften" als Unterbrechungsgrund vermerkt.

[2] Darunter wird verstanden, daß längere Zeit kein Termin in Übereinstimmung mit den Beteiligten angesetzt wird.

3. Zeitweiliger Stillstand des Verfahrens

In 10 Verfahren (1,7 %) beruhte der zeitweilige Stillstand des Verfahrens darauf, daß die Akten (ohne förmlichen Aussetzungsbeschluß) auf Ersuchen eines anderen Gerichts oder einer anderen Stelle abgegeben werden mußten. Das geschah in 8 Verfahren je einmal, in 2 Verfahren je zweimal. Die Akten waren für das LSG nicht verfügbar:

bis 4 Wochen	in 3 Fällen	(30,0 %)
4 - 12 Wochen	in 4 Fällen	(40,0 %)
12 - 26 Wochen	in 2 Fällen	(20,0 %)
26 - 52 Wochen	in 1 Fall	(10,0 %)

In 10 Verfahren (1,7 %) beruhte der zeitweilige Stillstand des Verfahrens (ohne förmlichen Beschluß) darauf, daß das Berufungsverfahren längere Zeit (mehr als 6 Monate) von den Beteiligten nicht betrieben wurde. Diese Zeit betrug:

26 - 52 Wochen	in 8 Fällen	(80,0 %)
52 - 99 Wochen	in 2 Fällen	(20,0 %)

4. Insgesamt

Hier präsentiert sich ein Komplex von Tatbeständen, die nicht nur die Dauer der betroffenen Verfahren, sondern auch die durchschnittliche Laufdauer der zweitinstanzlichen Prozesse beeinflussen, ohne daß diese Auswirkung vom Gericht verhindert werden kann oder — wie in den Fällen der Ziff. 2 — vermieden werden sollte.

Sowohl wenn es um das Ergebnis von Vergleichsverhandlungen geht als auch wenn es sich um den Ausgang eines vergleichbaren Musterprozesses handelt, sprechen stichhaltige Gründe dafür, daß die betroffenen Verfahren bis auf weiteres nicht betrieben werden. Das Entsprechende gilt, wenn dem Gericht bekannt ist, daß z. B. der Kläger aus triftigen Gründen gehindert ist, seine Berufung vorübergehend zu betreiben. Wenn Beteiligte aus derartigen Gründen beantragen, ihr Verfahren für eine begrenzte Zeit „ruhen" zu lassen, also ihr Mitwirkungsrecht ausüben, muß das Gericht dem Antrag entsprechen.

Allerdings soll nicht verkannt werden, daß Verfahren bei solcher Gelegenheit aus der Kontrolle des Vorsitzenden bzw. des Berichterstatters geraten können mit der Folge, daß die Unterbrechung bzw. das „Ruhen" des Verfahrens dann länger dauert als notwendig.

16. Abschnitt

Richterwechsel

Richterwechsel, mögen sie sich auf den gesamten Spruchkörper erstrecken oder auf den Berichterstatter beschränken, bleiben in der Regel nicht ohne Auswirkung auf die Dauer der betroffenen Verfahren und können auch die durchschnittliche Laufdauer beeinflussen.

1. In 155 Verfahren (25,8 %) der überprüften 600 Verfahren ergab sich ein Wechsel von Berufsrichtern, d. h. des Vorsitzenden und/oder des Berichterstatters. Als Gründe waren erkennbar:

a) Wechsel in der Zuständigkeit des Spruchkörpers,
b) geschäftsplanmäßiger Wechsel des Berichterstatters,
c) Erkrankung des Berichterstatters,
d) Gründe in der Person des Richters (z. B. Besorgnis der Befangenheit).

Diese Gründe lagen vor:

a) in 83 Verfahren (53,5 %),
b) in 68 Verfahren (43,9 %),
c) in 2 Verfahren (1,3 %),
d) in 2 Verfahren (1,3 %).

Basiszahl: 155

Es fällt auf, daß in 151 (97,4 %) von 155 Verfahren, also in 25,8 % der überprüften 600 Verfahren, Wechselfälle aufgetreten sind, die meistens, wenn auch nicht immer, in den Verantwortungsbereich der LSGe fallen (vgl. die Gründe zu a und b).

2. In manchen Verfahren sind *mehrfach* Wechselfälle eingetreten. Geht man von 155 überprüften Verfahren aus, so haben Richter mindestens 281mal gewechselt, und zwar in:

155 Verfahren (71,6 %) 1mal,
43 Verfahren (20,6 %) 2mal,
12 Verfahren (7,1 %) 3mal,
1 Verfahren (0,6 %) mehr als 3mal.

3. Zwischen der Einlegung der Berufung und den Richterwechseln lagen in 155 überprüften Verfahren folgende Zeiträume:

	1. Richterwechsel	*2. Richterwechsel*	*3. Richterwechsel*
bis 4 Wochen	6 F. (3,9 %)		
4 - 12 Wochen	29 F. (18,7 %)	3 F. (7,0 %)	1 F. (8,3 %)
12 - 26 Wochen	31 F. (20,0 %)	4 F. (9,3 %)	— —
26 - 52 Wochen	47 F. (30,3 %)	13 F. (30,2 %)	2 F. (16,7 %)
52 - 99 Wochen	30 F. (19,4 %)	19 F. (44,2 %)	3 F. (25,0 %)
über 99 Wochen	12 F. (7,7 %)	4 F. (9,3 %)	6 F. (50,0 %)
	Basiszahl: 155	Basiszahl: 43	Basiszahl: 12

Für 1 Verfahren mit mehr als 3maligem Richterwechsel fehlen Angaben.

4. Zwischen dem Eintritt des letzten Berichterstatters und dem Urteil lagen in 155 Verfahren folgende Zeiträume:

bis 4	Wochen	in 24 Fällen	(15,5 %)
4 - 12	Wochen	in 30 Fällen	(19,4 %)
12 - 26	Wochen	in 37 Fällen	(23,8 %)
26 - 52	Wochen	in 35 Fällen	(22,5 %)
52 - 99	Wochen	in 24 Fällen	(15,4 %)
über 99	Wochen	in 5 Fällen	(3,2 %)

Das heißt, daß es vom letzten Wechsel des Berichterstatters bis zum Urteil dauerte:

in 91 Fällen	(58,7 %)	bis 26 Wochen
in 35 Fällen	(22,5 %)	bis 52 Wochen
in 24 Fällen	(15,4 %)	bis 99 Wochen
in 5 Fällen	(3,2 %)	über 99 Wochen

Zusammenfassend erscheint angezeigt, daß die LSGe bei der Frage des Richterwechsels in den Fällen, in denen keine *zwingenden* Gründe vorliegen, wesentlich mehr Zurückhaltung üben sollten, und zwar auch, wenn es sich um den 1. Richterwechsel im Verfahren handelt.

Wenn auch im Berufungsverfahren der allgemeinen Verwaltungsgerichtsbarkeit die Zahl der Wechselfälle fast gleich hoch liegt (40 %) wie die in der 2. Instanz der Sozialgerichtsbarkeit (46,8 %), so ist diese doch wesentlich höher als in der 1. Instanz (24,1 %) und im Zivilprozeß (9 %)[1].

17. Abschnitt

Erhebungen über die Mitwirkung der Beteiligten

1. Gesamtzahl der vorbereitenden Schriftsätze

Vorbereitende Schriftsätze zur Sache (einschließlich der Berufungsbegründung) haben insgesamt eingereicht:

	Kläger	Beklagte	Beigeladene
1 Schriftsatz	142 Fälle (24,2 %)	287 Fälle (49,6 %)	11 Fälle (34,4 %)
2 Schriftsätze	164 Fälle (28,0 %)	148 Fälle (25,6 %)	5 Fälle (15,6 %)
3 Schriftsätze	113 Fälle (19,3 %)	68 Fälle (11,7 %)	4 Fälle (12,5 %)
4 Schriftsätze	57 Fälle (9,7 %)	34 Fälle (5,9 %)	2 Fälle (6,3 %)
5 Schriftsätze	43 Fälle (7,3 %)	16 Fälle (2,8 %)	1 Fall (3,1 %)

[1] *Ule*, S. 210, unter Hinweis auf *Baumgärtel / Hohmann*, S. 156.

mehr als			
5 Schriftsätze	66 Fälle (11,3 %)	22 Fälle (3,8 %)	2 Fälle (6,3 %)
keine Angabe	1 Fall (0,2 %)	4 Fälle (0,7 %)	7 Fälle (21,9 %)
	Basiszahl: 586	Basiszahl: 579	Basiszahl: 32

Wie in der 1. Instanz[1] weisen die Zahlen darauf hin, daß die Sozialprozesse auch in der Berufung mit zum Teil sehr unterschiedlicher Intensität geführt worden sind, und lassen erkennen, daß sich bei einem Teil der Prozesse mehrere Phasen, bedingt durch mehrere Beweiserhebungen, unterscheiden lassen.

2. Zahl der Schriftsätze 1 Woche vor dem 1. bzw. 2. Termin oder im 2. Termin übergeben

In 76 Verfahren (12,7 %) haben die Beteiligten Schriftsätze bei Gericht noch in der letzten Woche *vor* dem 1. Termin und in 10 Verfahren (1,7 %) noch in der letzten Woche *vor* dem 2. Termin eingereicht; für den 3. Termin gilt Fehlanzeige.

Schriftsätze wurden überreicht:

im 1. Termin 12
im 2. Termin 1
im 3. Termin —

Schriftsätze sind von den Beteiligten in der Woche *nach* dem Termin eingegangen:

nach dem 1. Termin 9
nach dem 2. Termin 2
nach dem 3. Termin —

3. Aufforderung zur Stellungnahme unter Fristsetzung

In 50 Verfahren (8,3 %)[2] hat das Gericht bei der Übersendung von Schriftsätzen die Beteiligten *stets* unter *Fristsetzung* zur Stellungnahme aufgefordert[3].

In 40 Verfahren (6,7 %) hat das Gericht Beteiligten aufgegeben, sich über bestimmte *aufklärungsbedürftige Punkte* innerhalb bestimmter Frist zu erklären (§ 279 a Satz 1 ZPO), und zwar

den Berufungsklägern in 36 Fällen (6,0 %)
den Berufungsbeklagten in 11 Fällen (1,8 %).

[1] Vgl. S.. 106, 205.
[2] Die folgenden Hundertsätze gehen von 600 Verfahren aus.
[3] Hier besteht eine Möglichkeit, durch *regelmäßige* Fristsetzung die Verfahren zu beschleunigen.

Diese Frist ist eingehalten worden von:

den Berufungsklägern	in 26 Fällen (4,3 %)
den Berufungsbeklagten	in 10 Fällen (1,6 %)

4. Anordnung zum persönlichen Erscheinen

Das Gericht hat das *persönliche Erscheinen* angeordnet (a) und erschienen sind (b):

	a)	b)
Kläger	85 Fälle (14,2 %)	76 Fälle (12,7 %)
Beklagter	23 Fälle (3,8 %)	23 Fälle (3,8 %)

2 Berufungskläger mußten mehrmals zum persönlichen Erscheinen aufgefordert werden, Ordnungsgeld wegen Nichterscheinens ist nicht verhängt worden.

5. Entsendung eines qualifizierten Bevollmächtigten zum Termin

In 161 Verfahren (26,9 %) hat das Gericht einem Beteiligten aufgegeben, einen Bevollmächtigten nach § 111 Abs. 3 SGG zur mündlichen Verhandlung zu entsenden. In sämtlichen Fällen haben die Beteiligten der Auflage entsprochen.

6. Neue Beweisaufnahme infolge neuer Behauptung in der 2. Instanz

In 34 Verfahren (5,7 %) ergibt sich, daß wegen neuer Behauptungen nach dem Urteil des SG eine neue Beweisaufnahme stattfinden mußte.

18. Abschnitt

Bemühungen um gütliche Beilegung des Rechtsstreits durch Vergleich oder Anerkenntnis

1. Zahl der Verfahren

In 19 Verfahren (3,2 %) der 600 Prozeßakten ergeben sich Bemühungen um eine gütliche Beilegung des Rechtsstreits, und zwar

auf Vorschlag des Gerichts	in 15 Fällen (78,9 %)
auf Wunsch eines Beteiligten	in 4 Fällen (21,1 %)

2. Auswirkung auf die Verfahrensdauer — Anerkenntnis

In 7 Verfahren (1,2 %) ist der Prozeß infolge von Bemühungen um eine gütliche Beilegung des Rechtsstreits zeitweilig nicht betrieben worden, und zwar:

bis 3 M.	in 4 Fällen	(57,1 %)
3 - 6 M.	in 1 Fall	(14,3 %)
6 - 12 M.	in 2 Fällen	(28,6 %)

In 5 Verfahren (0,8 %) wurde ein *Anerkenntnis* abgegeben, und zwar in folgenden Fristen ab Eingang der Berufung bei Gericht:

12 - 24 M.	in 2 Fällen	(40,0 %)
über 24 M.	in 3 Fällen	(60,0 %)

In 1 Fall (0,2 %) wurde die Annahme des Anerkenntnisses über 24 Monate nach Eingang der Berufung abgelehnt. Danach hat dieser Rechtsstreit noch 12 bis 24 Monate bis zum Urteil gedauert.

19. Abschnitt

Teilurteil, Zwischenurteil

Die Überprüfung der 600 Verfahren ergab, daß weder ein Teilurteil (§§ 275, 303 ZPO) noch ein Zwischenurteil (§§ 275, 303 ZPO) oder ein Grundurteil (§ 304 ZPO) ergangen ist.

20. Abschnitt

Urteil

1. Die Zahl der Urteile und ihre Gliederung

In 537 (89,5 %) von 600 Verfahren war das Urteil in vollem Umfange ein Sachurteil. In 63 (10,5 %) von 600 Verfahren ist das Urteil nach § 130 SGG[1] ergangen.

Von 55 Verfahren (9,2 %) waren 13 (2,2 %) teilweise und 42 (7,0 %) schlechthin unzulässig.

[1] § 130 SGG: Wird gemäß § 54 Abs. 4 oder 5 eine Leistung in Geld begehrt, so kann auch zur Leistung nur dem Grunde nach verurteilt werden. Hierbei kann im Urteil eine einmalige oder laufende vorläufige Leistung angeordnet werden. Die Anordnung der vorläufigen Leistung ist nicht anfechtbar.

2. Begründung der Urteile

Von den *verkündeten* Urteilen (492 = 82,0 %) lagen bei der Verkündung 13 Urteile (2.2 %) vollständig (mit schriftlicher Begründung) vor.

Die Zeiten, die zur schriftlichen Begründung verkündeter Urteile benötigt wurden, sind zum Teil erheblich[2]. Beispielsweise:

In 139 Verfahren lagen zwischen der Verkündung des Urteils und dem Zeitpunkt, zu dem die Begründung zu den Akten gegeben wurde, folgende Zeiträume:

bis 4 Wochen	in	10 Fällen	(77,0 %)
4 - 8 Wochen	in	23 Fällen	(16,6 %)
9 - 12 Wochen	in	6 Fällen	(4,3 %)
über 12 Wochen	in	3 Fällen	(2,2 %)[3]

Wie zu den entsprechenden Daten der 1. Instanz schon ausgeführt worden ist[4], spricht einiges dafür, daß die Zeiten, die zur schriftlichen Begründung mündlich verkündeter Urteile von den Tatsacheninstanzen der Sozialgerichtsbarkeit in Anspruch genommen werden, im Einklang weder mit dem Gebot des § 134 Satz 2 SGG[5] noch mit der allgemeinen Beschleunigungsmaxime des Sozialprozesses stehen. Selbst wenn die „3-Tage-Frist" des § 134 Satz 2 SGG nicht praktikabel ist, es sei denn, das Urteil lag ausnahmsweise mit Entscheidungsgründen bereits bei Verkündung vor, ferner auch wenn die ermittelten Daten beispielhaft sind und keine repräsentative Bedeutung haben, so weisen diese Werte doch darauf hin, daß hier eine nutzbare Beschleunigungsreserve des sozialgerichtlichen Verfahrens in beiden Tatsacheninstanzen liegt. Die relativ langen, zum Teil annehmbar unverhältnismäßig langen Zeiträume, bis die schriftliche Begründung des Urteils der Geschäftsstelle zugestellt wird, tragen nicht unwesentlich zur Dauer der Sozialprozesse in beiden Instanzen bei. Hier erweist sich, daß in der Regel unerfüllbare Gebote (wie das des § 134 Satz 2 SGG) leicht ins Gegenteil umschlagen.

3. Umfang der Urteile und ihre Aufschlüsselung nach Materien

Die Urteile (ohne Rubrum) waren

a) im *Tatbestand*
b) in den *Gründen*

lang:

---

[2] Vgl. S. 110.
[3] Vgl. S. 198 f.
[4] Vgl. S. 110, 113.
[5] § 134 SGG: Das Urteil nebst Tatbestand und Entscheidungsgründen ist vom Vorsitzenden zu unterschreiben. War es bei der Verkündung noch nicht vollständig niedergelegt, so soll es binnen drei Tagen nach der Verkündung in vollständiger Abfassung der Geschäftsstelle übergeben werden.

	a)	b)
bis 2 Seiten	20 Fälle (3,4 %)	12 Fälle (2,0 %)
2 - 5 Seiten	458 Fälle (77,2 %)	433 Fälle (73,0 %)
6 - 10 Seiten	107 Fälle (18,0 %)	133 Fälle (22,4 %)
11 - 15 Seiten	8 Fälle (1,3 %)	13 Fälle (2,2 %)
16 - 20 Seiten	— —	1 Fall (0,1 %)
21 - 25 Seiten	— —	1 Fall (0,1 %)
	Basiszahl: 593	Basiszahl: 593

Insgesamt waren die Urteile in der Regel in den Gründen etwas länger als im Tatbestand. 3/4 der Urteile sind 4 - 10 Seiten lang.

Aufgeschlüsselt nach *Rechtsmaterien* wiesen 350 Urteile für

a) *Tatbestand* b) *Gründe*

folgende Seitenzahlen auf:

1. *Gesetzliche Rentenversicherung*

(einschl. der knappschaftlichen Rentenversicherung und der Rentenversicherung der Handwerker)

	a)	b)
2 - 5 Seiten	14 Fälle (82,4 %)	13 Fälle (76,5 %)
6 - 10 Seiten	3 Fälle (17,6 %)	4 Fälle (23,5 %)

2. *Kriegsopferversorgung*

(einschl. Soldatenversorgungsgesetz, § 88 Abs. 1 und 5 SVG)

	a)	b)
1 - 2 Seiten	3 Fälle (1,4 %)	4 Fälle (1,9 %)
2 - 5 Seiten	161 Fälle (77,8 %)	137 Fälle (66,2 %)
6 - 10 Seiten	41 Fälle (19,8 %)	61 Fälle (29,5 %)
11 - 15 Seiten	2 Fälle (1,0 %)	5 Fälle (2,4 %)

3. *Gesetzliche Unfallversicherung*

	a)	b)
1 - 2 Seiten	3 Fälle (4,0 %)	— —
3 - 5 Seiten	62 Fälle (82,7 %)	66 Fälle (88,0 %)
6 - 10 Seiten	9 Fälle (12,0 %)	9 Fälle (12,0 %)
11 - 15 Seiten	1 Fall (1,3 %)	— —

4. *Arbeitslosenversicherung und Arbeitslosenhilfe*

(einschl. der Aufgaben der Bundesanstalt für Arbeit usw. wie nach dem Kindergeldgesetz, § 27 Abs. 1 BKGG)

	a)	b)
1 - 2 Seiten	1 Fall (5,9 %)	1 Fall (5,9 %)
3 - 5 Seiten	14 Fälle (82,4 %)	13 Fälle (76,5 %)
6 - 10 Seiten	2 Fälle (11,8 %)	3 Fälle (17,6 %)

5. *Gesetzliche Krankenversicherung*

(einschl. der knappschaftlichen Krankenversicherung und der Krankenversicherung der NS-Verfolgten)

	a)	b)
2 - 5 Seiten	14 Fälle (82,4 %)	13 Fälle (76,5 %)
6 - 10 Seiten	1 Fall (17,6 %)	2 Fälle (23,5 %)

6. *Altershilfe für Landwirte*

(§§ 30, 46 GAL)

	a)	b)
2 - 5 Seiten	8 Fälle (100 %)	6 Fälle (75,0 %)
6 - 10 Seiten	— —	2 Fälle (25,0 %)

7. *Kassenarztrecht*

	a)	b)
2 - 5 Seiten	— —	1 Fall (25,0 %)
6 - 10 Seiten	4 Fälle (100 %)	— —
11 - 15 Seiten	— —	3 Fälle (75,0 %)

8. *Häftlingshilfe*

	a)	b)
6 - 10 Seiten	1 Fall (100 %)	1 Fall (100 %)

9. *Sonstiges Recht*

	a)	b)
1 - 2 Seiten	— —	1 Fall (16,7 %)
3 - 5 Seiten	6 Fälle (100 %)	5 Fälle (83,3 %)

4. Zustellung der Urteile

Von 496 Urteilen, nach mündlicher Verhandlung verkündet, wurden zugestellt

a) dem *Berufungskläger*, dessen gesetzlichem oder besonderem Vertreter oder Prozeßbevollmächtigten,

b) dem *Berufungsbeklagten*, dessen gesetzlichem oder besonderem Vertreter oder Prozeßbevollmächtigten,

c) dem *Beigeladenen*, dessen gesetzlichem oder besonderem Vertreter oder Prozeßbevollmächtigten

innerhalb folgender Zeiträume, gerechnet ab Verkündung des Urteils:

	a)	b)	c)
bis 4 Wochen	184 Fälle (37,1 %)	176 Fälle (35,5 %)	7 Fälle (24,1 %)
4 - 8 Wochen	226 Fälle (45,6 %)	233 Fälle (47,0 %)	15 Fälle (51,7 %)
8 - 12 Wochen	64 Fälle (12,9 %)	64 Fälle (12,9 %)	3 Fälle (10,3 %)
über 12 Wochen	22 Fälle (4,4 %)	23 Fälle (4,6 %)	4 Fälle (13,8 %)
	Basiszahl: 496	Basiszahl: 496	Basiszahl: 29

5. Bestätigung des erstinstanzlichen Urteils

In 585 Verfahren (97,5 %) bestätigte das LSG das *erstinstanzliche* Urteil

in 442 Fällen (75,5 %) ganz,
in 39 Fällen (6,7 %) teilweise und
in 104 Fällen (17,7 %) nicht.

Die *Bestätigung* des erstinstanzlichen Urteils erfolgte:

a) wegen zutreffender tatsächlicher und rechtlicher Beurteilung in der 1. Instanz

in 377 Fällen (95,2 %) ganz,
in 19 Fällen (4,8 %) teilweise.

Basiszahl: 396

b) trotz anderer rechtlicher Beurteilung des vom erstinstanzlichen Gericht festgestellten Sachverhalts

in 22 Fällen (78,6 %) ganz,
in 6 Fällen (21,4 %) teilweise.

Basiszahl: 28

c) trotz abweichender Feststellung des vom erstinstanzlichen Gericht festgestellten Sachverhalts

in 7 Fällen (46,7 %) ganz,
in 8 Fällen (53,3 %) teilweise.

Basiszahl: 15

d) aus anderen Gründen

in 36 Fällen (85,7 %) ganz,
in 6 Fällen (14,3 %) teilweise.

Basiszahl: 42

6. Zurückverweisung

In 122 Verfahren (22,3 %) führte die Berufung bei Aufhebung (auch teilweiser Aufhebung) des erstinstanzlichen Urteils

in 8 Fällen (6,6 %) zur Zurückverweisung des Rechtsstreits
in 114 Fällen (93,4 %) zur eigenen Sachentscheidung des LSG

7. Gründe für die — auch teilweise — Aufhebung des erstinstanzlichen Urteils

In 600 Berufungsverfahren sind erstinstanzliche Urteile aufgehoben worden

a) wegen anderer rechtlicher Beurteilung
in 79 Fällen (13,2 %)

b) wegen anderer Beweiswürdigung
in 39 Fällen (6,5 %)

c) wegen neuer, erstmals in der Berufungsinstanz erhobener Beweise
in 31 Fällen (5,2 %)

d) aus sonstigen Gründen
in 4 Fällen (0,7 %)

Nach dieser Aufschlüsselung sind insgesamt 447 Urteile (74,5 %) bestätigt und 153 Urteile (25,5 %) ganz oder teilweise aufgehoben worden.

8. Zulassung und Einlegung von Revision

a) In 51 (8,5 %) von 600 überprüften Verfahren wurde die Revision im Urteil zugelassen, in 549 Fällen (91,5 %) war dies nicht der Fall.

b) Revision wurde gegen 136 Urteile (22,7 %) eingelegt, und zwar vom:

Kläger	in 107 Fällen	(17,8 %)
Beklagten	in 27 Fällen	(4,5 %)
Beigeladenen	in 2 Fällen	(0,3 %)

9. Berichtigung bzw. Ergänzung des Urteils

In 5 (0,8 %) der 600 überprüften Verfahren ist das Urteil wegen Schreibfehler usw. nach § 138 SGG berichtigt worden. Eine Berichtigung der Darstellung des Sachverhalts nach § 139 SGG oder eine Ergänzung des Urteils nach § 140 SGG ist in keinem Falle erfolgt.

Anhang

Widerklage

In 1 Verfahren haben der Beklagte und ein notwendig Beigeladener Widerklage erhoben. Dies erfolgte in einem Zeitraum von „12 bis 24 Monaten“ nach Einlegung der Berufung und in einem Zeitraum von „3 bis 6 Monaten“ *vor* dem Erlaß des Urteils.

Zusammenfassung

(1. und 2. Instanz)

I.

1. Der Sozialprozeß (in seinen Tatsacheninstanzen) muß in seiner soziologischen Verflechtung gesehen werden, wenn man die Rechtstatsachen, die für seine Gestaltung und Dauer von wesentlicher Bedeutung sind, erkennen und würdigen will.

Für diese soziologische Verflechtung sind drei Faktoren von entscheidender Bedeutung:

Voran steht die Tatsache, daß die *materielle* Ordnung des Sozialrechts stark zersplittert und sehr differenziert ist. Die *Zersplitterung* geht auf die Art und Weise der Entwicklung des Sozialrechts zurück; die — im Gange befindliche — Kodifikation (mit begrenzter Sachreform) wird zwar das Sozialrecht harmonisieren und einheitlicher gestalten, aber die Reformarbeit, die zudem noch eine Reihe von Jahren andauern wird, läßt nur einen begrenzten Effekt erwarten, weil sie an der Tatsache, daß unsere Sozialrechtsordnung in rd. 100 Jahren nach spezifischen Rechtsgründen (Versicherung, Versorgung, Fürsorge) ausgeformt worden ist und nach dieser Typik sich auch ständig weiterentwickelt, wahrscheinlich nichts ändern wird[1].

Die starke *Differenzierung* des Sozialrechts geht auf dessen Zielsetzung zurück, die von der Verfassung her darauf ausgerichtet ist, daß die Persönlichkeit dem Menschen in unserer rechtsstaatlich verfaßten Industriegesellschaft durch soziale, also darreichende Gerechtigkeit tunlichst weitgehend individuell ermöglicht und gewährleistet wird.

Als *zweiter Faktor* für die soziologische Verflechtung der Sozialgerichtsbarkeit ist die Tatsache zu nennen, daß die grundgesetzlich intendierte, individuell akzentuierte Zielsetzung des Sozialrechts auch das *Verfahrensrecht* dieser Gerichtsbarkeit bestimmt. Es ist der Einzelne, der auf der Grundlage einer relativ starken verfahrensrechtlichen Position um sein — vermeintliches oder tatsächlich gegebenes — soziales Recht kämpft.

---

[1] Vgl. *Rohwer-Kahlmann / Ströer*, SGB I, Einf. Rz. 15, 19.

Als *dritter Faktor* kommt noch ein bedeutsamer *Zielkonflikt* hinzu: Einerseits hat die Sozialgerichtsbarkeit die Rechtsposition des Rechtsuchenden verbindlich klarzustellen, wofür sie nach der Amts-, der Untersuchungs- und der Beschleunigungsmaxime ausgeprägt ist, d. h. sie hat die materielle Gerechtigkeit von Amts wegen möglichst in *einem* Termin zur mündlichen Verhandlung, jedenfalls aber so schnell wie möglich zu verwirklichen, und zwar sowohl des Rechtsuchenden als auch der Gemeinschaft wegen. Andererseits ist nicht nur dem Versicherten, dem Versorgungsberechtigten oder Hinterbliebenen das Antragsrecht nach § 109 SGG gegeben, mit dem er unter den gesetzlichen Voraussetzungen zwingend Einfluß auf die Beweiserhebung des Gerichtes nehmen kann[1a], sondern sind auch die Möglichkeiten des Gerichts, das Eigeninteresse des Rechtsuchenden zu mobilisieren, begrenzt, wenn dieser seiner Mitwirkungspflicht nur teilweise, insbesondere verfahrensverzögernd, oder gar nicht nachkommt. Dem Rechtsuchenden ist die Verfolgung seiner Rechte sehr erleichtert, es ist aber nicht sichergestellt, daß das Gericht ihn erforderlichenfalls auch zur ausreichenden, insbesondere zügigen Mitarbeit wirksam zwingen könnte[2], obwohl es auch um die Interessen der Gemeinschaft geht.

Diese Tatsachen beeinflussen entscheidend auch die Dauer der überprüften Verfahren. Daher seien sie als Orientierungspunkte für die Stellungnahme zu den Ergebnissen der Enquete vorangestellt, auch soweit sie nicht oder nur begrenzt modifiziert werden können.

2. Die gleichsam vorgegebenen Faktoren erklären zum Teil auch markante Unterschiede des Sozialprozesses, sei es beim Vergleich mit den Verfahren der anderen Verwaltungsgerichtsbarkeiten oder sei es beim Vergleich mit den Zivilprozessen, und zwar Unterschiede, die sich auch auf die Laufdauer der Verfahren auswirken, wie noch darzulegen sein wird.

Ule[3] weist mit Recht darauf hin, daß im *Verwaltungsprozeß* die Rechtsfragen eine größere Rolle spielen als die Sachverhaltsermittlung. Im Sozialprozeß ist die Situation insofern anders, als hier beide Komplexe von gleich großer Bedeutung sind.

[1a] Ich werte dieses Aufsatzrecht als ein Element der Verhandlungs-(Beibringungs-)maxime.

[2] In 51 % (306) der Verfahren ist die Berufung ohne Begründung eingereicht worden, davon in 44,8 % (269) der Verfahren mit dem Hinweis, daß die Begründung nachgereicht werde. Das ist auch in 42,3 % (254) der Verfahren geschehen, allerdings erst, nachdem in 18,3 % (110) der Verfahren die Begründung ein- oder mehrmals angemahnt worden war. Der dadurch bedingte Zeitverlust betrug im Durchschnitt rund 1 Monat, wenn man von der allgemeinen durchschnittlichen Verfahrensdauer ausgeht. Das als Beispiel!

[3] S. 138, 195; 143, 200.

Es trifft zu, daß die *Sachverhaltsermittlung* in den Tatsacheninstanzen der Sozialgerichtsbarkeit einen sehr breiten Raum einnimmt — nicht nur auf Grund der wesentlich höheren Zahl von Beweisaufnahmen (insbesondere mit Gutachten), die ihre Prozesse erfordern[4], sondern auch weil zahlreichen Verfahren Dauerleistungsbescheide zugrundeliegen, bei denen Änderungen des Tatbestandes während der gesamten Dauer des Verfahrens nicht nur eintreten können, sondern ggf. auch berücksichtigt werden müssen.

Auch in *rechtlicher Hinsicht* gestalten sich die sozialgerichtlichen Verfahren häufig schwierig. Zwar ist die Palette möglicher Streitgegenstände in der Verwaltungsgerichtsbarkeit wesentlich breiter als in der Sozialgerichtsbarkeit, dafür befindet sich das Sozialrecht aber ständig im Flusse, wobei die gesetzliche Entwicklung nicht selten neue Risiken in die soziale Sicherung einbezieht oder in Schüben mit wechselnder Tendenz verläuft, und zwar insbesondere infolge der starken Abhängigkeit des Sozialrechts von der Entwicklung des Sozialproduktes und der jeweiligen gouvernementalen Zielsetzung. Beispielsweise kann für die *Gegenwart* darauf hingewiesen werden, daß seit 1976 eine langjährige Ausbauphase des Sozialrechts vom Zwang zur Konsolidierung unseres Sozialaufwandes abgelöst worden ist[5], dessen gesetzliche Auswirkungen die Sozialgerichtsbarkeit — dazu in einer Periode fortschreitender Kodifikation des Sozialrechts — verkraften muß.

Das erklärt, daß in der Sozialgerichtsbarkeit laufend neue, zum Teil auch neuartige Rechtsfragen sowohl des Sozial- als auch des Verfassungsrechts zu entscheiden sind, die in Routinearbeit nicht beantwortet werden können, ganz abgesehen davon, daß auch eine Reform der gerichtlichen Verfahrensordnungen anzulaufen beginnt[6].

3. Nicht zuletzt ist für die durchschnittliche Dauer des Sozialprozesses in beiden Instanzen auch die Stellung des Rechtsuchenden von wesentlicher Bedeutung. Es kann die Frage dahingestellt bleiben, ob die Stel-

---

[4] Im Verwaltungsprozeß fanden *Beweisaufnahmen* in 28,5 % (1. Instanz) bzw. in 24,3 % (2. Instanz) aller Fälle statt; die entsprechenden Zahlen des Sozialprozesses sind 68,1 % (1. Instanz) bzw. 52,0 % (2. Instanz). Schriftliche Gutachten holten in der 1. Instanz ein: die Verwaltungsgerichtsbarkeit in 3,3 %, die Finanzgerichtsbarkeit in 2,2 % und die Sozialgerichtsbarkeit in 38,6 % der Verfahren, wovon 2/3 der schriftlichen Gutachten Verfahren mit 1 Gutachten und die restlichen Gutachten Verfahren mit mehreren Gutachten betrafen. In 82,3 % der Fälle mußte der Kläger bei der Begutachtung auch persönlich mitwirken.

[5] Vgl. *Rohwer-Kahlmann*, Die Rentenversicherung am Scheidewege, ferner: Das Krankenversicherungs-Kostendämpfungsgesetz, beide in: Zeitschrift für Sozialreform 1976 S. 591 ff. bzw. 1977 S. 573 ff. Vgl. auch *Baader*, Gesetzeskrise und Selbstverständnis des Richters der Sozialgerichtsbarkeit, in SGb 1979, S. 210, 212.

[6] Vgl. Entwurf einer Verwaltungsprozeßordnung, herausgegeben vom Bundesminister der Justiz (Febr. 1978).

lung des Klägers nicht etwas zu stark ausgebaut ist[7], der Hinweis mag genügen, daß der Rechtsuchende mit seinem Vorbringen, auch wenn er es in den Prozeß früher hätte einführen können, gehört werden muß, also nicht präkludiert werden darf[8]. Desgleichen ist der Rechtsuchende befugt, mit seinem Antrag auf Anhörung eines Sachverständigen seines Vertrauens (§ 109 Abs. 1 SGG) zu warten, bis das Gericht seine Tatbestandsermittlung abschließt. In diesen Beispielsfällen kann das Verhalten des Klägers zur Folge haben, daß das Gericht — statt den Prozeß zu beenden — erneut in eine Beweiserhebung eintreten muß und daß sich dann die Laufdauer des Verfahrens um ein Erkleckliches verlängert, ohne daß das Ausmaß dieser Auswirkung durch die Enquete klar erfaßt werden könnte.

II.

Bei den Rechtstatsachen, die für die Dauer der Sozialprozesse in den Tatsacheninstanzen bestimmend sein können, sei mit den Fakten begonnen, die in den Verantwortungsbereich der Beteiligten fallen.

1. In diesem Zusammenhang ist die Rolle der *Beigeladenen* relativ nebensächlich; ihre Zahl ist gering, wenn auch die Beiladung im Einzelfall nicht ganz ohne Bedeutung für die Dauer des Verfahrens ist[9].

2. Bei den *Beklagten*, soweit sie Verwaltungsträger sind, erscheint bemerkenswert, daß sie in der Regel zügig an den Verfahren mitwirken; das schließt allerdings nicht aus, daß sie bei bestimmten Maßnahmen durch deren schnellere Vornahme die Dauer der Verfahren verkürzen könnten. Das gilt zwar nicht für die Abgabe von Klagen, die bei ihnen eingereicht werden[10], aber beispielsweise für ihre Mitteilung an das Gericht, daß ein streitbefangener Verwaltungsakt abgeändert oder ersetzt worden ist[11]. Kehren sich die Parteirollen im Berufungsverfahren um, erscheint hier der erstinstanzliche Kläger als Beklagter, kann sich ergeben, daß er an einer Verzögerung des Verfahrens geradezu interessiert ist und sich entsprechend verhält.

3. Stärker als die vorgenannten Komplexe können sich die Art und Weise der Mitwirkung der *Kläger* auf die Dauer der Verfahren auswirken.

---

[7] Vgl. z. B. §§ 92, 93 SGG. Dazu siehe auch S. 51 ff.

[8] Die Vorschrift des § 192 SGG, wonach einem säumigen Prozeßbeteiligten sog. Mutwillenskosten auferlegt werden können, ist praktisch bedeutungslos. Das SGG sollte die Mitwirkungspflichten des Rechtsuchenden zwingender ausprägen.

[9] Vgl. S. 31 ff.; S. 133 f.

[10] Vgl. S. 14.

[11] Vgl. S. 35; S. 135.

Es beginnt mit der Entscheidung des Klägers, ob er seine Klage beim SG unmittelbar oder bei einer anderen Stelle i. S. des § 91 Abs. 1 SGG einreichen will[12]. Es setzt sich fort bei der Frage, ob er bei Klageerhebung seine Klage bzw. bei der Einlegung der Berufung sein Rechtsmittel sofort begründet und ggf. in Bezug genommene Unterlagen nebst den erforderlichen Abschriften (§ 93 SGG) sogleich beifügt oder ob er diesen Verpflichtungen mit — vermeidbarer — Verzögerung nur unzureichend oder gar nicht nachkommt[13]. Diese weitgehende Rücksichtnahme der Sozialgerichtsbarkeit auf die Belange des Rechtsuchenden ist zwar sozialstaatlich überkommen, möglicherweise aber der heutigen Persönlichkeit des Rechtsuchenden nicht mehr ganz angemessen. Jedenfalls können die entsprechenden gesetzlichen Regelungen zur vermeidbaren Verlängerung der Dauer der Verfahren schon dadurch führen, daß sie die Bedeutung der Pflichten zur Mitwirkung am Verfahren in dem Bewußtsein der Beteiligten zurücktreten lassen. Es mutet widersprüchlich an, wenn einerseits eine Verkürzung der Laufdauer der Verfahren von den Gerichten gefordert, andererseits aber übersehen wird, daß diese Forderung auch an die Kläger gerichtet werden muß, soweit es um deren Mitwirkung an den Verfahren geht. Es ist oft nicht zu rechtfertigen, daß Klagen unvollständig erhoben und nicht selten nur nach erheblichen und zeitraubenden Bemühungen der Gerichte ergänzt werden, sofern dies überhaupt geschieht. Ebensowenig kann dem „mündigen Staatsbürger" nachgesehen werden, daß er angeforderte Erklärungen oft nicht oder nicht fristgemäß abgibt.

Das gilt entsprechend auch für die Berufung, hat aber ganz besondere Bedeutung für die erstinstanzlichen Verfahren, die den Richter häufig — und zwar häufiger als in der 2. Instanz — vor die schwierige Aufgabe stellen, bei fehlendem oder verworrenem Tatbestand zunächst einmal die Grundlage des Prozesses herauszuarbeiten.

In diesem Zusammenhang sei auch die oft verzögernde Art und Weise erwähnt, in der *Prozeßbevollmächtigte* von Klägern den §§ 92, 93 SGG entsprechen[14], Auflagen der Gerichte erledigen oder auf Schriftsätze der Beklagten antworten. Auch hier ist annehmbar eine falsche Auffassung von der Gewichtung der Aufgaben festzustellen, die dem Kläger bzw. seinem Prozeßbevollmächtigten in dem Sozialprozeß obliegen, und diese Auffassung wirkt sich dann möglicherweise auch im weiteren Verfahren nachteilig aus.

---

[12] Bei Erhebung der Klage bei einer Stelle i. S. des § 91 Abs. 1 SGG ist die Kontrolle nicht gewährleistet, ob der Kläger seinen Mitwirkungspflichten nach §§ 92, 93 SGG entspricht. Vgl. S. 42.

[13] Vgl. S. 54 f.; 153.

[14] Vgl. u. a. S. 54 f., 56, 59; 153 ff.; 157; 24 f., 125.

Eine falsche Einstellung des Klägers bzw. seines Prozeßbevollmächtigten kann insbesondere auch dann Bedeutung gewinnen, wenn es gilt, neu eingetretene Fakten *sobald als möglich* in den Prozeß einzuführen.

Wenn man meint, daß ein Kläger durch die beispielhaft genannten Aufgaben überfordert werden könnte, wird darauf hinzuweisen sein, daß er sich jederzeit — auch außerhalb der mündlichen Verhandlung — der Hilfe des Gerichtes bedienen kann. Eine Alternative wäre — jedenfalls für die 2. Instanz — die Einführung eines Vertretungszwanges, wodurch dem Kläger die nicht selten zu beobachtende Scheu vor verantwortlicher Erklärung dem Gericht gegenüber genommen werden könnte.

Besondere Beachtung bedarf auch die Tatsache, daß *schriftliche* Verfahren in der 1. Instanz durchweg länger als *mündliche*[15] und in beiden Instanzen Verfahren *mit* Prozeßbevollmächtigten länger als die Verfahren *ohne* Prozeßbevollmächtigte dauern[16]. Da es sich hier um mehrschichtige Phänomene handelt, seien sie im Zusammenhang mit dem richterlichen Einsatz behandelt.

4. Schließlich, aus dem Verantwortungsbereich des *Gerichts* sind vor allem die Fakten wesentlich, die *freier* richterlicher Bestimmung unterliegen.

Hier sei mit der Frage begonnen, ob es tatsächlich unvermeidbar ist, daß in einem relativ hohen Prozentsatz der Prozesse die Richter einmal, zuweilen auch mehrmals wechseln. Jeder Richterwechsel hat eine Verlängerung des Verfahrens zur Folge[17] und sollte daher tunlichst vermieden werden.

Als nächstes sei die Frage aufgeworfen, ob die Gerichte nicht versuchen sollten, die Prozesse dadurch zu straffen, daß sie den Beteiligten soweit als möglich für deren Erklärungen usw. regelmäßig Fristen setzen, erforderlichenfalls auch stärker mit Aufklärungsbeschlüssen arbeiten[18]. Es ist verständlich, daß Richter resignieren können, wenn sie immer wieder erfahren müssen, mit welcher Nachlässigkeit manche Kläger ihren Mitwirkungspflichten entsprechen bzw. nicht entsprechen, zumal die Gerichte keine Möglichkeit haben, die Betroffenen zur Mitwirkung zu zwingen. Die Tatsache, daß die Betroffenen unter Umständen die sog. *objektive Beweislast*[19] zu tragen haben, wird einen verantwortungsbewußten Richter nicht davon abhalten, sich weiter um die Aufklärung des Sach-

[15] Vgl. S. 13 ff., 21 ff., 25 f.; wegen der 2. Instanz vgl. S. 117 ff., 128.

[16] Vgl. S. 15, 24 ff.; 117 f., 125 ff., 128.

[17] Vgl. S. 104 f.; 191 f.

[18] Vgl. S. 62 f., 72, 87 f.; 156 f. usw. Auch an Erörterungstermine ist zu denken. — Hier können allerdings Verfahrensüberhänge Schwierigkeiten bereiten.

[19] *Rohwer-Kahlmann*, Handbuch, Rz. 101 ff. zu § 103 SGG.

verhalts zu bemühen, auch wenn ihm die Betroffenen diese Arbeit bei richtiger Einstellung erleichtern könnten, die objektive Beweislast des Klägers entlastet also das Gericht insoweit nicht. Es wird zu erwägen sein, ob den Beteiligten nicht regelmäßig Fristen für angeforderte Erklärungen gesetzt und die Parteien — und sei es nur formularmäßig — darauf hingewiesen werden sollten, daß sie nicht nur *zur Mitwirkung verpflichtet* sind, sondern auch zur *Beschleunigung* des Verfahrens beitragen können. Bei der Bemessung der Fristen könnte das Gericht auch berücksichtigen, ob es durch einen *Überhang von Verfahren* belastet wird.

Weiter sei die Tatsache behandelt, daß die *schriftlichen* Verfahren, mögen bei ihnen Prozeßbevollmächtigte mitwirken oder nicht, mehr Zeit benötigen als *mündliche* Verfahren und ferner, daß Verfahren *mit* Prozeßbevollmächtigten länger dauern als die Verfahren *ohne* Prozeßbevollmächtigte, wenn man von der durchschnittlichen Verfahrensdauer ausgeht. Die ausgewiesenen Zahlen der mündlichen und der schriftlichen Verfahren sind zwar nicht ganz komparabel, weil die Durchschnittsdauer der ersten Gruppe von der Erhebung der Klage bzw. von der Einlegung der Berufung bis zur Verkündung des Urteils reicht, die erfaßte Laufdauer der zweiten Gruppe hingegen erst mit der Zustellung des schriftlichen Urteils endet. Das mag die zeitliche Differenz der Laufdauer der beiden Gruppen in der 2. Instanz ausgleichen, in der 1. Instanz bleibt sie auffällig.

Wie schon erwähnt[20], fallen hier — in der 1. Instanz — die schriftlichen Verfahren gleichsam als Ausnahmegruppe aus dem üblichen Prozeßbetrieb heraus, und sie spielen sich unter Umständen ab, die den Richter bei der zeitlichen Disposition des Verfahrensganges freier stellen als in den mündlichen Verfahren, bei denen der Richter sich durch die *mündliche* Verhandlung einer gewissen Kontrolle ausgesetzt fühlt. Das gilt insbesondere für schriftliche Verfahren, deren Kläger weit entfernt vom Sitze des Gerichtes wohnen. Aus welchen Gründen auch immer ein Richter in Zeitnot geraten kann, ist er überlastet, so ist verständlich, wenn er sich entschließt, die Bearbeitung von mündlichen Verfahren vorzuziehen, schriftliche Verfahren aber zunächst einmal hintanzustellen. Mit dem Institut des schriftlichen Verfahrens sind solche Dispositionsmöglichkeiten des Richters verbunden, und ob und wie weit er davon Gebrauch macht, hängt letztlich und allein von seiner Persönlichkeit ab, insbesondere wenn er gegen einen Überhang von Verfahren anzukämpfen hat.

Auffällig erscheint auch, daß generell die Verfahren, in denen sich die Kläger der Hilfe von *Prozeßbevollmächtigten* bedienen, länger dauern

---

[20] Vgl. S. 22 und FN 15.

als die entsprechenden Verfahren, die die Kläger allein führen[21]. Dieser Unterschied dürfte u. a. darauf zurückgehen, daß die Kläger, die einen Prozeßbevollmächtigten einschalten, ihre Verfahren — zu Recht oder zu Unrecht — für sehr schwierig halten oder sehr engagiert betrachten mit der Folge, daß diese Verfahren in der Regel dann intensiver betrieben werden, als es bei den Verfahren der Fall ist, bei denen keine Prozeßbevollmächtigten mitwirken. Das mag eine — wenn auch nicht die einzige — Ursache dieses Phänomens sein.

5. Wenden wir uns nun den Rechtstatsachen zu, die in der 1., aber auch in der 2. Instanz die Dauer des sozialgerichtlichen Verfahrens entscheidend bestimmen, nämlich die Art und die Anzahl medizinischer Gutachten und die Zeiten, die zu ihrer Erstattung benötigt werden, so werden sowohl Fragen *richterlicher Disposition* als auch Fragen *struktureller Gegebenheiten* der Sozialgerichtsbarkeit akut. Bei dem Bereich richterlicher Disposition wird sich eine kritische Wertung, um die richterliche Unabhängigkeit nicht zu tangieren, gleichsam auf äußerliche Tatsachen beschränken müssen, d. h. beispielsweise auf Fragen, wie stark sich die Gerichte darum bemüht haben, die Gutachten möglichst schnell zu erhalten[22]. Das kann und soll keineswegs heißen, daß auch *vermeidbare* Gutachten eingeholt werden sollten oder notwendige Gutachten *mehr* Zeit als *unerläßlich* benötigen dürften. Das bedeutet aber unabdingbar, daß die durchschnittliche Verfahrensdauer — soweit sie mit der Einholung ärztlicher Gutachten *zwangsläufig* verbunden ist — bejaht werden muß.

Denn bei der verfassungsmäßigen Gestaltung, die die Sozialgerichtsbarkeit gesetzlich gefunden hat, stellt die heutige Notwendigkeit, zur Rechtsfindung Gutachten ärztlicher Sachverständigen beizuziehen, sowohl wegen der *rechtsstaatlichen Verfahrensweise* der Sozialgerichtsbarkeit als auch wegen des *rechtsstaatlichen Effektes* ihres Urteilsspruchs grundsätzlich ein entscheidendes Positivum unseres sozialen Rechtsstaates dar, das auch bei der Gestaltung der Arbeitsbedingungen dieser Sachverständigen außerhalb der Sozialgerichtsbarkeit sachgemäß berücksichtigt werden sollte. Auch wenn der Sachverständige in der Sozialgerichtsbarkeit nebenberuflich tätig ist, erfüllt er eine sehr bedeutsame öffentliche Pflicht und Aufgabe.

6. Wieviel Zeit nun für schriftliche medizinische Gutachten *unerläßlich* ist, kann man schon deshalb nicht allgemein festlegen, weil die Zahl der Sachverständigen, die auf Grund ihrer medizinischen und insbesondere auch sozialmedizinischen Sachkunde und Erfahrung für die Sozialgerichtsbarkeit tätig werden können, begrenzt ist und solche Sachver-

[21] Vgl. beispielsweise S. 15, 22, 24 ff.; 118, 126, 128 usw.

[22] Vgl. dazu den Bericht, den *Scherer* und *van Krüchten* in der SGb 1978, S. 7 ff., über „Dauer der Erstattung ärztlicher Gutachten" veröffentlicht haben.

ständigen in der Regel nebenberuflich arbeiten, dabei also auch den Erfordernissen und Gegebenheiten ihres hauptberuflichen Einsatzes gerecht werden müssen, der der Gutachtenerstattung vorgeht.

Soweit es sich dabei um freipraktizierende Ärzte handelt, was erfahrungsgemäß nicht oft der Fall ist, sind die Sachverständigen in ihrer Zeitdisposition noch relativ frei. Schwieriger ist die Situation bei den im Gesundheitswesen abhängig tätigen Sachverständigen, weil sie in ihrer Zeitdisposition mehr oder weniger einer Fremdbestimmung unterliegen und bei diesem Faktor Tendenzen mitwirken können, die einer nebenberuflich ausgeübten Gutachtertätigkeit in der Sozialgerichtsbarkeit nicht förderlich sind.

Hier ist vor allem die Monopolisierung der Gutachtenerstattung bei Klinikdirektoren zu nennen. Sie kann zur Folge haben, daß diese nicht nur mit Gutachtenaufträgen überlastet werden und deshalb Oberärzte oder Assistenzärzte zur Ausarbeitung von Gutachten heranziehen, sondern infolge ihrer anderweitigen Aufgaben auch nicht immer die Zeit finden, die Gutachten nach deren Fertigstellung kurzfristig abschließend zu prüfen und zu unterzeichnen. So verständlich eine solche Handhabung auch ist, so wenig läßt sie erkennen, auch wenn der Klinikdirektor die Verantwortung dafür übernimmt, wie weit dieser selbst sich dem Gutachtenauftrag gewidmet hat. Dieses Verfahren ist vor allem aber auch nachteilig, weil es für die Gutachtenserstattung geeignete Mitarbeiter von Klinikdirektoren nicht dazu anregt, sich auch eigenverantwortlich als Gutachter zur Verfügung zu stellen, zumal wenn ihnen noch die für die Erstattung von Gutachten erforderliche Genehmigung zur Nebentätigkeit vorenthalten bleibt. Hinzu kann kommen, daß mit der skizzierten Monopolisierung der Gutachtenserstattung auch deren Honorierung über die Klinikverwaltung bzw. durch den Klinikdirektor verbunden ist, der seinerseits seine Mitarbeiter entlohnt. Es mag sein, daß bei dieser Monopolisierung auch Weisungsinteressen des Klinikleiters und verwaltungsfiskalische Belange des Anstaltträgers eine Rolle spielen, solchen Gesichtspunkten könnte auch Rechnung getragen werden, ohne daß die — für die Sozialgerichtsbarkeit nachteilige — Monopolisierung der Gutachtenserstattung bei hauptberuflich tätigen Leitern von Kliniken und Krankenanstalten erfolgen müßte. Es läßt sich nicht verkennen, daß ein evidentes Interesse der Sozialgerichtsbarkeit an einer Vermehrung der Zahl der Sozialmediziner besteht, die nicht nur bereit, sondern auf Grund ihrer Sachkunde und Erfahrung auch in der Lage sind, einschlägige Gutachten zu erstatten, ihre Zahl ist von der Sache her begrenzt.

7. Jedenfalls sollte man von einer *Verzögerung* des Sozialprozesses durch das medizinische Gutachten nur dann sprechen, wenn einer der an der Begutachtung Beteiligten, sei es der Proband, der Sachverständige

oder das Gericht, nicht alles ihm Zumutbare getan hat, um diesen Vorgang so schnell wie möglich abzuschließen. Für den Bereich der Zivilgerichtsbarkeit mag eine zügige Begutachtung innerhalb von 6 Wochen (gerechnet von der Absendung des Auftrages bis zum Eingang des Gutachtens) möglich sein[23]; für den Bereich der Sozialgerichtsbarkeit jedoch wäre eine solche Unterstellung irreal, nicht nur, weil die Art des Gutachtens, sondern auch weil Zahl und Möglichkeiten der zur Verfügung stehenden Sachverständigen berücksichtigt werden müssen. Sieht man von den *mündlichen* Gutachten ab, weil sie in der Sozialgerichtsbarkeit schon zahlenmäßig von geringerer Bedeutung sind, so ist bei den *schriftlichen* Gutachten festzustellen, daß erstattet worden sind in der *1. Instanz* bei 760 Gutachten[24]

64,1 % auf Grund von ambulanter Untersuchung,
18,2 % auf Grund von stationärer Beobachtung,
17,8 % auf Grund von Aktenlage[25] und

in der *2. Instanz* bei 140 Gutachten

51,4 % auf Grund von ambulanter Untersuchung,
20,0 % auf Grund von stationärer Beobachtung und
28,5 % auf Grund von Aktenlage[26];

die Gutachten sind also unter sehr unterschiedlichen Umständen erstattet worden.

Des weiteren haben die Sachverständigen in der *1. Instanz* bei 754 Gutachten (teils als 1., 2., 3. oder 4. Gutachten erstattet) von der Absendung des Gutachtenauftrages an benötigt:

bis 1 Monat	für 22,9 %,
1 bis 3 Monate	für 37,5 % und
3 bis 6 Monate	für 25,3 %,

insgesamt also bei 85,7 % bis zu 6 Monaten, für den Rest (14,2 %) wurde mehr Zeit beansprucht, dabei für 2,4 % (18) über 12 Monate[27].

---

[23] *Baumgärtel / Mes*, S. 213, unterstellen dies. Nach *Ule*, S. 145, werden aber im amtsgerichtlichen Verfahren 47, 1 v. H. und im landgerichtlichen Verfahren 60,6 v.H. der Gutachten erst *nach* 6 Wochen erstattet, davon im landgerichtlichen Verfahren 21,6 v. H. aller Gutachten erst nach mehr als 4 Monaten.

[24] Vgl. S. 82.

[25] *Scherer / van Krüchten*, S. 90, geben folgende Zahlen wieder: Ambulante Untersuchung 63,2 %, stationäre Untersuchung (= Beobachtung) 15,3 %, mit Zusatzgutachten 11,2 %, insgesamt 26,5 %, Aktenlage 10,3 %.

[26] *Scherer / van Krüchten*, S. 90, geben für Rheinland-Pfalz folgende Zahlen wieder: ambulante Untersuchung 43,8 %, stationäre Untersuchung (= Beobachtung) 18,5 %, mit Zusatzgutachten 7,9 %, insgesamt 25,4 %, Aktenlage 29,8 %.

Die entsprechenden Daten von 140 Gutachten der 2. *Instanz* sind:

bis 3 Monate	für 49,3 % und
3 bis 6 Monate	für 27,1 %[28],

insgesamt also bis zu 6 Monaten für 76,4 %, der Rest (23,5 %) beanspruchte mehr Zeit, dabei für 5 % (7) über 12 Monate.

Ohne die anderen Faktoren der Dauer der sozialgerichtlichen Verfahren bagatellisieren zu wollen, demonstrieren doch diese Daten des medizinischen Gutachtens das Kardinalproblem, das es zu lösen gilt, wenn man die Dauer der Sozialprozesse verkürzen will.

8. Was schließlich das Gutachten nach § 109 SGG anbetrifft, so ist damit eine Problematik verbunden, die noch nicht allseitig befriedigend gelöst ist, zumal wenn man berücksichtigt, daß das Gericht die Einholung des Gutachtens von einem Kostenvorschuß des Antragstellers abhängig machen kann; vgl. § 109 Abs. 1 SGG[29].

Wird der Antragsteller für vorschußpflichtig erklärt, so kann sich ergeben, daß er der finanziellen Belastung wegen auf die Einholung des beantragten Gutachtens verzichten muß, d. h. daß sich das Antragsrecht des § 109 SGG wie ein Privileg für wirtschaftlich Bessergestellte auswirkt.

Abgesehen von diesem Problem, das hier nicht vertieft werden kann, ist das Institut des 109er-Gutachtens, auch wenn seine Einholung regelmäßig zu einer wesentlichen Verlängerung des Verfahrens führt, schon deshalb wertvoll, weil es erfahrungsgemäß auch zu einem positiven Spruch führen kann, jedenfalls aber zum Rechtsfrieden gerade in den Verfahren beizutragen vermag, die *zum Nachteil* des Rechtsuchenden ausgehen. § 109 SGG bildet ein gewisses Gegengewicht zu der Untersuchungsmaxime des Gerichtes bei der Aufklärung des medizinischen Sachverhalts, bei der der Kläger — durchaus verständlich, aber dem Rechtsfrieden nicht förderlich — leicht von mehr oder weniger subjektiven Vorstellungen beeinflußt wird, also einer Objektivierung bedarf, um einen negativen Richterspruch persönlich verarbeiten zu können. Bei der relativ hohen Quote der Klagen und Berufungen, die für den Rechtsuchenden ganz oder teilweise erfolglos bleiben, haben die 109er-Gutachten, auch wenn sie die Auffassung des Antragstellers nicht bestätigen, einen beachtlichen rechtsstaatlichen Befriedungseffekt. Wer aller-

[27] Vgl. S. 85. *Scherer / van Krüchten*, S. 90, geben für Rheinland-Pfalz folgende Zahlen wieder: bis 3 Monate 57,6 %, 3 bis 6 Monate 30,8 %, über 6 Monate 11,7 %.

[28] S. 177. *Scherer / van Krüchten* nennen folgende Zahlen: bis 3 Monate 38,8 %, 3 bis 6 Monate 35,9 %, über 6 Monate 25,3 %.

[29] Vgl. S. 90 ff.; S. 179 ff.

dings dem Rechtsinstitut des § 109 SGG mit Vorbehalten begegnet, weil das Gericht ohnedies von Amts wegen die reine Wahrheit zu ermitteln habe und darum dieses Beweismittels nicht bedürfe, der neigt dazu, die richterliche Unfehlbarkeit zu über- oder die rechtsstaatliche Funktion des Sozialprozesses zu unterschätzen.

Kehren wir nun zu den allgemeinen Orientierungshinweisen unter I. bis IV. zurück, so läßt sich abschließend feststellen, daß die Effektivität der Sozialgerichtsbarkeit aus dieser Sicht[30] nicht ungünstig ist, wenn sie auch bei stetiger, strikter Beachtung der Beschleunigungsmaxime durch Gericht und Verfahrensbeteiligte noch verstärkt werden kann. Diese Effektivität hält auch einem Vergleich mit den übrigen Verwaltungsgerichtsbarkeiten stand. Wem sie nicht genügt, der darf sich nicht auf eine vordergründige Kritik beschränken, sondern wird nach Wegen suchen müssen, wie er vorgegebene Fakten — wie die Dauer der Gutachtenserstattung, vielleicht auch die Zahl der Berufsrichter von kleinen, z. T. auch von mittleren SGen — direkt oder indirekt günstiger gestalten kann, um nur einige der wesentlichen Voraussetzungen für eine kürzere Verfahrensdauer zu nennen.

[30] Vgl. S. 12 FN 2. *Baader*, Gesetzeskrise und Selbstverständnis des Richters der Sozialgerichtsbarkeit, in: SGb 1979 S. 210, 212, erklärt treffend: „Eine ebenso quantitativ wie qualitativ schwer überschaubare, dogmatisch kaum bearbeitete und fortgesetzten Änderungen unterworfene Gesetzesmaterie mit einer Unzahl von Lücken- und Abgrenzungsproblemen, denen zudem oft eine besonders schwierige Tatsachenfeststellung gegenübersteht, bilden seinen Rechtsstoff."

Sachwortverzeichnis

(Die in runde Klammern gesetzten Ziffern (1, 2, 3) bezeichnen die jeweilige Instanz bzw. die Zusammenfassung (1. und 2. Instanz).)

Kolibri 360 GmbH
Ferdinand-Jühlke-Straße 7
99095 Erfurt, Deutschland
produktsicherheit@kolibri360.de

Druck:
CPI Druckdienstleistungen GmbH
im Auftrag der
Kolibri 360 GmbH
Ferdinand-Jühlke-Str. 7
99095 Erfurt